Michael Lüders

Armageddon im Orient

**Wie die Saudi-Connection
den Iran ins Visier nimmt**

C.H.Beck

Für meinen Sohn Marlon
Möge Deine Welt eine friedliche sein

Originalausgabe
© Verlag C.H.Beck, München 2018
Satz: Fotosatz Amann, Memmingen
Druck und Bindung: Druckerei C.H.Beck, Nördlingen
Umschlagentwurf: Geviert, Grafik & Typografie,
Katharina Fußeder
Umschlagabbildung: Präsident Donald Trump beim traditionellen
Schwerttanz im Murabba-Palast, Riad, 20. Mai 2017.
© Evan Vucci/AP/picture-alliance
Gedruckt auf säurefreiem, alterungsbeständigem Papier
(hergestellt aus chlorfrei gebleichtem Zellstoff)
Printed in Germany
ISBN 978 3 406 72791 7

www.chbeck.de

«Das Gegenteil von Wissen ist nicht Unwissen,
sondern der Glaube zu wissen.»

Stephen Hawking

«Um politisch richtig zu handeln, muss man in
jeder Lage immer nur das Niederträchtigste tun.
Der Erfolg rechtfertigt im Nachhinein alles.
Er adelt das ursprünglich Böse, bis es als das
sittlich Wertvolle erscheint.»

Napoleon

«Wann wird Tag? O wann erwacht der milde
Weltenfriede?»

Erich Mühsam

Inhalt

Vorwort **9**

Treibsand: Unter Gläubigen
Nicht Religion trennt Sunniten und Schiiten,
sondern Machtpolitik **13**

Saudi-Arabien: Weinende Männer und ihre
«Brüder»
Vom Schwerttanz zur Erdöl-Monarchie **29**

Israel hofiert Khomeini: Nichts ist, wie es scheint
Über Intrigen in Zeiten, als der Iran noch kein
«Schurkenstaat» war **43**

Saudi goes America: Waffen gegen Öl
Wie Saudi-Arabien (fast) ein Bundesstaat der
USA wurde **61**

Im Bann des Bösen: Regimewechsel in Teheran?
Warum ein Friedensangebot Washington
empörte **75**

Werte, Werte, Werte: Ein Blick hinter die Kulissen
Amerika hat Verständnis für saudische Terroristen,
aber nicht für iranische Atome **99**

House of Cards: Unterwegs mit Jared Kushner
Trumps Schwiegersohn verwechselt den Nahen
Osten mit seiner Luxusimmobilie **117**

House of Cards, Staffel zwei: Unterwegs mit
Mohammed Bin Salman
Der saudische Kronprinz und wie er die Welt
sieht **133**

Hungerspiele im Jemen: Das nächste Land wird
zerstört
Showtime bei den Vereinten Nationen **159**

Damaskus am Pranger: Wer schießt eigentlich
auf wen?
Über den Wahnsinn als politische Methode **185**

Jesus und der dunkle Prinz: Syrien und das Ende
des Atomabkommens
Wie die Regierung Trump zur Jagd auf die
Ajatollahs bläst **211**

Was tun? Ein Ausblick **231**

Anmerkungen **241**

Karte **265**

Vorwort

Frieden ist nicht alles, aber ohne Frieden ist alles nichts – diese Einsicht Willy Brandts gerät in der heutigen Weltpolitik zunehmend in Vergessenheit. Vor allem der Konflikt mit dem Iran kann jederzeit zu einem Krieg führen, mit unabsehbaren Folgen. Warum aber stehen die Zeichen auf Sturm, welche Akteure suchen warum den Showdown mit Teheran? Weshalb hat US-Präsident Donald Trump im Mai 2018 das drei Jahre zuvor geschlossene Atomabkommen mit dem Iran aufgekündigt, obwohl die übrigen Mitunterzeichner es beibehalten wollten? Nämlich Russland, China, Deutschland, Großbritannien und Frankreich? Obwohl der Iran nachweislich alle Bestimmungen und Auflagen eingehalten hat? Wieso steht das Land am Pranger, gilt die Islamische Republik vielen im Westen, aber auch in Israel und den arabischen Golfstaaten, als das Böse schlechthin? Ist diese Feindseligkeit eine bloße Reaktion auf dessen als unbotmäßig empfundene Politik? Oder sind im Hintergrund ganz andere Kräfte am Wirken? Geht es möglicherweise darum, die unliebsame Regierung in Teheran durch eine nach dem Geschmack Washingtons zu ersetzen? Einmal mehr Regimewechsel zu betreiben?

Die jetzige Krise hat eine lange Vorgeschichte, bei der die Saudi-Connection eine tragende Rolle spielt. Der Begriff bezeichnet die engen politischen und wirtschaftlichen Bande zwischen den USA und Saudi-Arabien, deren Geschäftsbeziehung bis heute wesentlich auf dem Tausch von Waffen gegen Erdöl beruht. Zu dieser Vorgeschichte gehört

Vorwort

aber auch die israelische Haltung gegenüber Teheran, die zur Zeit Khomeinis erstaunlich pragmatisch war, danach aber in ihr Gegenteil umschlug. Das Image der Islamischen Republik ist seit der Revolution 1979 ein denkbar schlechtes, keineswegs unverschuldet von iranischer Seite. Sie zu dämonisieren fällt demzufolge leicht und bietet sich an – jedem Krieg geht die Verteufelung des vermeintlichen Gegners voraus.

Darauf hinzuweisen heißt im Umkehrschluss nicht, iranische Politik gutzuheißen oder ihr unkritisch zu begegnen. Gerade in Zeiten von *fake news* aber ist die sachliche Analyse ein zwingend gebotener Gegenentwurf zur Feindbild-Prosa. Sachlichkeit bedeutet auch, vorherrschende Meinungen und Gewissheiten infrage zu stellen, insbesondere auf die Einordnung der Konfliktparteien in «Gut» und «Böse» zu verzichten. In der Politik geht es jenseits von Rhetorik selten um Moral, vielmehr um Macht und Einfluss, die Durchsetzung von Interessen. Diese durchaus schlicht zu nennende Einsicht fällt vielen schwer, die sich einer wie auch immer verfassten «Wertegemeinschaft» zugehörig fühlen. Für sie mag das vorliegende Buch eine Herausforderung sein – aber die Zeiten, in denen wir leben, verlangen nach klaren Worten.

In der hiesigen Öffentlichkeit gilt der Konflikt zwischen Saudi-Arabien und dem Iran vielfach als ein religiöser: Sunniten gegen Schiiten. Ist das so? Handelt es sich tatsächlich um einen innerislamischen Dschihad? Oder wird hier ein Machtkampf entlang religiöser Bruchlinien ausgetragen? Zwischen Saudi-Arabien, der selbsternannten Schutzmacht der Sunniten, und dem schiitischen Iran?

Es gibt viele gute Gründe, die Politik Teherans anzuprangern. Warum aber gilt der Iran als Reich des Bösen, während die Kritik an saudischem (Fehl-)Verhalten vergleichsweise gemäßigt ausfällt? Weshalb gibt es seit Jahren

Vorwort

Streit um das iranische Atomprogramm? Allein um zu verhindern, dass «fanatische Mullahs» nach der Atombombe greifen? Oder geht es gleichermaßen darum, das einzig verbliebene Land im weiten Raum zwischen Marokko und Indien einzuhegen, dessen Politik sich nicht am Westen orientiert? Jedenfalls ist der Iran nach einer Phase der Beruhigung im Atomstreit seit der Präsidentschaft Trumps erneut ins Fadenkreuz geraten.

Die folgenden Kapitel zeigen die Zusammenhänge und Hintergründe auf, sie erzählen die Geschichte hinter den Schlagzeilen. Vieles erscheint unglaublich, etwa die Geschäfte beider Präsidenten Bush mit dem Haus Saud. Aber auch die Abenteuer Jared Kushners, des Schwiegersohns von Donald Trump, lesen sich wie eine Räuberpistole. Die Welt um uns herum ist aus den Fugen geraten, in jeder Beziehung. Der Konflikt um den Iran ist dabei ein entscheidender Brennpunkt. Vor allem deswegen, weil er den Weltfrieden ernsthaft bedroht.

Fangen wir also vorne an.

Treibsand: Unter Gläubigen
Nicht Religion trennt Sunniten und Schiiten, sondern Machtpolitik

Unsere Geschichte beginnt im 18. Jahrhundert auf der arabischen Halbinsel, einer der unwirtlichsten Regionen der Erde. Im Sommer wird es dort bis zu 50 Grad heiß, während die Temperaturen nachts bis auf den Gefrierpunkt fallen. Seit der Zeit des Propheten Mohammed, des islamischen Religionsstifters, hatten sich die Lebensformen kaum verändert. Die meisten Menschen lebten entweder als Bauern in weit verstreut liegenden Oasen oder waren nomadische Viehzüchter. Deren wichtigstes Nutztier war das Kamel, das nötigenfalls tage- und sogar wochenlang ohne Wasser auskommt. Kamele dienten nicht allein als Transportmittel, sie waren gleichermaßen ein bedeutendes Handelsgut, auch in die Nachbarländer, ebenso wie ihre Wolle, Butter, Felle. Neben Kamelen wurden vorzugsweise Rassepferde exportiert. Das einzige «urbane Zentrum» jener Zeit, auf dem Gebiet des heutigen Saudi-Arabiens, war die Pilger- und Handelsstadt Mekka, strategisch günstig an der Schnittstelle mehrerer Karawanenstraßen gelegen. In der damaligen Wahrnehmung gab es kaum einen Unterschied zwischen «Stadt» und «größerer Oasensiedlung». Dabei handelte es sich meist um dörfliche Ansammlungen von Lehmhäusern mit Stroh- oder Palmwedel-Dächern, oft von einer Stadtmauer umgeben, ebenfalls aus Lehm. Die soziale Organisationsform war in erster Linie die Großfamilie, der Clan, und der Stamm, der Zusammenschluss größerer Sippschaften.

Treibsand

Die vorherrschende Subsistenzlandwirtschaft, die auf sehr einfachen, primitiven Anbaumethoden hauptsächlich rund um die Palme als Dattel-Lieferant beruhte, ferner die feindliche Natur, begrenzte Handelsbeziehungen der Oasen untereinander, Stammesrivalitäten – sie erklären wesentlich, warum das Arabien jener Zeit keine zentrale Staatlichkeit kannte. Das auf der gegenüberliegenden Seite des Roten Meeres gelegene Ägypten hatte dagegen schon vor 5000 Jahren eine Hochkultur begründet. Deren Ursprünge ergaben sich aus der Notwendigkeit, das Nilwasser möglichst effizient und gerecht zu verteilen. Dementsprechend lag die Macht in Händen des gottgleichen Pharaos. Arabien jedoch, eines der rückständigsten Gebiete im Orient, lebte bis zum Beginn der Erdölförderung in den 1930er Jahren in wirtschaftlicher, sozialer und politischer Hinsicht im frühen Mittelalter. Mangels Zentralstaatlichkeit gab es auch keine Sicherheit: Mit Vorliebe überfielen verfeindete Beduinenstämme einander oder sie raubten Karawanenzüge aus. Diese Überfälle, arabisch *ghazzu* (unser Wort Razzia leitet sich davon ab), galten als legitimer und angesehener Erwerbszweig, als Ausdruck von Mannestum. In der Regel verfolgten sie nicht das Ziel, den Gegner zu töten, sondern ihn auszurauben. Das Ergebnis war allerdings oft genug dasselbe, denn die Opfer, vielfach Oasenbewohner, starben anschließend häufig den Hungertod.

Wer den Film «Lawrence von Arabien» gesehen hat oder einmal als Tourist in Jordanien war, kennt das Wadi Rum im Süden, unweit der Nabatäer-Stadt Petra. Diese Wadis, Trockentäler, enthalten vielfach unterirdische Wasserläufe, aus denen sich die Oasen speisen. Regenfälle sind selten, doch wenn sie erfolgen, gehen sie meist als Sturzregen nieder. Innerhalb kürzester Zeit füllen sich dann die Wadis mit gewaltigen Wassermassen, die alles mit sich reißen, auch ganze Oasensiedlungen. Wadis durchziehen Arabien wie Lebensadern, sie sind Heimat der größten Stämme und Herrscherdynastien. So auch das Wadi Hanifa mit der heutigen Hauptstadt Riad, Heimat und Wiege des Wahhabismus wie auch der Dynastie der Al Saud, nach denen Saudi-Arabien benannt ist. (Das «Al» bezeichnet hier nicht den arabischen Artikel, sondern bedeutet Stamm, Clan, gesprochen mit langem A: Aal. Etymologisch eine Ableitung von «ill», was Pakt und Treuebündnis ebenso bedeutet wie Blutsverwandtschaft.) Das Wadi Hanifa liegt im zentralarabischen Hochland, in der Region Nadschd, dem historischen Machtzentrum Saudi-Arabiens. Westlich davon, entlang der nördlichen Küstengebiete des Roten Meeres, erstreckt sich die geschichtlich und wirtschaftlich bedeutsame Region des Hidschas mit den Städten/Oasensiedlungen Mekka, Medina und Dschidda. Deren Machteliten haben dem Vormarsch von Wahhabiten und saudischen Stammeskriegern rund 150 Jahre lang erbittert Widerstand geleistet. Südlich davon, Richtung jemenitischer Grenze, liegen die lange vernachlässigten Regionen Asir und Nadschran.

Nicht zu vergessen die Region al-Hasa, zwischen Kuweit und den Vereinigten Arabischen Emiraten am Persischen Golf gelegen, das Zentrum der saudischen Erdölindustrie. Zwei große Wüsten begrenzen (Saudi-)Arabien: Im Norden die Wüste Nufud, im Süden, Richtung Jemen und Oman, die Ruba'a al-Khali, wörtlich «das leere Viertel». Diese beiden undurchdringlichen Sandmeere und die Lebensfeindlichkeit der übrigen Landesteile erklären wesentlich, warum weder das Osmanische Reich noch Großbritannien die Neigung verspürten, Arabien vollständig zu unterwerfen oder gar zu kolonisieren. Beide beließen es bei indirekten Formen imperialer Herrschaft.

Treibsand

Die Bekenner der Einheit Gottes und die «Lügner»

Damals, im 18. Jahrhundert, wurde jene folgenschwere Allianz der Wahhabiten und der Al Saud begründet, die heute das geistig-ideologische und politische Fundament Saudi-Arabiens bildet. Treibende Kraft war der Erweckungsprediger Mohammed Abdel Wahhab (1703/4–1792), der Begründer des nach ihm benannten Wahhabismus. Eine Bezeichnung, die heute allerdings fast ausschließlich von seinen Widersachern sowie im Westen verwendet wird. Die Anhänger dieser islamischen Calvinisten, die Religion und Religiosität als Aufforderung zur Unterwerfung unter den Willen Gottes und seiner irdischen Stellvertreter deuten, sehen sich selbst vorzugsweise als «Bekenner der Einheit Gottes» (*al-muwahhidun* oder *ahl at-tawhid*), als «Gefolgsleute der frommen Altvorderen» (*as-salafiyun*, uns sprachlich geläufig, in anderem Kontext, als Salafisten) oder schlichtweg als «die Muslime» (*al-muslimun*). Ihre Feinde und Gegner, strenggenommen der Rest der Menschheit, nämlich alle Nicht-Wahhabiten und insbesondere die Schiiten, betrachten sie als «Lügner» (*ahl al-batil*), als «Abweichler» (*ahl ad-dalal*), als «Anhänger der Vielgötterei» (*ahl asch-schirk*) oder als «Glaubensabtrünnige» (*ahl ar-ridda*).

Nüchtern besehen ist der Wahhabismus in erster Linie eine politisch-religiöse Sekte, die vermutlich als Fußnote der Geschichte geendet wäre. Doch der Ölreichtum Saudi-Arabiens exportiert deren unduldsame und rückwärtsgewandte Ideologie seit dem vorigen Jahrhundert noch in die entlegensten Winkel der islamischen Welt. Mit der Folge, dass gemäßigte und liberale Lesarten des sunnitischen Islam zunehmend an Boden verloren oder sich gar nicht erst entfalten konnten. Radikale Dschihadisten und islamistische Terroristen, darunter die Taliban, Al-Qaida oder der «Islamische Staat», vertreten heute ein Weltbild, das sich der Lehren Abdel Wahhabs bedient, ohne sich allerdings auf ihn zu berufen. Das betrifft insbesondere sein Konzept des Heiligen Krieges (Dschihad) und des *takfir*, wörtlich: «des für ungläubig Erklären». Wer aus Sicht selbsternannter «Rechtgläubiger» als Abtrünniger oder Ketzer gilt, hat nach diesem Konzept sein Recht auf Leben grundsätzlich verwirkt. Eine bessere «Generalabsolution» für enthemmte Gewalt gegen «Ungläubige», auch in Form von Terroranschlägen, lässt sich kaum finden.

Wie aber konnte der Wahhabismus vor zwei, drei Jahrhunderten so glaubensmächtig werden? Welches Islamverständnis liegt ihm zugrunde, auf welche Vordenker beruft er sich? Was sind eigentlich die Unterschiede zwischen Sunniten und Schiiten? Diese Fragen sind keine akademischen, sie berühren das heutige Selbstverständnis Saudi-Arabiens als selbsterklärter Schutzmacht der Sunniten und liegen dem Konflikt mit dem schiitischen Iran wesentlich zugrunde, jenseits der Geopolitik. Alles hängt mit allem zusammen – befassen wir uns also zunächst mit der Theologie, um die nachfolgenden politischen Entwicklungen besser zu verstehen.

Der Islam entstand im frühen siebten Jahrhundert im Hidschas, nicht allein göttlich inspiriert, sondern zunächst beeinflusst auch von den dortigen, in der Tat überschaubaren sozialen, politischen und wirtschaftlichen Verhältnissen. Weder hatte der Religionsstifter Mohammed eine Nachfolgeregelung getroffen noch war der Koran zu seinen Lebzeiten kodifiziert worden – er hatte also noch nicht seine endgültige Form und Fassung gefunden. Nach muslimischer Überzeugung wurde dem Propheten die Heilige Schrift im Verlaufe von 22 Jahren offenbart. Der Erzengel Gabriel habe ihn geheißen, das vorzutragen, was ihm zuvor von Gott ins Herz geschrieben worden sei. Daher auch der Name: Koran bedeutet Lesung, Vortrag. Wie das Judentum ist auch der Islam eine ausgeprägte Gesetzesreligion, ein wesentlicher Teil der Offenbarungsschrift befasst sich mit göttlichen Handlungsanleitungen. Damit der Islam als Glaube gelebt werden kann, gilt es Gottes Herrschaft in dieser Welt zu verwirklichen. Nicht als Gottesstaat, sondern als Ideal höherer Gerechtigkeit und gelebter Menschlichkeit. Das allen Religionen innewohnende Paradox besteht gerade darin, dass die Kluft zwischen solcher Paradiesverheißung und den Abgründen menschlichen Wirkens größer kaum sein könnte.

Nach Mohammeds Tod 632 erwuchsen der islamischen Frühgemeinde zwei große Herausforderungen: die Frage seiner Nachfolge und die Konfrontation mit anderen Welten. Innerhalb nur weniger Jahrzehnte sollte sich die islamische Glaubenslehre bis nach Spanien und Persien ausbreiten. Das religiös-weltanschauliche System aus dem Hidschas, soweit es Eingang in die Heilige Schrift gefunden hatte, erwies sich als unzureichend, um den Bedürfnissen der unterworfenen, aber höher entwickelten Gesellschaften Nordafrikas und des Nahen Ostens Rechnung zu tragen. Das betraf vor allem die Rechtsvorschriften. Der Islam musste sich folglich den neuen Verhältnissen anpassen, wollte er nicht untergehen. Zum wichtigsten Instrument der Anpassung wurden die Hadithe (Hadith: Erzählung, Bericht, Mitteilung). Sie bezeichnen die tatsächlich oder vermeintlich überlieferten Aussprüche und Handlungen Mohammeds sowie diejenigen seiner Wegbegleiter, die er gebilligt haben soll. Die Hadithe wiederum bilden die Grundlage der Sunna, der mutmaßlichen Lebenspraxis des Propheten. Die Sunna ist, man ahnt es bereits, Namensgeberin der Sunniten. Bis ins zehnte Jahrhundert entstanden zahlreiche Hadith-Sammlungen mit zehntausenden Hadithen. Ihr Sinn und Zweck war und ist neben Sinnstiftung vor allem die

Rechtsprechung – im Geist der ethisch begründeten Forderung, das Gute dem Bösen vorzuziehen (vgl. Sure 3,110).

Kein Mensch kann ein solches Konvolut an teilweise sehr widersprüchlichen Hadithen überblicken. Entsprechend haben sich im sunnitischen Islam vier Rechtsschulen herausgebildet (bei den Schiiten zwei), vorzugsweise benannt nach ihren Begründern. Diese Rechtsschulen (Madhhab) bündeln, deuten und interpretieren die jeweiligen Hadith-Sammlungen, unter Berücksichtigung gegebener politischer und gesellschaftlicher Rahmenbedingungen. Sie befassen sich nicht allein mit weltlichem Recht, sondern auch mit Fragen des Ritus: der rechten Gebetsform etwa oder der Reinheitsbestimmungen. Heute spielen die Rechtsschulen, ihre Rechtsnormenlehre (Fiqh) und das daraus abgeleitete islamische Recht (Scharia) nur noch im Ehe-, Familien- und Erbrecht sowie teilweise im Strafrecht eine tragende Rolle. Vor allem im Handelsrecht haben sämtliche islamische Staaten, auch Saudi-Arabien und der Iran, im Verlauf der letzten Jahrzehnte religiöse Rechtsnormen durch westlich-säkulare, europäische Modelle der Gesetzgebung ersetzt.

Wie das Gute dem Bösen vorziehen?

Meist übernahmen ganze Regionen eine Rechtsschule, sei es aufgrund des Herrscherwillens oder infolge einer gemeinsamen «Werteorientierung». Das Osmanische Reich beispielsweise entschied sich für die weltoffene und pragmatische hanafitische Rechtsschule, die auch in der heutigen Türkei fortbesteht. Die ultraorthodoxe und dogmatische hanbalitische Rechtsschule, die sich gesellschaftlicher Erneuerung am meisten verschließt, setzte sich dagegen zunächst im Nadschd, dann im übrigen Arabien durch, zuletzt im Hidschas, und ist noch immer Staatsräson in Saudi-Arabien. Die dort bis heute praktizierte öffentliche Hinrichtung mit dem Schwert verdankt sich ebenso dem Rechtsverständnis der Hanbaliten wie das erst 2018 abgeschaffte Fahrverbot für Frauen. Der Wahhabismus ist im Kern eine ideologische Fortschreibung der kleinsten, der hanbalitischen Rechtsschule im Geist einer Erweckungsbewegung.

Um dessen anti-schiitische Agenda nachzuvollziehen, gilt es den Unterschied zwischen Sunniten und Schiiten zu beleuchten. Wie erwähnt hatte der Prophet keine Nachfolgeregelung getroffen. Nach seinem Tod stellte sich die Frage, wer ihm in der Führung der Umma, der islamischen Gemeinschaft, folgen sollte. Zahlreiche Gruppen und ehemalige Weggefährten fühlten sich berufen. Es kam zu ernsthaften Auseinandersetzungen bis hin zum Krieg, und die Frühgemeinde erlebte immer wieder Trennungen und Abspaltungen. Die wichtigste führte zum Entstehen von Sunniten und Schiiten. Heute stellen die Sunniten rund 90 Prozent der weltweit knapp zwei Milliarden Muslime. Die Schiiten bilden die Bevölkerungsmehrheit im Irak, Iran, Libanon sowie in Bahrein und Aserbaidschan. Bedeutende schiitische Minderheiten leben in den Küstenregionen der arabischen Golfstaaten, vor allem in der saudischen Provinz al-Hasa.

Ali, dem vierten und letzten der «rechtgeleiteten Kalifen», vormals enge Vertraute Mohammeds, gelang es nicht, die islamische Frühgemeinde vollständig hinter sich zu vereinen. Nach Alis Tod (er war gleichzeitig Mohammeds Vetter und Schwiegersohn) beanspruchte der Kriegsherr Mu'awiya vom mekkanischen Stamm der Quraisch die Macht und begründete in Damaskus die sunnitische Dynastie der Omajjaden (661–750). Mu'awiya war der erste Kalif, der kein früherer Gefährte und Wegbegleiter Mohammeds war. Die Verbundenheit der Frommen mit der von der

Macht verdrängten Familie des Propheten verfestigte sich über mehrere Generationen hinweg zur religiös-politischen Oppositionspartei der Schiiten: Sie sind im Wortsinn «Parteigänger Alis» (arabisch: Schi'at Ali).

Die Verfolgungen durch die ersten Sunniten führten auf Seiten der frühen Schiiten zu einem ausgesprochenen Märtyrerkult. Insbesondere der Tod von Alis Sohn Hussein 680 in der Schlacht von Kerbela, im heutigen Irak, in der die «Parteigänger Alis» den Omajjaden unterlagen, wurde zum *Big Bang* der schiitischen Lehre. In Erinnerung an diese verlorene Schlacht finden bis heute alljährlich blutige Selbstgeißelungen und Märtyrerspiele statt. Die Gläubigen sehen darin eine Sühnetat angesichts des «Versagens» der ersten Schiiten, nicht in ausreichender Zahl Hussein im Kampf zur Seite gestanden zu haben.

Da die Schiiten das sunnitische Kalifat nicht anerkannten, mussten sie die Frage der Nachfolge Alis anders regeln. Die Mehrheitsströmung unter den Schiiten beruft sich auf eine Genealogie von insgesamt zwölf Imamen, als deren erster Ali gilt. Deswegen werden sie auch «Zwölferschiiten» genannt. Auf sie entfallen rund neun Prozent aller Muslime. Im sunnitischen Islam bedeutet «Imam» lediglich «Vorbeter», für die Schiiten ist der Imam der religiöse Führer. Diesen Imamen werden unfehlbare Weisheit und Freiheit von Sünde zugesprochen. Der zwölfte Imam ist nach schiitischer Lehre 874 «in die Verborgenheit entrückt» und wird am Tag des Jüngsten Gerichts als Mahdi (Erlöser) wiederkehren.

Die Imame gelten sämtlich als Nachkommen Alis. Ihre wesentliche Funktion ist die spirituelle Führung der Gemeinde und ihre Verteidigung inmitten einer Welt von Feinden. Eine der zentralen theologischen Fragen der Schiiten lautet: Wie kann es sein, dass der wahre Glaube, wie von Ali und den Imamen verkörpert, sich immer wieder gegen Unrecht und Gewalt behaupten muss? Die Imame waren stets auch politische Führer, aber Imamat bedeutet nicht Gottesstaat. Nach der «Entrückung» des zwölften Imams übernahmen Ajatollahs (arabisch: Zeichen Gottes), gewissermaßen in Vertretung des Mahdi, die Führung der Schiiten. Sie allein sind zur Entscheidung in religiösen und politischen Zweifelsfällen berechtigt. Mit den jeweiligen Machthabern wussten sie sich in der Regel zu arrangieren. Aus ihrer Sicht ist ein Herrscher ohnehin nur so lange legitimiert, bis der Mahdi erscheint. Die Frage, wo genau die Grenzen zwischen religiöser Führung und Politik verlaufen, war unter schiitischen Rechtsgelehrten über Jahrhunderte umstritten. Ajatollah Khomeini hat sie mit einer extremistischen Position vorerst beantwortet. Er prägte die Lehre von der «Herrschaft der Rechtsgelehrten» (velayat-i-faqih), die bis zur Wiederkehr des Mahdis politische und religiöse Macht in ihren Händen vereinen. Diese Institution wurde nach dem Sturz des Schahs 1979 in der Verfassung der Islamischen Republik Iran festgeschrieben. Nach Khomeinis Überzeugung sind die Rechtsgelehrten nicht dem Volk, sondern allein Gott am Tag des Jüngsten Gerichts Rechenschaft schuldig. Khomeinis Dogma von der Einheit religiöser und politischer Herrschaft wird von den meisten schiitischen Theologen abgelehnt, sofern sie nicht Teil des iranischen Machtapparats sind.

Der Vollständigkeit halber sei auch der Aga Khan erwähnt, das religiöse Oberhaupt der «Siebenerschiiten», auch Ismailiten genannt, die ursprünglich vor allem in Indien beheimatet waren. Nicht zu vergessen die «Fünferschiiten», die Zaiditen, die ausschließlich im Norden Jemens zu finden sind, im Grenzgebiet zu Saudi-Arabien. Sie stellen das Rückgrat der Huthi-Rebellen, die Riad seit 2015 militärisch bekämpft, mit katastrophalen Folgen für die jemenitische Zivilbevölkerung. Last not least gelten die syrischen Alawiten, aus deren Reihen das Assad-Regime hervorgegangen ist, als eine Abspaltung von den «Zwölferschiiten».

Jenseits der unterschiedlichen Auffassung über die legitime Nachfolge Alis in der Führung der islamischen Frühgemeinde und die Genealogie unfehlbarer Imame, sind die theologischen Unterschiede zwischen Sunniten und Schiiten gering. Sunniten und Schiiten sind *keine* religiösen Antipoden, sie sind, wenn man so will, der rechte und der linke Arm desselben Glaubenskorpus. Sofern es zwischen ihnen im Verlauf der Geschichte zu kriegerischen Auseinandersetzungen gekommen ist, gab es dafür in erster Linie politische Gründe. So etwa, als die iranische Herrscherdynastie der Safawiden im 16. Jahrhundert vom sunnitischen zum schiitischen Islam konvertierte und die «Schiitisierung» der einheimischen Bevölkerung einleitete. Das Motiv war kein ursächlich theologisches – vielmehr suchten sich die Safawiden vom benachbarten Osmanischen Reich abzugrenzen, der sunnitischen Großmacht. Im Alltag haben Sunniten und Schiiten über Jahrhunderte neben- und miteinander gelebt, auch untereinander geheiratet. Mitnichten also besteht zwischen ihnen eine Erbfeindschaft, obwohl es heute auf den ersten Blick den Anschein haben mag. Vor allem der Wahhabismus legte die Wurzeln für jene hasserfüllte Ablehnung des Schiitentums durch radikale Sunniten, die ganz wesentlich die saudische Haltung gegenüber dem Iran mitbestimmt.

Auch dieser Hinweis ist von grundlegender Bedeutung: Der Wahhabismus ist der ideologische Kern der Schiiten-Dämonisierung auf Seiten radikalisierter Sunniten. Ein fanatisiertes Pendant auf schiitischer Seite gegenüber den Sunniten mag es auf individueller Ebene oder innerhalb kleinerer Gruppen geben, nicht aber in einer politisch relevanten, organisierten Form.

Bitte keine Autos oder Radios!

Mohammed Abdel Wahhab stammte aus einer angesehenen Familie hanbalitischer Rechtsgelehrter in der Oase Uyaina im Wadi Hanifa. Damit war sein Weg als Theologe vorgezeichnet. Nach Studienaufenthalten unter anderem in Mekka, Medina und im irakischen Basra entwickelte er seine streng monotheistische Lehre. Die Gläubigen seien vom rechten Weg abgewichen, entsprechend gebe es Unfrieden und wirtschaftliches Chaos, Dekadenz und allgemeinen Niedergang. Um die Welt vor der Apokalypse zu bewahren, gelte es die Religion zu «reinigen», ihren ursprünglichen Zustand wiederherzustellen – kurzum, zurückzukehren zum «wahren Islam» des Propheten und seiner Gefährten, dem vermeintlich «goldenen Zeitalter». Es liegt auf der Hand, dass ein solches Weltbild die Vergangenheit idealisiert und nicht in ihr liest. Die tatsächlichen Lebensverhältnisse waren im siebten Jahrhundert nicht weniger geprägt von Mord und Totschlag, dem blutigen Ringen um Macht und Herrschaft, von Charakterschwäche und «Sünde» als im 18. Jahrhundert oder in der Gegenwart. Die Beschwörung vergangener Zeiten als Zufluchtsort eigener Sehnsüchte und Projektionen ist allerdings kein arabisches oder islamisches Phänomen, sie findet sich ebenso unter christlichen, jüdischen, generell unter religiösen Fundamentalisten. Doch ebenso auf ganz anderer Ebene – erinnert sei etwa an die Verehrung des antiken Griechenlands oder Roms auf Seiten deutscher Romantiker.

Abdel Wahhab jedoch war kein Romantiker, sondern Zelot. Wie richtig leben, Gerechtigkeit auf Erden schaffen, neuen Herausforderungen begegnen? Alle Antworten finden sich im Koran und in der Sunna, der Lebensführung des Propheten, so seine Überzeugung. Darüber hinaus anerkennt er das Wirken der ersten vier «rechtgeleiteten Kalifen». Und natürlich die Lehren der hanbalitischen Rechtsschule, insbesondere des mittelalterlichen Theologen Ahmad Ibn Taimiya (1263–1328). Das war's. 1000 Jahre islamische Geistesgeschichte, die frühe Hochkultur in Andalusien, jene unter den Abbassiden in Bagdad (750–1258), die vielschichtigen sunnitischen Gedankenwelten, die nicht zuletzt um das Verhältnis von Wissen und Glauben kreisen, die religiöse Mystik – aus Abdel Wahhabs Sicht nichts als Ketzerei. Gift für die Gläubigen, eine Neuauflage der «Dschahiliya», der «Zeit der Unwissenheit» vor der koranischen Offenbarung. Ibn Taimiya war sein «Kronzeuge» im Kampf gegen die sunnitische Orthodoxie und deren rationalistische Ansätze. Jede Art von «Neuerung» (Bida) lehnten die Wahhabiten ab. Am liebsten hätten sie sich wohl «zurückgebeamt» ins siebte Jahrhundert. Entsprechend suchten sie beispielsweise die Einführung von Autos und Radios in den 1920er Jahren erbittert zu verhindern.

Vor allem in den Oasen gedieh zu Abdel Wahhabs Zeit die volkstümliche Heiligenverehrung, pilgerten Gläubige zu Heiligen und ihren Gräbern, huldigten dem Sufitum, der religiösen Mystik, und erhofften sich Wunder. Dieser Volksislam grenzte auch aus Sicht der Orthodoxie an Gotteslästerung und widersprach dem ersten Teil des islamischen Glaubensbekenntnisses – es gibt keine Gottheit neben Gott und Mohammed ist sein Prophet. Dennoch erschien es den sunnitischen Rechtsgelehrten unklug, dagegen vorzugehen. Auf politischer Ebene führte diese «Vielgötterei» zu einer Fragmentierung der Stämme, die einst unter dem Banner des Islam Arabien vereint hatten, zumindest oberflächlich. Da nun jeder Stamm, beinahe jede Oase andere Heilige verehrte, zerfiel Arabien in eine Vielzahl von Einflussgebieten unterschiedlicher Herrscher. Mit der Folge, dass Anarchie und Gewalt zunahmen, vor allem in Form endemischer

Überfälle, besagter *ghazzu*. So gesehen war die Zeit reif für eine Erweckungsbewegung, die im Namen des einen, des wahren Gottes politische Einheit und Stabilität zumindest auf regionaler Ebene wiederherzustellen vermochte.

Die ersten, die das verstanden, waren die Stammesführer der Al Saud. Sie erkannten auch, dass Abdel Wahhab die Privilegien der Ulama, der Rechtsgelehrten, und der Stammesnotabeln keineswegs infrage stellte. Ganz im Gegenteil verlangte er von der einfachen Bevölkerung, den Autoritäten bedingungslos zu gehorchen, im Geist der Prophetengefährten. Wer dem Herrscher die Gefolgschaft verweigere, gar gegen ihn aufbegehre, der sei «infernalisch zu foltern».[1] Im Gegenzug forderte er die Emire und Nobilitäten auf, sich «gerecht» gegenüber ihren Untertanen zu verhalten und sich der Sklaven, Diener und Tagelöhner gewissenhaft anzunehmen. Den Armen wiederum predigte er, dass Armut keine Schande sei, im Gegensatz zu Gier, und sie leichter ins Himmelreich gelangten als die Reichen. Der Wahhabismus entwarf einen ausgeprägten Moralkodex, der den Gläubigen auch nahelegte, wie sie zu lachen, zu niesen, zu gähnen, zu scherzen, andere zu umarmen oder ihnen die Hand zu reichen hatten.

Und doch: Anfangs verfügte Abdel Wahhab nur über eine kleine Anhängerschaft. Sein religiöser Furor entsprach nicht dem Lebensgefühl der überwiegenden Mehrzahl der Oasenbewohner. Nachdem er in mehreren Dörfern Heiligengräber und Moscheen hatte zerstören und als heilig angesehene Bäume fällen lassen, musste er um sein Leben fürchten. Sein Schicksal sollte sich erst wenden, als er in der Oase Diriya, heute ein Stadtteil Riads, Mohammed Ibn Saud begegnete und die beiden einen faustischen Pakt eingingen: Abdel Wahhab verschaffte dem Machtanspruch eines Oasenherrschers, der bislang im Schatten mächtiger Stammesführer größerer Siedlungen gestanden hatte, eine überaus wirkmächtige, nämlich eine religiöse Legitimation. Ibn Saud allein sei der Vertreter des «wahren Islam». Diese Legitimation gab ihm einen Freibrief, andere Stämme im Namen des «Monotheismus» zu unterwerfen und den eigenen Machtbereich kontinuierlich auszuweiten. Im Gegenzug verschaffte Ibn Saud seinem Bruder im Geist weitreichende Privilegien. Nicht nur ihm, sondern auch Abdel Wahhabs Angehörigen und engsten Vertrauten sowie deren Nachkommen, den bis heute so geheißenen «Al ash-Sheikh», dem Clan des Scheichs. In den Worten des Berliner Orientalisten Sebastian Sons: «Für beide ausgestoßenen und missachteten Männer bot sich somit eine Win-win-Situation: Ibn Saud konnte seine politischen Ambitionen mit einer radikalen Ideologie von Ausgrenzung und Verfolgung untermauern, während Abdel Wahhab einen Partner erhielt, der über politische Kontakte und lokale Netzwerke verfügte und ihm somit Schutz bieten konnte.»[2]

Dieser Pakt von Diriya aus den 1740er Jahren begründete den Siegeszug der saudisch-wahhabitischen Waffenbruderschaft, ohne die es Saudi-Arabien nicht gäbe. Würde der «Clan des Scheichs» den Al Saud bescheinigen, eine «unislamische» Politik zu betreiben, liefe dieser Staat Gefahr, seine Legitimation und somit seine Existenzberechtigung zu verlieren. Deswegen sind Fragen wie die nach dem Fahrverbot für Frauen in erster Linie Machtfragen. Keine Seite darf rote Linien überschreiten, im Zweifel müssen erst Gefälligkeiten ausgetauscht werden.

Woher aber rührt der Hass auf die Schiiten? Aus Sicht der Wahhabiten sind grundsätzlich alle Nicht-Wahhabiten Götzendiener – vor allem jene Muslime, die sich ihnen entgegenstellen. Und genau das taten die Schiiten, vor allem in der Provinz al-Hasa. Entsprechend behandelten die Wahhabiten die damals noch in Arabien lebenden Christen und Juden weniger schlecht als ihre muslimischen Widersacher.

Treibsand

Im Verlauf ihrer Eroberungszüge zerstörten sie alle Heiligengräber und verbrannten die Bücher von Rechtsgelehrten, die ihr Weltbild nicht teilten. Der Fanatismus der Wahhabiten erhob gleichzeitig die damals so beliebten Beutezüge in den Rang einer göttlichen Mission. Plündern im Namen des Herrn, das erhöhte die Stoßkraft und sorgte für einen steten Zustrom neuer Anhänger.

Dennoch, der Hass auf die Schiiten ist nicht allein rational zu begründen – sofern Hass denn überhaupt eine Verstandesebene hätte. Eine psychopathologische Komponente mag da ebenfalls eine Rolle spielen, vergleichbar etwa dem Anti-Judaismus christlicher Kirchen vor 1945 oder generell dem Antisemitismus.

Saudi-Arabien: Weinende Männer und ihre «Brüder»
Vom Schwerttanz zur Erdöl-Monarchie

Beseelt von ihrem Glauben und dem Schwert gelang es der saudisch-wahhabitischen Allianz in der zweiten Hälfte des 18. Jahrhunderts weite Teile des heutigen Staatsgebietes von Saudi-Arabien zu unterwerfen. Im Wesentlichen nach der *ghazzu*-Methode: Eine Ortschaft wird überfallen, und die Einwohner haben die Wahl. Entweder zahlen sie Tribut und übernehmen die Lehren des Wahhabismus – oder aber ihr Leben endet. Dieses «Alleinstellungsmerkmal», die Verbindung aus Religion und Gewalt, erklärt den Erfolg der Gotteskrieger. Damals hatten sie das Monopol auf den Dschihad. Im Gegenzug konnten sich die «Konvertiten» den Eroberern anschließen und ihrerseits teilhaben an der gewissermaßen staatlich verordneten Beutejagd. Dabei stießen sie auch in Richtung Irak und sogar Syrien vor. 1802 erreichten sie die schiitische Pilgerstadt Kerbela im Süden Iraks, die Begräbnisstätte des Imams Hussein, des «Herrn der Märtyrer». Was folgte, beschreibt Jean-Baptiste Rousseau, damals französischer Generalkonsul von Aleppo und zum Zeitpunkt des Geschehens im Irak: «In der Stadt hatte sich im Verlauf mehrerer Jahrhunderte ein unvorstellbarer Reichtum angehäuft. In der Moschee von Imam Hussein befanden sich Schenkungen von Silber, Gold, Juwelen, vielerlei Raritäten.» Mit der Moschee ist nicht allein das Gotteshaus selbst gemeint, sondern, darüber hinaus, ein weitläufiges Areal von der Größe mehrerer Fußballfelder, mit

Saudi-Arabien

Verwaltungsgebäuden und Depots sowie dem Mausoleum. «Dieser Reichtum hatte die Gier der Wahhabiten erweckt ... Und dann geschah es. Völlig überraschend griffen 12 000 Wahhabiten die Moschee an. Nachdem sie soviel Beute gemacht hatten wie nie zuvor auf ihren Siegeszügen, überantworteten sie alles dem Feuer und dem Schwert. Alte Menschen, Frauen, Kinder – sie alle starben durch das Schwert der Barbaren. Trafen sie auf eine schwangere Frau, so wird berichtet, schnitten sie ihr das Kind heraus und legten den Fötus auf den blutenden Körper. Ihre Grausamkeit fand kein Ende, sie hörten nicht auf zu morden, und das Blut floss in Strömen. Am Ende dieser blutigen Katastrophe waren mehr als 4000 Menschen tot. Die Wahhabiten beluden 4000 Kamele mit ihrer Beute. Zuvor aber zerstörten sie das Mausoleum des Imams und verwandelten es in eine Kloake aus Eingeweiden und Blut.»[1]

Rousseau mag das Massaker im Detail ausgeschmückt oder übertrieben dargestellt haben. Im kollektiven Gedächtnis der Schiiten aber ist es überaus präsent und erklärt deren noch immer tiefsitzende Abneigung gegenüber dem wahhabitischen Saudi-Arabien. Nach Kerbela nahmen die Gotteskrieger 1803 den Hidschas ins Visier. Ein lohnendes Ziel, nicht allein wegen der Hafenstadt Dschidda. Wer Mekka und Medina kontrolliert, verbindet religiöse mit weltlicher Macht. Allerdings hielten die vergleichsweise weltoffenen Hidschas-Bewohner nicht viel von den wahhabitischen Fanatikern, die mit ihrem nächsten Schachzug zusätzlich das Osmanische Reich herausforderten. Seit dem 16. Jahrhundert kontrollierte die Hohe Pforte die beiden heiligen Stätten des Islam mittels lokaler Statthalter, der Scherifen. Dennoch gelang es der Stammesallianz aus Saudis und Wahhabiten, 1803 Mekka kampflos einzunehmen, nachdem die türkischen Garnisonssoldaten desertiert und der Scherif nach Dschidda geflohen waren. Im Jahr darauf

Saudi-Arabien

eroberten sie Medina und plünderten Moschee und Mausoleum des Propheten. Allein für den Verkauf der dort erbeuteten Juwelen soll das Haus Saud 40 000 bis 50 000 Taler erzielt haben,[2] das entspräche heute einem zweistelligen Millionenbetrag in US-Dollar.

Auch in Mekka wurden alle Mausoleen von Heiligen und Moscheen mit Kuppeln, die der Verehrung früher Prophetenanhänger dienten, zerstört, ebenso alle Häuser, deren Bauweise den Bilderstürmern missfiel. Jahrhunderte Architekturgeschichte wurden auf diese Weise vernichtet. Den Bewohnern wurde verboten, Stoffe aus Seide zu tragen und in der Öffentlichkeit zu rauchen. Der Verkauf von Tabak und Alkohol wurde untersagt.

Es versteht sich von selbst, dass Istanbul auf diese Provokation reagieren musste. Der osmanische Sultan beauftragte seinen Statthalter in Ägypten, den Hidschas zurückzuerobern, was 1814 auch gelang. Vier Jahre später zerstörten ägyptische Truppen das saudische Machtzentrum Diriya. Die Clanchefs der Sauds wie auch der Wahhabiten wurden nach Istanbul deportiert und dort standesgemäß geköpft.

Ein tödlicher Speerwurf und seine Folgen

Ende gut, alles gut? Nachdem die Ägypter abgezogen waren, formierte sich der Saud-Clan erneut und versuchte seinen Herrschaftsbereich wiederherzustellen, zunächst im Nadschd. Aufgrund von Streitigkeiten zwischen religiösen und Stammesführern gelang das mehr schlecht als recht. 1891 verloren die Sauds ihre regionale Vorherrschaft an eine rivalisierende Stammesdynastie, die Al Raschidi. Die überlebenden Angehörigen des Clans flohen ins kuweitische Exil, darunter auch Abd al-Asis Ibn Saud (1875–1953), der Begründer Saudi-Arabiens. Im Westen ist er als Ibn Saud bekannt, im Arabischen wird er meist als Abd al-Asis bezeichnet. Er ist die zentrale Figur der saudischen Wiedergeburt. Sein Aufstieg begann, als er 1902, angeblich mit nur fünfzig oder sechzig Getreuen, überraschend Riad angriff. Sie metzelten die zahlenmäßig überlegenen Stammeskrieger der Raschidi nieder und eroberten die Ortschaft im Handstreich. Ibn Saud persönlich tötete den Gouverneur mit einem Speerwurf. Das Tor der Festung, in die der Speer eindrang, gehört heute zu einem gut besuchten Museum. Sogar der Blutfleck des Opfers wurde konserviert – erlaubte Ibn Sauds Großtat doch der saudischen Geschichtsschreibung, den furchtlosen Helden zu verherrlichen und damit den eigenen Machtanspruch festzuschreiben. Mit diesem *ghazzu* gelang es Ibn Saud gleichzeitig, zur Nummer eins innerhalb des eigenen Clans aufzurücken.

Ungeachtet seiner Überhöhung würde es Saudi-Arabien ohne ihn wohl tatsächlich nicht geben. Ibn Saud sollte sich als ebenso geschickter wie skrupelloser Stratege erweisen, der die Klaviatur der Machtpolitik meisterlich beherrschte. Er hatte aus den Fehlern seiner Vorfahren gelernt und erkannt, dass er seine Herrschaft nicht allein auf den moralischen Rigorismus der Wahhabiten gründen konnte. Zwar setzte er weiterhin auf Eroberungen, allerdings suchte er neu unterworfene Gebiete durch Bündnisse und Diplomatie an sich zu binden und verhandelte auch mit seinen Widersachern. Mittels einer exzessiven Heiratspolitik ging er Zweckbündnisse mit verfeindeten Stämmen ein. Mit Vorliebe heiratete er Exfrauen und Töchter politischer Rivalen. Insgesamt soll er 22 Ehefrauen und zahlreiche Konkubinen gehabt haben. Aus diesen Beziehungen sollen laut maßgeblicher arabischer Quelle mindestens 160 Söhne und 140 Töchter hervorgegangen sein, insgesamt also die kaum vorstellbare Zahl von mehr als 300 Kindern.[3] Mit seiner

Lieblingsfrau, Hasa Bint Sudairi, hat er sieben Söhne gezeugt. Diese «Sudairi-Sieben» spielen eine Schlüsselrolle in der saudischen Politik und der Thronfolge. Salman, König seit Januar 2015, ist der sechstgeborene. Dessen Sohn, Mohammed Bin Salman, ist der umtriebige Kronprinz, der ihn einst beerben soll.

Ibn Sauds unaufhaltsamer Aufstieg verdankte sich dem Ersten Weltkrieg ebenso wie seiner Miliz. Mit Billigung hanbalitischer Rechtsgelehrter und der wahhabitischen Nobilität siedelte er zahlreiche Beduinenstämme in landwirtschaftlichen Siedlungen an. Er machte sie also sesshaft, in der Absicht, sie militärisch auszubilden und besser kontrollieren zu können. Auf diese Weise entstand eine verlässliche Eliteeinheit, *Ikhwan* genannt, Brüder. Mit ihrer Hilfe gelang es Ibn Saud, in den 1910er und 1920er Jahren weite Teile des heutigen Saudi-Arabien zu erobern. Deren rund 150 000 Kämpfer erwiesen sich allerdings als ebenso fanatische wie brutale Schlächter, die raubten und plünderten und wie schon ihre gewalttätigen Vorfahren ein weiteres Mal Mekka und Medina verwüsteten. Ibn Saud ließ sie zunächst gewähren, vor allem im Hidschas, wo der Widerstand gegen seine Herrschaft am größten war. Über eine Million Menschen sollen vor den *Ikhwan* in die Nachbarländer geflohen sein,[4] fast ein Viertel der damaligen Bevölkerung. Angeblich haben sie mehr als 40 000 Gegner Ibn Sauds geköpft, weiteren 350 000 Hände oder Füße amputiert.[5] Weltbild und Vorgehen der *Ikhwan* zeigen deutliche Parallelen zum «Islamischen Staat» und anderen gewaltbereiten Dschihadisten von heute. Ibn Sauds Gotteskrieger sind, wenn man so will, das Original.

In der Ära vor dem Erdöl interessierte sich Großbritannien, damals eine Weltmacht wie heute die USA, vor allem aus einem Grund für Arabien: die Sicherung der beiden Seewege in Richtung Indien, seiner wichtigsten Kolonie.

Saudi-Arabien

1869 wurde der Suezkanal eröffnet, 1882 wurde Ägypten eine britische Halbkolonie, um die Kontrolle des Kanals zu gewährleisten. Schon 1839 hatte London die Hafenstadt Aden im Südjemen und das angrenzende Hinterland besetzt. Aden war strategisch wichtig, um die Dampfschiffe auf ihrem Weg zwischen Europa und Indien mit Kohle und Proviant zu versorgen. Auch auf der anderen Seite Arabiens waren die Kräfteverhältnisse klar: Der Persische Golf war de facto ein britisches Binnengewässer. Wichtige Handelsrouten aus Europa in Richtung Indien verliefen über das Osmanische Reich, über Istanbul, Bagdad und die Hafenstadt Basra, anschließend auf dem Seeweg durch den Persischen Golf hindurch weiter nach Osten. Aufgrund häufiger Piratenüberfälle entsandte London wiederholt Kriegsschiffe in die Region und handelte ab Mitte des 19. Jahrhunderts mit ausgewählten Stammesführern entlang der arabischen Küstenseite des Persischen Golfs Verträge aus – die Clanchefs hafteten nunmehr persönlich für die Sicherheit des Seeweges. Außerdem durften sie keine Handelsabkommen oder politischen Vereinbarungen mit Drittstaaten schließen. Die unmittelbaren Folgen bekam vor allem das Wilhelminische Deutschland zu spüren. Der von Berlin und Istanbul vor dem Ersten Weltkrieg forcierte Bau der Bagdad-Bahn konnte nicht, wie eigentlich geplant, bis nach Kuweit verlängert werden. Aus besagten Verträgen wurden hundert Jahre später die Geburtsurkunden der kleineren Golfstaaten Kuweit, Bahrein, Katar, Vereinigte Arabische Emirate und Oman. Die Vorfahren der dort jeweils herrschenden Familien hatten einst mit ihrer Unterschrift Londons Vorherrschaft anerkannt.

Saudi-Arabien

Lawrence von Arabien spielt mit verdeckten Karten

Nominell unterstanden Kuweit und die Provinz al-Hasa osmanischer Herrschaft. Tatsächlich aber hatten dort die Briten das Sagen – und mit ihnen ihr neuer Verbündeter Ibn Saud, den sie nach Kriegsbeginn verstärkt mit Waffenlieferungen und monatlichen Apanagen an sich banden. Bereits 1915 vertrieben die *Ikhwan* die Türken aus al-Hasa, nahmen die Region in ihren Besitz und gingen mit äußerster Härte gegen die dortigen Schiiten vor. Nicht so einfach stellten sich indes die Verhältnisse im Hidschas dar. Dort hatte die mekkanische Dynastie der Haschemiten das Sagen, die ihren Stammbaum auf den Propheten zurückführen. Sie dienten dem osmanischen Sultan als lokale Statthalter. Der damalige Scherif Hussein zeigte, anders als Ibn Saud, wenig Neigung, sich den Briten zu unterwerfen. Stattdessen wollte er nach dem absehbaren Ende der osmanischen Herrschaft ein arabisches Großreich mit ihm als Emir gründen, das Syrien und Irak ebenso umfasst hätte wie Transjordanien, Palästina und den Hidschas. Die Briten entschieden sich daraufhin für ein Doppelspiel. Auf der einen Seite brauchten sie Husseins Unterstützung, um die Türken auch aus dem Hidschas zu vertreiben. Auf der anderen Seite dachten sie nicht daran, ein arabisches Großreich zu dulden – koloniale und imperiale Herrschaft beruht wesentlich auf dem Prinzip «teile und herrsche».

1915 wurde der Soldat und Kolonialbeamte T. E. Lawrence von Kairo aus in den Hidschas entsandt, besser bekannt als Lawrence von Arabien. Er überredete Hussein zu einem Aufstand gegen die Türken und versprach ihm als Lohn die britische Unterstützung für sein angestrebtes Großreich. Nahezu gleichzeitig aber verhandelten London und Paris über ein Geheimabkommen, das nach seinen Unterzeichnern benannte Sykes-Picot-Abkommen, und steckten ihre kolonialen Interessensgebiete für die Zeit nach dem Krieg ab. Paris erhielt demzufolge Syrien und den Libanon, London den Irak, Transjordanien und Palästina. Hussein durchschaute das Doppelspiel und entsandte 1917 seine Söhne Abdallah und Faisal nach Damaskus, wo sie zwei Jahre später ein großsyrisches Reich ausriefen. Bestand hatte es nicht, konnte es auch nicht haben – infolge europäischer Intrigen, aber auch notorischer Stammesrivalitäten. Die Briten ihrerseits lieferten weiterhin Waffen an Ibn Saud und gaben ihm grünes Licht für die Eroberung des Hidschas. Die gelang den *Ikhwan* auch, begleitet von zahlreichen Massakern und einer beispiellosen Flüchtlingswelle, wie erwähnt. Die Briten wurden somit zu Geburtshelfern Saudi-Arabiens, indem sie Ibn Saud gegen Hussein in Stellung brachten. 1925 endete die 700-jährige Vorherrschaft der Haschemiten im Hidschas – Hussein ging ins Exil nach Kairo. Teile und herrsche: Die Briten machten seinen Sohn Abdallah zum König in Transjordanien. Dessen gleichnamiger Urenkel wiederum ist heute König von Jordanien. Faisal wurde auf Geheiß Londons König im Irak und 1958 bei einem Militärputsch getötet.

Nachdem die Machtverhältnisse geklärt waren und Ibn Saud die Rolle des Staatsmannes anstrebte, waren die *Ikhwan* entbehrlich geworden. Außerdem drohte von ihrer Seite Gefahr, da sie sich zunehmend als Staat im Staate aufführten. 1929 kam es zum Showdown: Mit Hilfe ihm treu ergebener Stämme und der britischen Luftwaffe griff Ibn Saud die Hochburgen der «Brüder» an. Tausende wurden getötet, die meisten flohen in den Irak oder nach Kuweit. Zähneknirschend nahmen die Wahhabiten diesen Affront hin und banden sich noch enger an das Haus Saud, um für sich selbst Schlimmeres zu verhindern. Somit wurden sie zu Juniorpartnern und sind es bis heute geblieben. Ibn Saud erkaufte ihre Loyalität, indem er ihnen das Erziehungs- und Bildungswesen überließ. Zudem stellten sie das Rückgrat der Verwaltungselite im künftigen Saudi-Arabien – Kompetenz hin oder her. An diesem Modell hat sich bis heute wenig geändert.

Weinende Männer und was sie bewegt

Die Briten waren es auch, die Saudi-Arabiens Grenzen im Norden festlegten, gegenüber Transjordanien, Irak und Kuweit. Im November 1922 trafen sich Sir Percy Cox, der britische High Commissioner für die Golfregion, und Ibn Saud zu sechstägigen Gesprächen zwecks Grenzziehung. Mit gravierenden Folgen für Kuweit, wie deren Dolmetscher Harold Dickson überliefert: «Sir Percy Cox stellte klar, dass er allein über den Grenzverlauf bestimmen würde ... Ibn Saud verlor die Fassung und merkte pathetisch an, Sir Percy sei sein Vater und seine Mutter. Er habe ihn erschaffen und aus dem Nichts zu dem gemacht, was er heute sei. Er würde auch die Hälfte seines Königreiches abgeben, sollte Sir Percy dies verlangen ...

Am Abend desselben Tages kam es zu einem denkwürdigen Vorfall. Ibn Saud stellte sich in die Mitte des Empfangszeltes und schien außer sich zu sein. ‹Mein Freund›, stöhnte er. ‹Sie haben mir tatsächlich die Hälfte meines Königreichs genommen. (Zu dem Zeitpunkt war der Hidschas noch nicht unter seiner Kontrolle, ML.) Es wäre besser, Sie würden es ganz an sich nehmen und mich in den Ruhestand schicken.› So stand er da, dieser stattliche, großgewachsene Mann. Von Schmerz überwältigt, brach er plötzlich in Tränen aus. Zutiefst verstört ergriff Sir Percy dessen Hand und begann ebenfalls zu weinen ... Und er sagte, während er noch immer Ibn Sauds Hand hielt: ‹Mein

Saudi-Arabien

Freund, ich weiß genau, wie Sie sich fühlen. Aus diesem Grund gebe ich Ihnen zwei Drittel des Territoriums von Kuweit. Auch wenn ich mir nicht sicher bin, wie Ibn Sabah (der Herrscher Kuweits, ML) diesen Schlag verkraften wird.»»[6]

1932 war die Machtkonsolidierung Ibn Sauds so weit fortgeschritten, dass er, in Absprache mit den Briten, das Königreich Saudi-Arabien proklamieren konnte. Der neugeschaffene Zentralstaat lag im Interesse der feudalen Stammesnobilität, der Händler und eines Großteils der Bevölkerung, die der ständigen Gewalt und der *ghazzu* überdrüssig waren. Gleichzeitig neigte sich die nomadische Lebensweise ihrem Ende zu. Über zeitgemäße soziale Gruppen, ein Bürgertum, eine Arbeiterschaft gar, verfügte das Land ebenso wenig wie über eine technisierte Wirtschaft, geschweige denn eine Industrie. Die wichtigste Einnahmequelle des Landes war die Besteuerung der Pilger auf ihrem Weg nach Mekka und Medina. Saudi-Arabien lebte noch immer im Mittelalter, verfügte weder über effiziente Verwaltungsstrukturen noch über diplomatische Kontakte ins Ausland. Sein politisches Herz schlug am königlichen Hof in Riad. Langsam aber sicher rückten Angehörige der Al Saud in staatliche Schlüsselpositionen auf, in ihrem Gefolge der «Clan des Scheichs», die Wahhabiten. Zwischen dem Staatshaushalt und der privaten Schatulle Ibn Sauds, der alle wesentlichen Entscheidungen traf, gab es keinen Unterschied.

Und dann der Urknall: das Erdöl. Quasi über Nacht wird Saudi-Arabien in die Neuzeit katapultiert, weil unter dem Sand vor allem al-Hasas rund ein Fünftel der weltweit bekannten Erdölreserven lagert. 1938 begann die Exploration, spätestens der Zweite Weltkrieg machte das Erdöl endgültig zur wichtigsten Ressource der Neuzeit. Schon fünf Jahre später, 1943, unterschrieb US-Präsident Franklin Roosevelt die «Executive Order 8926», in der es heißt: «Die

Verteidigung Saudi-Arabiens ist lebensnotwendig für die Verteidigung der Vereinigten Staaten.»[7] Exportierte der Wüstenstaat 1938 erst eine halbe Million Barrel Öl, waren es 1945 bereits 21,3 Millionen Barrel, 1950 fast 200 Millionen.[8] Diese Order markiert den Beginn des Hegemonieanspruchs der USA im Nahen und Mittleren Osten und legte gleichzeitig den Grundstein für zahlreiche US-geführte Militärinterventionen, Putsche und Regimewechsel bis in die Gegenwart. Sie steht auch Pate für die noch immer gültige «Geschäftsgrundlage» zwischen den USA und Saudi-Arabien: Die Amerikaner erhalten zu Vorzugsbedingungen saudisches Erdöl, im Gegenzug garantieren sie für die Sicherheit des Landes. Bald schon interessierte sich Washington nicht allein für Saudi-Arabien, sondern generell für das Erdöl in der Region und die Sicherung der für den Export erforderlichen Transportwege.

Aber der Reihe nach. Seit 1901 wurden in den USA großflächig Erdölfelder erschlossen, vor allem entlang der texanischen Küste des Golfs von Mexiko, aber auch in Pennsylvania und Ohio sowie Oklahoma. Zur Zeit des Ersten Weltkrieges kontrollierten die USA zwei Drittel der weltweiten Erdölproduktion. Dies schuf bedenkliche Abhängigkeiten bei den Alliierten, auf deren Seite die USA 1917 in den Krieg eintraten. Maurice Hankey, Sekretär im britischen Imperial War Cabinet, formulierte es 1916 so: «Im nächsten Krieg wird Öl die Rolle der Kohle in diesem Krieg einnehmen ... Die für Großbritannien zugänglichen Vorräte an Öl befinden sich in Persien und Mesopotamien. Deswegen gehört es zu unseren vorrangigen Kriegszielen, diesen Nachschub zu sichern.»[9] Wohl auch mit Blick auf die britische Flotte, die ab 1913 gemäß einer Verordnung des Marineministers Winston Churchill von Kohle auf Öl umgestellt wurde. Entsprechend rückten britische Truppen zwischen 1915 und 1917 von Basra aus in Richtung Bagdad und die ölreiche Region um Mossul vor, um die türkischen Truppen von dort zu vertreiben. Ihr Weg Richtung Norden verlief weitgehend entlang derselben Routen und durch dieselben Ortschaften wie die amerikanisch-britisch geführte Invasion zum Sturz Saddam Husseins 2003.

Präsident Roosevelt verfällt saudischem Erdöl

Die Erdölexploration im Nahen und Mittleren Osten hatte 1909 im Iran ihren Anfang genommen, unter Federführung der Anglo-Persian Oil Company. (Sie wurde in den 1930er Jahren in Anglo-Iranian Oil Company umbenannt, 1954 in British Petroleum, BP.) Die Briten hielten es für abwegig, dass es auch in Arabien Öl geben könnte. Das sah die Ölgesellschaft Standard Oil of California (Socal) anders. Sie begab sich auf Ölsuche in al-Hasa und Bahrein und stieß dort, in Bahrein, 1928 erstmals auf Öl. Daraufhin begann ein Wettlauf von Briten und Amerikanern um die Gunst Ibn Sauds und die von ihm zu vergebenden Förderverträge. Die Amerikaner setzten sich durch, weil er der britischen Kolonialmacht misstraute. 1933 erhielt Socal ein Monopol auf sechzig Jahre, im Osten Saudi-Arabiens nach Erdöl zu suchen und dieses zu fördern – für gerade einmal 105 000 britische Pfund Sterling. Abgesehen vielleicht von einigen Indianerstämmen, die weißen Siedlern Land für wertlose Glasperlen überließen, ist wohl kein Geschäftspartner jemals so über den Tisch gezogen worden wie das Haus Saud mit diesem Vertrag.[10] Pro Tonne geförderten Erdöls zahlte Socal vier Schilling oder das Äquivalent in Gold. Für fünf Tonnen also ein britisches Pfund – so gut wie nichts. Darüber hinaus ließ sich Socal Steuerfreiheit garantieren. 1950 jedoch änderte Ibn Saud einseitig die Vertragsbedingungen und erhöhte die Preise. Washington akzeptierte die Entscheidung, verlangte aber im Gegenzug die Modernisierung des Landes. Saudi-Arabien stand endgültig weit oben auf der außenpolitischen Agenda der USA.

Nach Fusionen und Namensänderungen war aus dem Socal-Konglomerat 1944 die bis heute federführende Arabian-American Oil Company hervorgegangen, Aramco. (Seit den 1970er Jahren in saudischem Besitz, die amerikanischen Anteilseigner wurden entschädigt. 1988 erfolgte die Umbenennung in Saudi Aramco, der mit weitem Abstand größte Ölkonzern der Welt.) Zu diesem Konglomerat gehörte ursprünglich auch die Texas Company, später bekannt als Texaco. Texanische Ölbarone spielten eine entscheidende Rolle beim Aufbau des weltweiten Vertriebsnetzes für Erdöl, dem Bau von Pipelines und Verladehäfen. Damit nahmen die engen Geschäftsbeziehungen zwischen Texas und Saudi-Arabien ihren Anfang, von denen noch ausführlich die Rede sein wird.

Aufgrund der Ölressourcen hofierte die Roosevelt-Administration die saudische Führung mit Darlehen und Entwicklungshilfe, sehr zum Ärger der Briten. Nach dem Zweiten Weltkrieg teilten Washington und London die Region unter sich auf. Die USA überließen Großbritannien die Erdölgebiete im Iran und im Irak, im Gegenzug akzeptierte London das amerikanische Ölmonopol auf der Arabischen Halbinsel. In der Praxis sollte dieser Deal wenig Bedeutung erlangen, da die politischen Ereignisse in der Region ihren eigenen Verlauf nahmen und die Briten zum Juniorpartner der neuen Weltmacht USA wurden – was sie bis heute geblieben sind.

Unter Roosevelt entwickelten sich auch die *terms of trade*, wie sie noch immer gültig sind: Die US-Ölfirmen kümmern sich um das Geschäftliche, während Politik, Militär und Geheimdienste eingreifen, sobald sie amerikanische Interessen herausgefordert sehen. Erster und sichtbarer Höhepunkt der Allianz zwischen den USA und Saudi-Arabien war das Treffen zwischen Roosevelt und Ibn Saud an Bord des Zerstörers USS Quincy im Großen Bittersee bei Kairo. Dort legte der US-Präsident am 20. Februar 1945 auf dem Rückweg von der Jalta-Konferenz einen Zwischenstopp ein. Bei dieser Begegnung erteilte Ibn Saud grünes Licht für den Bau einer Aramco-Pipeline von al-Hasa nach Sidon im Südlibanon, der Tapline.

Ihr Bau sollte das bis heute beliebte Projekt *regime change* in der Region einleiten, und zwar in Syrien. Nach der Staatsgründung Israels 1948 musste der Verlauf der Pipeline einen nicht geplanten Umweg über die syrischen Golanhöhen nehmen. Die damalige syrische Regierung war aber nicht bereit, dem Bau auf ihrem Gebiet zuzustimmen, nachdem es in Damaskus zu gewalttätigen Protesten gegen die USA und Israel gekommen war. Da wirtschaftliche Interessen auf solche Befindlichkeiten keine Rücksicht nehmen können, inszenierte die zwei Jahre zuvor gegründete CIA 1949 ihren ersten Staatsstreich überhaupt und verhalf in Syrien einem Präsidenten an die Macht, der die entsprechenden Verträge unterschrieb.[11] Die ebenso rücksichtslos wie präzise ausgeführte Operation diente als Blaupause für weitere amerikanische Staatsstreiche in der Dritten Welt. Auch der Putsch gegen den iranischen Premierminister Mossadegh 1953, der zwei Jahre zuvor die iranische Erdölindustrie verstaatlicht hatte, folgte exakt dem Vorgehen, wie es sich in Damaskus «bewährt» hatte.

Israel hofiert Khomeini: Nichts ist, wie es scheint
Über Intrigen in Zeiten, als der Iran noch kein «Schurkenstaat» war

Vielleicht wäre die jüngere Geschichte Irans anders verlaufen, hätten die Briten weniger imperiale Arroganz gezeigt. London wollte oder konnte nicht erkennen, dass die Ära des Kolonialismus nach dem Zweiten Weltkrieg ihrem Ende entgegensah. Der Iran, der über die viertgrößten Erdölreserven der Welt verfügt, sollte für diese Realitätsverweigerung den Preis bezahlen. Seit 1909 förderten britische Ölfirmen in der Provinz Khusistan, die an den Irak grenzt, Erdöl. Die dortige Raffinerie in der Stadt Abadan am Persischen Golf war jahrzehntelang die größte weltweit. Noch in den 1950er Jahren stammte der Großteil des Erdöls, das nach Westeuropa exportiert wurde, aus dem Iran. Bis zum Zweiten Weltkrieg waren etwa 800 Millionen Pfund Sterling Gewinn aus dem Ölgeschäft nach Großbritannien geflossen, während der Iran lediglich 105 Millionen Pfund erhalten hatte. Premierminister Winston Churchill sprach in dem Zusammenhang von einem «Preis aus einem Märchenland, jenseits unserer kühnsten Träume».[1] Gleichzeitig herrschte in Abadan, de facto eine britische Kronkolonie, ein Apartheidssystem. «Nicht für Iraner», hieß es etwa an den Trinkwasserbrunnen. Den Bewohnern Abadans stand gerade einmal so viel Strom zur Verfügung wie einer mittelgroßen Straße in London. Iranische Polizisten und Soldaten mussten britischen Amtsträgern salutieren, die aber erwiderten den erzwungenen Gruß grundsätzlich nicht.

Israel hofiert Khomeini

Die schlechten Arbeitsbedingungen und systematischen Demütigungen führten wiederholt zu Demonstrationen und Streiks, die gewaltsam niedergeschlagen wurden. Ende der 1940er Jahre formierte sich der politische Protest, forderte eine Gruppe von Parlamentariern, die Explorationsverträge neu auszuhandeln. Dazu war London aber nicht bereit, denn Großbritannien stand am Rande des Staatsbankrotts – ohne seine «wichtigen Überseeinteressen und die unsichtbaren Posten in seiner Zahlungsbilanz ... kann es nicht überleben», kommentierte US-Außenminister Dean Acheson.[2] Wortführer des iranischen Widerstands wurde der in Frankreich und der Schweiz ausgebildete Rechtsanwalt und spätere Politiker Mohammed Mossadegh. Kaum Premierminister geworden, veranlasste er 1951 die Verstaatlichung der Erdölindustrie und beendete somit Londons Kontrolle über das iranische Öl.

Die Briten schäumten und suchten Mossadegh von der Macht zu fegen. Dafür brauchten sie amerikanische Unterstützung, die sie nicht von Präsident Truman erhielten, wohl aber von dessen republikanischem Nachfolger Eisenhower. Der britische Geheimdienst MI 6 und die CIA verständigten sich auf einen Umsturzplan, der anschließend von Churchill und Eisenhower persönlich gebilligt wurde.[3] Im August 1953 wurde der demokratisch gewählte, im Volk beliebte Mossadegh gestürzt und lebte bis zu seinem Tod 1967 unter Hausarrest. Neuer Machthaber wurde der vor allem auf amerikanischen Wunsch installierte Schah Mohammed Reza Pahlevi. Bis dato hatte der Schah (persisch für Herrscher) wenig mehr verkörpert als ein erodierendes königliches Machtzentrum im Windschatten eines zunehmend selbstbewussten Parlaments. Nunmehr wurde Reza Pahlevi zum faktischen Alleinherrscher, bis er seinerseits 1979 von der Islamischen Revolution gestürzt wurde.

Der Westen – «scheinheilig und bösartig»?

Mossadegh war ein in jeder Hinsicht pro-westlicher Politiker. Die amerikanische Zeitschrift Time kürte ihn 1951 gar zum *Man of the Year* und sah in ihm einen mutigen Reformer, was aber weder Washington noch London interessierte. Dort sah man in der Verstaatlichung selbst einen gefährlichen Präzedenzfall, der auf keinen Fall Schule machen durfte: Die Zeit der Unabhängigkeitsbewegungen war angebrochen. 1952 hatten die Militärs in Ägypten unter Gamal Abdel Nasser die Macht ergriffen und die Briten hinauskomplimentiert. Nichts fürchtete man in London mehr als die Verstaatlichung des Suezkanals, die vier Jahre später tatsächlich erfolgte und den Suezkrieg auslöste.

Der Fall Mossadegh offenbart erstmals den grundlegenden Widerspruch westlicher Politik seit dem Zweiten Weltkrieg. Auf der einen Seite wohlklingende Verlautbarungen über Demokratie und Menschenrechte, auf der anderen der Einsatz militärischer Gewalt, um missliebige Herrscher abzustrafen oder Regimewechsel herbeizuführen. Entsprechend gilt das westliche Freiheitsversprechen vielen Arabern und Muslimen als bloße Rhetorik, die brutale Machtpolitik verschleiern soll. Im Gegenzug sind im Laufe der Zeit anti-westliche Ideologien erstarkt, bis hin zum islamistischen Terror. In den Worten des britischen Historikers Peter Frankopan: «So gesehen war Mossadegh der geistige Vater zahlreicher Erben ... Die Methoden, Ziele und Ambitionen von Vertretern wie Ajatollah Khomeini, Saddam Hussein, Osama Bin Laden oder den Taliban wichen zwar erheblich voneinander ab, sie alle aber vereinte die Kernthese, dass der Westen scheinheilig und bösartig sei und man sich von ihm wie von allen äußeren Einflüssen befreien müsse.»[4] Doch genau diesen Zusammenhang zu erkennen, die Folgen des eigenen Tuns zu bedenken, ist unter westlichen Entscheidungsträgern oder Meinungsmachern eine große Ausnahme. Meist fehlt jedes Wissen um den jeweiligen kulturellen Kontext und die historischen Zusammenhänge. Die Bereitschaft, aus begangenen Fehlern zu lernen, ist bestenfalls gering.

Schah Reza Pahlevi machte aus dem Iran einen amerikanischen Militärstützpunkt an der Südgrenze der Sowjetunion und den wichtigsten Verbündeten Israels in der Region. Teheran wurde zum Polizisten Washingtons: Das Schahregime sollte nationalistische und linke Bewegungen in der gesamten islamischen Welt eindämmen helfen. Ein internationales Ölkonsortium wurde gegründet, zum Nutzen amerikanischer Explorationsgesellschaften, die 40 Prozent der Anteile hielten, ebenso viele wie BP. Es ist eine bittere Ironie, dass die neuen Vereinbarungen dem Iran 50 Prozent der Öleinnahmen zusicherten – deutlich mehr, als Mossadegh vor der Verstaatlichung je verlangt hatte. Der Schah setzte auf eine von oben betriebene Modernisierung des Landes, deren Nutznießer allerdings vorwiegend die dünne Oberschicht und ausländische Unternehmen waren. Zunehmend beruhte seine Herrschaft auf dem gefürchteten Geheimdienst SAVAK, der maßgeblich von amerikanischen und israelischen Agenten ausgebildet wurde. Die Beziehungen zwischen dem Haus Saud und dem Schah verliefen weitgehend ungetrübt, die Monarchen verstanden einander. Der vermeintliche Gegensatz von Sunniten und Schiiten, der heute gerne bemüht wird, um die Differenzen zwischen dem Iran und Saudi-Arabien zu erklären, spielte zu jener Zeit im bilateralen Verhältnis keine Rolle, ungeachtet der weiterhin virulenten, anti-schiitischen Polemik der Wahhabiten.

Es waren die USA, die 1957 den Grundstein für das iranische Atomprogramm gelegt haben, im Rahmen des unter

Eisenhower initiierten Programms «Atoms for Peace». Unter amerikanischer Federführung und Beteiligung auch deutscher Firmen (Siemens, AEG) begann 1975 der Bau des ersten Atomkraftwerks in Buschehr am Persischen Golf. Nach der Revolution 1979 endete die Zusammenarbeit mit westlichen Unternehmen, fertiggestellt wurde es erst 2010 mit russischer Hilfe. Bemerkenswert ist auch die Kooperation zwischen Israel und dem Iran im Rahmen des «Project Flower». Die späteren Widersacher schlossen 1977 den folgenden Deal: Als Gegenleistung für iranische Öllieferungen entwickelten israelische Techniker eine amerikanisch-israelische Rakete weiter, für die sich der Schah interessierte. Konkret ersetzten sie aus den USA stammende Raketenbauteile durch solche aus israelischer Produktion. Das hatte den Vorteil, dass es nun keiner Genehmigung Washingtons mehr bedurfte, um das entsprechende Modell in den Iran zu liefern. Im Folgejahr bauten israelische Experten dort sogar eine Anlage für Raketentests und eine Fabrik, in der die von Israel gelieferten Teile zusammengesetzt wurden. Der Iran erhielt so wesentliches Knowhow für die Entwicklung seiner eigenen Raketentechnologie. Diese von Israel weiterentwickelte Rakete mit einer Reichweite von 320 Kilometern konnte theoretisch auch mit Atomsprengköpfen bestückt werden – was die damals Beteiligten sehr wohl wussten.[5]

Die Verhandlungen mit dem Iran um dessen Atomprogramm, das zwischenzeitlich fast zum Krieg mit den USA und Israel geführt hätte und erst 2015 vertraglich geregelt wurde, jedenfalls vorübergehend – dies alles geschah auch, damit Teheran ein Nuklearprogramm revidiert, das die Amerikaner nur wenige Jahrzehnte zuvor dem despotischen und korrupten Schahregime regelrecht aufgedrängt hatten. Und die ersten iranischen Raketen stammten aus Israel.

Israel hofiert Khomeini

Die Fokussierung des Schahregimes auf Großprojekte, darunter die Atompolitik, änderte nichts daran, dass die große Mehrheit der Bevölkerung weiterhin in Armut und Elend lebte, vor allem auf dem Land und in den wachsenden Slums der Großstädte. Ungeachtet seiner Unterstützung aus dem Westen hatte der Schah zu wenig Rückhalt im eigenen Land, um sich auf Dauer an der Macht zu halten. Der Basar, das traditionelle Rückgrat der iranischen Wirtschaft, und der Klerus entwickelten sich in den 1970er Jahren zu Hochburgen der Opposition unter Führung des charismatischen Ajatollah Khomeini, der erst vom Exil im Irak aus, später aus Paris, den Widerstand anführte und lenkte, bis zur Revolution 1979: die gewalttätige, zeitversetzte Antwort auf den Putsch gegen Mossadegh 1953. Damals waren die Anfänge einer erstarkenden parlamentarischen Demokratie beendet und gegen die Diktatur des Schahs eingetauscht worden. Im Westen galt der als verlässlicher Partner, im Innern aber blockierte er jeden Ansatz zivilgesellschaftlicher Entwicklung. Bis die Religion, der Islam, zum Sammelbecken der Unzufriedenen wurde und eine Revolution die historisch überlebte Monarchie hinwegfegte. Mit allen Folgen, die seither den Nahen und Mittleren Osten erschüttern.

Ohne Putsch 1953 keine Revolution 1979: Diese schlichte Einsicht grenzt vor allem für die Hardliner in den USA und Israel an Blasphemie. Die Gewaltbereitschaft der neuen, islamistischen Machthaber, die zehntausende Gegner umbringen oder einsperren ließen, machte es ihren westlichen Widersachern leicht, den Iran anzuprangern und Selbstkritik zu vermeiden. Vor allem die mehr als 400 Tage andauernde Geiselnahme amerikanischer Diplomaten in Teheran, von 1979 bis 1981, erscheint in den USA auch heute noch als der eigentliche Skandal, nicht der Sturz Mossadeghs, der die Lunte entfachte für die Explosion eine Gene-

Israel hofiert Khomeini

ration später. Die Frage nach Ursache und Wirkung ist unbequem, einfacher ist es, den «fanatischen Islam» für jene historische Zäsur verantwortlich zu machen, die Khomeini markiert.

Doch jenseits aller Feindbildrhetorik haben sich die USA und Israel den neuen Verhältnissen im Iran mit bemerkenswertem Tempo und frei von Berührungsängsten angepasst. Nicht einmal der Abbruch der diplomatischen Beziehungen zu beiden Ländern unter Khomeini beendete den vorherrschenden Pragmatismus. Hinter den Kulissen fädelten die vermeintlichen Todfeinde jahrelang im besten Einvernehmen Geschäfte ein, vor allem Rüstungsdeals. Heute, wo man in Tel Aviv und anderswo nicht müde wird zu betonen, dass Teheran eine existentielle Bedrohung für den jüdischen Staat darstelle, wird daran allerdings nur ungern erinnert.

Hat Washington alles unternommen, um die in der ehemaligen US-Botschaft in Teheran sowie im Außenministerium festgehaltenen 52 amerikanischen Geiseln so schnell wie möglich freizubekommen? Auf den ersten Blick hat es genau diesen Anschein. Präsident Jimmy Carter setzte auf eine militärische Aktion: Im April 1980 sollten acht Kampfhubschrauber im Tiefflug die iranische Hauptstadt ansteuern und die Geiseln befreien (Operation Eagle Claw, Adlerklaue). Das Vorhaben scheiterte an einem Sandsturm, Treibstoffmangel und Dilettantismus. Zwei Hubschrauber waren im Tiefflug zusammengestoßen, acht Soldaten ums Leben gekommen. Ein iranischer Tanklastwagenfahrer, der zufällig des Weges gekommen war, weigerte sich, die übrigen gestrandeten Helikopter mit Benzin zu versorgen. Daraufhin beschossen die Soldaten den Tanklastwagen. Er explodierte, und der Fahrer starb. Die Soldaten mussten evakuiert werden. Die Hubschrauber ließen sie zurück, inklusive zahlreicher Dokumente, einschließlich einer Liste mit den Namen iranischer CIA-Agenten.

Israel hofiert Khomeini

Eine Hand wäscht die andere

Das klingt nach M. A. S. H., der tragikomischen US-Kriegsfilmserie aus den 1970er Jahren, entwickelte sich aber im Folgenden zu einem veritablen Thriller. Nach dieser Blamage hatte der Demokrat Carter ein Problem, ausgerechnet im Wahljahr. Seine ohnehin schlechten Umfragewerte sanken weiter, eine Verhandlungsoption gegenüber Teheran hatte er kaum noch. Folgt man den Recherchen und Schlussfolgerungen amerikanischer Publizisten wie Kevin Phillips, so ergriff nunmehr William Casey, der Wahlkampfmanager des republikanischen Präsidentschaftskandidaten Ronald Reagan, die Initiative. Offenbar ohne Wissen der Regierung Carter führte er, unterstützt von George H. W. Bush, CIA-Chef von 1976 bis 1977, und anderen, Geheimgespräche mit Vertretern Khomeinis, zunächst in Washington, dann in Spanien. Der endgültige Durchbruch gelang demnach im Oktober 1980 in Paris. Casey und sein Team verständigten sich mit den Iranern auf folgenden Deal: Die Geiseln würden keinesfalls noch in der Amtszeit Carters freigelassen, um dessen Sympathiewerte nicht unnötig zu steigern. Erst am Tag der Amtseinführung Reagans im Januar 1981 sollten sie freikommen. Und genau so geschah es auch.[6]

Bemerkenswert ist, dass Reagans Leute augenscheinlich sowohl die sowjetische als auch die israelische Regierung über ihr Vorgehen informiert hatten, nicht aber die eigene. Das grenzte durchaus an Hochverrat. Wie konnte die Geheimhaltung gelingen? Höchstwahrscheinlich unter Einbeziehung der CIA, die von Carter wenig, von Reagan hingegen sehr viel hielt. Nach dessen Amtseinführung übernahm Casey die Leitung des Geheimdienstes.

Im Gegenzug gab die Regierung Reagan einen Großteil der auf US-Konten eingefrorenen iranischen Guthaben von zwölf Milliarden US-Dollar frei und erklärte sich zu umfangreichen geheimen Waffenlieferungen an den Iran bereit. 1979 hatte sich im Irak Saddam Hussein an die Macht geputscht, ein alter Bekannter der CIA seit 1959.[7] Der amerikanische Verbündete hatte im September 1980 dem Iran den Krieg erklärt, in der irrigen Annahme, der Nachbar sei durch die Revolution geschwächt. Vor allem wollte er die ölreiche iranische Grenzregion Khusistan erobern. Wie wir noch sehen werden, haben die USA und Saudi-Arabien Saddam Hussein mit Waffen und Geld massiv unterstützt und damit vor einer bereits 1982 drohenden Niederlage bewahrt. Stattdessen endete der Krieg, der eine Million Menschen das Leben kosten sollte, erst 1988 entlang der alten Grenzen.

Washington hat also beide Seiten mit Waffen beliefert, den Iran wie auch den Irak. Das Kalkül war offenbar, den Krieg in die Länge zu ziehen, zum Nutzen der Rüstungsindustrie. Außerdem kam dieses Doppelspiel den Verbündeten Washingtons in der Region zugute, Israel und Saudi-Arabien. Beider Rivalen, der Irak und der Iran, waren erst einmal mit sich selbst beschäftigt.

Der Deal Geiseln gegen Waffen fand 1985 eine Fortsetzung, als die libanesische Schiitenmiliz Hisbollah (Partei Gottes) ein Verkehrsflugzeug der TWA nach Beirut entführte. Die überwiegend amerikanischen Geiseln, auch solche, die zuvor im Libanon gekidnappt worden waren, kamen nach und nach frei, gegen Waffenlieferungen an Teheran, die «Schutzmacht» der Hisbollah. Die geheimen Kontakte zwischen der Regierung Reagan und jener Khomeinis sollten sich erneut bewähren – obwohl die USA 1984 offiziell ein Waffenembargo gegen den Iran verhängt hatten: das Land sei ein Hauptunterstützer des internationalen Terrorismus. Eine auch heute noch beliebte Begründung, um Teheran anzuprangern. Der damalige Hintergrund: Im April

Israel hofiert Khomeini

1983 waren bei einem Selbstmordanschlag auf die US-Botschaft in Beirut 63 Menschen ums Leben gekommen, darunter mehrere CIA-Agenten. Im Oktober starben 241 US-Marines und 58 französische Fallschirmjäger bei weiteren Angriffen mit sprengstoffbeladenen LKW in Beirut, die von Selbstmordattentätern gesteuert wurden. Washington machte dafür den Iran und pro-iranische Milizen, darunter die Hisbollah, verantwortlich. Angesichts der hohen Opferzahlen verzichtete die Regierung Reagan auf die geplante, dauerhafte US-Militärpräsenz im Libanon.

Der Anschlag auf das Berliner Restaurant Mykonos 1992 sei ebenfalls erwähnt, bei dem vier Exiliraner getötet wurden. Verantwortlich war offenbar der iranische Geheimdienst. Dieser politisch motivierte Mord trug ebenso zum Terror- und Negativimage Irans bei wie die Fatwa Khomeinis gegen Salman Rushdie 1989. Aber auch die der Hisbollah zugeschriebenen Anschläge auf die israelische Botschaft in Buenos Aires 1992 sowie auf eine dortige jüdische Kultureinrichtung zwei Jahre später sind in diesem Zusammenhang zu nennen, bei denen mehr als hundert Menschen getötet wurden. Die Hintergründe sind nicht abschließend geklärt. Eine Theorie besagt, es habe sich dabei um Vergeltungsanschläge für die «gezielte Tötung» des damaligen Generalsekretärs der Hisbollah, Abbas al-Mussawi, und seiner Familie durch einen israelischen Hubschrauberangriff 1992 im Südlibanon gehandelt. Al-Mussawi war der Vorgänger des heutigen Generalsekretärs Hassan Nasrallah. Seit Mitte der 1990er Jahre beziehen sich die gegen Teheran erhobenen Terrorvorwürfe hauptsächlich auf die iranische Unterstützung von Hamas und Hisbollah. Im Westen gelten beide überwiegend als Terrororganisationen, in den Augen ihrer Anhänger leisten sie Widerstand gegen israelische Besatzung und Hegemoniebestrebungen.

Wie sich die Zeiten ändern: Ausgerechnet Israel diente

in den 1980er Jahren als eine zentrale Drehscheibe der Waffenlieferungen an die Islamische Republik. Sofort nach Beginn des irakisch-iranischen Krieges engagierte sich Tel Aviv auf Seiten Teherans. Laut Aussage des iranischen Waffenhändlers Ahmad Haidari, der im Dienst des Khomeini-Regimes stand, kamen etwa 80 Prozent der Waffen, die der Iran unmittelbar nach Kriegsbeginn einkaufte, aus Israel. Zwischen 1980 und 1983 hat Teheran gemäß des Jaffa-Instituts für Strategische Studien an der Universität Tel Aviv für rund 500 Millionen US-Dollar Waffen in Israel eingekauft. Bezahlt wurde überwiegend mit iranischen Öllieferungen.[8] Um die Geschäfte besser zu koordinieren, entstand eigens ein Verbindungsbüro auf Zypern. Ein Großteil der Lieferungen wurde über den Flughafen von Larnaca abgewickelt.

1979: Ein entscheidendes Jahr

Die Amerikaner waren informiert und hatten keine Einwände. Ihrerseits stießen sie 1982/83 mit eigenen Waffenlieferungen hinzu, die teils mit israelischer Hilfe in den Iran gelangten. Auch Washington ließ sich die Rüstungsgüter teuer bezahlen. Verhandeln konnte Teheran kaum. Die iranische Armee kämpfte überwiegend mit Beständen aus der Schahzeit, also mit amerikanischem Kriegsgerät, und war auf den entsprechenden Nachschub angewiesen. Doch damit nicht genug: Ein Teil der Erlöse aus diesem nach US-Recht illegalen Handel verwendete die Regierung Reagan, um die Contra-Rebellen zu bewaffnen, die in Nicaragua gegen die demokratisch gewählte, aber sozialistische Regierung der Sandinisten kämpften. Auch dies ein klarer Verstoß gegen geltendes Recht, denn der US-Kongress hatte 1982 jede Finanz- und Militärhilfe für die von der CIA unterstützten Rebellen verboten (Boland-Amendment). Um deren Kriegskasse zusätzlich aufzufüllen, hatten die Rebellen offenbar einen Freibrief erhalten, ungestört südamerikanisches Kokain in die USA zu schleusen. Diese «Iran-Contra-Affäre» wurde 1986/87 publik, hatte allerdings keinerlei Konsequenzen auf höchster Ebene – obwohl es der größte innenpolitische Skandal seit Richard Nixon und Watergate war.

1979 erwies sich als Schlüsseljahr im Nahen und Mittleren Osten. Nicht allein hatte die iranische Revolution den Schah entthront, eine zentrale Figur westlicher Interessenspolitik in der Region. Ein weiteres Großereignis war der sowjetische Einmarsch in Afghanistan. Washington zeigte sich entschlossen, Moskau dort dessen Vietnam zu bereiten. Die USA und Saudi-Arabien verständigten sich auf eine Waffenbruderschaft, aus unterschiedlichen Motiven. Riad sah die Ereignisse im Iran mit großer Sorge. Wenn es dort gelungen war, eine Monarchie zu stürzen, warum nicht auch im Wüstenstaat? Die Frage war keine theoretische. Im November und Dezember 1979 hielten hunderte radikale saudische Islamisten im Geist der *Ikhwan* die Große Moschee in Mekka besetzt und forderten den Sturz des «korrupten und verwestlichten» Hauses Saud. Die saudischen Sicherheitskräfte erwiesen sich als unfähig, den zweiwöchigen Aufstand niederzuschlagen. Das erledigten schließlich französische Spezialeinheiten – dabei ist es Nichtmuslimen normalerweise nicht einmal erlaubt, Mekka zu betreten.

Mit dem Sturz des Schahs sollten sich die bis dahin guten Beziehungen Riads zum Iran in Richtung Konfrontation entwickeln. Vor allem fürchteten die Saudis eine Revolution in ihrem eigenen Land. Umso mehr, als sie dem Charisma Khomeinis wenig entgegenzusetzen hatten. Was also tun? Sie beschlossen, die Mudschahidin, die Glaubenskämpfer, zu unterstützen, die aus allen Teilen der arabischen Welt nach Pakistan strömten, um von dort aus gegen die gottlosen Sowjets im benachbarten Afghanistan die Waffen zu erheben. Damit konnte sich das Haus Saud als Schutzmacht der Sunniten profilieren und gegen Teheran punkten, sicherheitshalber fernab der eigenen Grenzen. Die Schlüsselfigur unter den Glaubenskämpfern war Osama Bin Laden, ihr oberster Logistiker und saudischer Staatsbürger. Ein Dreiecksgeschäft entstand: der pakistanische Militärmachthaber Zia ul-Haq erhielt politische und finanzielle Unterstützung in Milliardenhöhe (und kaufte dafür nicht zuletzt US-Waffen), die CIA verteilte meist saudisches Geld sowie amerikanisches Kriegsgerät an die Mudschahidin, vorzugsweise vom US-Generalkonsulat in Peshawar aus, unweit der afghanischen Grenze. Pakistan wurde zum Hauptaufmarschgebiet der Gegner Moskaus. Bis die Sowjets 1989 aus Afghanistan abzogen – eine Niederlage, die den Untergang der UdSSR nicht herbeigeführt, aber beschleunigt hat. Aus den Reihen der Mudschahidin allerdings gingen anschließend die Taliban und Al-Qaida hervor. Sie legten die Saat für die Terroranschläge am 11. September 2001.[9]

Schmutzige Geschäfte

Sowohl der präsidiale Bush-Clan (George H. W. Bush wurde 1989 der Nachfolger Ronald Reagans im Präsidentenamt) wie auch die saudische Führung waren in die «Iran-Contra-Affäre» verwickelt. Und sie waren Schlüsselfiguren bei den Absprachen im Afghanistankrieg, ohne den es Osama Bin Ladens Aufstieg kaum gegeben hätte.[10] Ein entscheidender Strippenzieher: Prinz Bandar, der saudische Botschafter in Washington. Auch bei den amerikanischen Waffenlieferun-

Israel hofiert Khomeini

gen im irakisch-iranischen Krieg hatte er die Finger im Spiel. Ebenso beim Sturz Saddam Husseins. Nicht zu vergessen die Evakuierung hochrangiger Saudis aus den USA unmittelbar nach 9/11 und die Blockade aller juristischen Versuche, die saudische Führung für die Anschläge zur Rechenschaft zu ziehen.

Oberstes Gebot solcher Schattenaktivitäten war stets die Diskretion. Nichts sollte an die Öffentlichkeit gelangen. Geschah das doch, was in der Regel um einige Jahre zeitversetzt der Fall war, schlossen sich die Reihen innerhalb des politischen Establishments. Kein demokratischer Präsident hat jemals die Machenschaften eines republikanischen Vorgängers aufgeklärt, und umgekehrt. Leugnen, abwiegeln, als geheim deklarieren – dieser Dreischritt genügte in der Regel, um Justiz und Medien zufriedenzustellen. In den 1980er Jahren entstand jener giftige Cocktail, der dem Nahen und Mittleren Osten immer wieder blutige Katastrophen, den USA 9/11 und den Europäern einen anhaltenden Flüchtlingstreck aus der Region beschert hat. Zu den Zutaten gehören: ein explodierendes Budget für CIA und NSA, eine verdeckte und zunehmend privatisierte Kriegsführung, die Transformation vor allem der arabischen Golfstaaten in einen Waffenbasar, die Zusammenarbeit mit verbrecherischen Bankenvertretern, Drogenhändlern und windigen Waffenschiebern wie dem Saudi Adnan Kashoggi, einem Männerfreund Prinz Bandars. Kashoggi hat ein Vermögen an der «Iran-Contra-Affäre» verdient, dem Highlight imperialer Politik unter Reagan und dessen Vizepräsidenten George H. W. Bush.

Und noch ein Muster zeichnet sich ab. Die Amerikaner verkaufen nukleare Technologie an den Iran unter dem Schah. Noch Jahrzehnte später drohen sie mit Krieg, um rückgängig zu machen, was sie selbst eingeleitet haben. Sie liefern Geld und Waffen an dubiose Mudschahidin, die

Israel hofiert Khomeini

anschließend den Terror in die USA tragen, woraufhin die Amerikaner diesem Terror den Krieg erklären. Solange Saddam Hussein Krieg führte gegen den Iran, war er ihr Verbündeter. Als er allerdings mit Kriegsende 1988 pleite war und weder Washington noch Riad die Bereitschaft zeigten, ihm einen finanziellen Ausweg zu ebnen, überfiel er zwei Jahre später die amerikanische Tankstelle Kuweit – um die leere Staatskasse wieder aufzufüllen. In den westlichen Medien wie auch der Politik avancierte er daraufhin umgehend zum «zweiten Hitler». Hier zeigt sich der «Fluch der bösen Tat», wie es die Reporterlegende Peter Scholl-Latour nannte.[11] Eine Intervention zieht die nächste nach sich. Erst werden Probleme geschaffen, deren vermeintliche Lösung anschließend noch ganz andere, weitaus gefährlichere Krisen herbeiführt: ein Teufelskreis, aus dem sich die US-Außenpolitik bis heute nicht befreien konnte oder wollte.

Wie erwähnt stand Bagdad im irakisch-iranischen Krieg 1982 militärisch mit dem Rücken zur Wand. Um die Niederlage Saddam Husseins abzuwenden, griffen die Amerikaner ihm massiv unter die Arme, offenbar auf direkte Veranlassung von Präsident Reagan. Das Regime erhielt Waffen aller Art, darunter Hubschrauber und Bomben, auch international geächtete Streubomben und chemische Kampfstoffe, militärische Aufklärung über die iranische Front sowie Spezialtraining für irakische Truppen.[12] Im Februar 1982 wurde der Irak von der Liste jener Staaten des US-Außenministeriums gestrichen, die tatsächlich oder vermeintlich den Terrorismus unterstützen. Andernfalls hätte keine *Dual-use*-Technologie in den Irak geliefert werden dürfen, die sowohl zivil wie auch für militärische Zwecke genutzt werden kann. Die Koordination der Waffenlieferungen übernahm die CIA, mit Hilfe von Tarnfirmen und Drittländern, vorzugsweise Saudi-Arabien, Jordanien, Ägypten. Erneut spielten halbseidene Waffenhändler wie Kashoggi oder der Armenier Sarkis Soghanalian eine wichtige Rolle, ebenso private Militärdienstleister.

Das irakische Regime erhielt nicht allein Waffen, sondern auch Gelder in Milliardenhöhe, größtenteils als Kredite. Um Spuren zu verwischen, tarnte die US-Regierung einen Teil ihrer Zahlungen: vornehmlich mit Hilfe der italienischen Banca Nazionale del Lavoro und deren Filiale in Atlanta, Georgia. Die Bank stellte Bagdad wiederholt Kredite in Höhe von insgesamt fünf Milliarden US-Dollar zur Verfügung, und zwar, die Herren hatten Humor, auf Grundlage von Bürgschaften des US-Landwirtschaftsministeriums. (Für einen Teil der Summe, etwa zehn Prozent, musste der Irak überteuertes Getreide aus den USA beziehen.) Als die Sache 1989 ans Licht kam, wusste davon angeblich weder die Reagan- noch die Bush-Administration, die CIA sowieso nicht. Stattdessen musste der Filialdirektor als Bauernopfer herhalten, Christopher Drogoul, der 33 Monate im Gefängnis verbrachte. Die Filiale selbst wurde geschlossen. Der Skandal hatte sechs parlamentarische Untersuchungsausschüsse zur Folge, die alle im Sand verliefen.[13] Neben Washington war Saudi-Arabien der wichtigste Finanzier Bagdads im Krieg gegen den Iran.

In den USA gilt diese Episode der Kungelei mit Saddam Hussein, um die Islamische Republik zu schwächen, als «Iraqgate». Eine wichtige Rolle darin spielte der damalige Sondergesandte Donald Rumsfeld, der mehrfach nach Bagdad reiste und keine Einwände erkennen ließ, als Saddam Hussein Giftgas gegen die Kurden im eigenen Land sowie gegen iranische Soldaten einsetzte. Unter George W. Bush rückte er ein Vierteljahrhundert später auf zum Verteidigungsminister und propagierte maßgeblich den Sturz von Saddam Hussein 2003.

Und wieder zeigte sich der «Fluch der bösen Tat». Denn

bei aller Entschlossenheit, den irakischen Diktator zu stürzen, hatten die Amerikaner doch keinen ernsthaften Plan für die Zeit danach. Vom Lauf der Dinge zeigten sie sich überrascht, obwohl der abzusehen war. Im Irak stellen die Schiiten die Mehrheit der Bevölkerung. Die politische Führung aber lag seit osmanischer Zeit in Händen der Sunniten – bis zum amerikanisch-britisch geführten Einmarsch. Mit den ersten freien Wahlen 2005 («frei» unter den Bedingungen von Krieg und Staatszerfall) kamen also die Schiiten an die Macht. Leider verspürten sie das Bedürfnis, sich für Jahrhunderte der Unterdrückung durch die Sunniten zu rächen und entließen die meisten sunnitischen Staatsbediensteten. Hunderttausende verloren ihren Job. Nachdem auf Veranlassung Washingtons die irakische Armee, die Geheimdienste und die Baath-Partei Saddam Husseins aufgelöst worden waren, fanden sich erneut hunderttausende Sunniten arbeitslos wieder – die allerdings mit Waffen umzugehen wussten. Eine sunnitische Widerstandsbewegung gegen die Besatzer und die neuen schiitischen Machthaber entstand, aus der verschiedene gewalttätige und terroristische Gruppen hervorgingen. Darunter auch, ab 2006, der «Islamische Staat».[14]

Saudi goes America: Waffen gegen Öl
Wie Saudi-Arabien (fast) ein Bundesstaat der USA wurde

Ibn Saud, wir erinnern uns, war es gelungen, die verfeindeten Stämme und Landesteile unter seiner Führung zu vereinen. Mit Hilfe von Terror und Gewalt, aber auch unter Einsatz von Diplomatie und der Gewährung von Privilegien. Stammesführer, wahhabitische Prediger, einflussreiche Händlerfamilien – solange sie sich loyal zeigten, erhielten sie Zugang zu Geld und Macht. Allerdings zeigte sich der Staatsgründer überfordert, die Weichen für die Entwicklung eines zukunftsorientierten saudischen Nationalstaats zu stellen. Wie auch seine Clanangehörigen war er der Meinung, der entstehende Ölreichtum gehöre in erster Linie dem Haus Saud. Vor allem jene unter ihnen, die Großbritannien oder die USA besucht und eine Vorstellung von der westlichen Konsum- und Warenwelt gewonnen hatten, entwickelten einen ausgeprägten Hang zu Luxus und Verschwendung. Während der Großteil der Bevölkerung in bitterster Armut lebte, wurden nunmehr etwa vergoldete Cadillacs importiert, Unsummen für Schmuck und Kleider ausgegeben. König Saud, der seinen Vater Ibn Saud nach dessen Tod 1953 beerbte, ließ sich 25 Paläste im Land bauen. Dubiose Geschäftsleute zog es nach Riad, auf der Suche nach schnellem Geld. Wer die höchsten Bestechungsgelder zahlte, erhielt in der Regel den Zuschlag für Aufträge.

Unterdessen schuf die Ölindustrie Fakten. Die amerikanisch dominierte Aramco nahm einen kaum zu unterschätzenden Einfluss auf die weitere gesellschaftliche Entwicklung. Die Firma benötigte dringend Arbeiter und Fachkräfte. In einer vormodern geprägten Gesellschaft im Ölsektor zu arbeiten, erschien zunächst ähnlich exotisch wie ein Schiff in der Wüste. Ein weiteres Problem war die hohe Analphabetenrate – die wenigsten konnten lesen oder schreiben. Für einfache Tätigkeiten stellte Aramco vor allem Schiiten aus al-Hasa ein, die beruflich kaum eine andere Wahl hatten. Fachkräfte wurden zu Tausenden, später zu Zehntausenden im Ausland angeworben. Für einfache Menschen war das ein Schock – Ungläubige im Land des Propheten! Das hatte es noch nie gegeben. Innerhalb von nur einer Generation veränderte sich das Land grundlegend, die Golfregion insgesamt. Und Aramco war der Motor. Wo gestern noch Beduinen durch die Wüste zogen, entstanden nun die ersten Hochhäuser. Nicht alle haben diesen Kulturschock verkraftet. Die teils emotionale, teils finanzielle Unterstützung, die später Osama Bin Laden von zahlreichen, auch sehr wohlhabenden Saudis erfuhr, speiste sich vielfach aus der Sehnsucht nach dem wahren, unverfälschten Leben – wie damals, im vermeintlich untadeligen Mekka des siebten Jahrhunderts. Aus diesem Grund inszenierte sich Bin Laden in seinen Videobotschaften gerne als Kämpfer in den Bergen, wo er ein einfaches, gefahrvolles und bescheidenes Leben führte, ähnlich dem Religionsstifter.[1]

Aramco entwickelte sich zu einem Staat im Staate, der seine eigene Infrastruktur schuf: Schulen, Krankenhäuser, Wohnanlagen. Dennoch, die harten Arbeitsbedingungen auf den Ölfeldern führten 1953 und 1956 zu spontanen Streiks in Saudi-Arabien – zum ersten und zum letzten Mal. Die Unruhestifter wurden verhaftet oder entlassen. In der Folgezeit zahlte Aramco Jahr für Jahr steigende Löhne und ermutigte ausgewählte Mitarbeiter, Subunternehmen zu gründen. Allmählich begriff auch das Haus Saud, dass es nach vorne denken und handeln musste. 1964 putschte Fahd seinen Halbbruder Saud von der Macht, der wenig bis nichts geleistet hatte, das Land zu entwickeln. König Fahd wurde seinem Ruf als Erneuerer gerecht. Insbesondere sein Zehnpunkteplan von 1962 wurde zur Grundlage der Modernisierung. Landesweit ließ er Schulen, Universitäten und Krankenhäuser bauen, er sorgte für die flächendeckende Versorgung mit Strom und Wasser, richtete ein Justizsystem ein und schaffte die Sklaverei ab. Dennoch, allenthalben fehlte es an fähigem Personal. Um sich Loyalität zu erkaufen, schuf das Haus Saud einen aufgeblähten Verwaltungsapparat mit zahlreichen Ministerien und Behörden, in denen hochbezahlte Beamte ihre Zeit gerne mit Nichtstun verbringen und oft genug empfänglich sind für Bestechung.

Willkommen im Haus Saud

Zwei Grundzüge saudischer Herrschaft ließen sich damals schon erkennen. Zum einen das System «fürsorglicher Belagerung»: die materielle Rundumversorgung für einen stetig wachsenden Teil der Bevölkerung, unter weitgehendem Ausschluss allerdings der Schiiten und der unteren sozialen Schichten. Es entstand ein wechselseitiges System aus Gehorsam und materiellen Anreizen, das der exzessiven saudischen Konsumgesellschaft von heute Vorschub geleistet hat. Die eigentliche Arbeit verrichten stattdessen Millionen «Gastarbeiter», wie auch in den übrigen Golfstaaten: von der philippinischen Hausangestellten bis zum westlichen Ölexperten oder dem arabischen Hochschullehrer. Die Armen und Ärmsten unter ihnen, darunter die meisten Bauarbeiter, leben unter sklavenähnlichen Bedingungen.

Und zum anderen führt das Haus Saud den Staat damals wie heute als reinen Familienbetrieb. Eine klare Trennung zwischen Staatshaushalt und Privatvermögen hat es nie gegeben. Spitzenpositionen in Politik, Verwaltung und Wirtschaft waren und sind Mitgliedern des Königshauses vorbehalten. In den Ministerien entwickelte sich ein feudales «Lehenswesen» mit jeweils eigenem Hofstaat und Privilegien, die vom Vater auf den Sohn vererbt werden. Der wiederholt reformierte Konsultativrat mit seinen heute 150 Mitgliedern, das saudische Parlament, ist wenig mehr als ein gelegentliches Forum für Meinungsaustausch und Akklamation. Die Hälfte seiner Abgeordneten wird ohnehin vom König ernannt. Parteien, Gewerkschaften, politische Organisationen gleich welcher Art sind verboten. Alle grundlegenden Entscheidungen werden innerhalb des Hauses Saud getroffen, wobei für Außenstehende selten ersichtlich ist, wer welche Fäden zieht, wo genau die innerfamiliären Bruchlinien verlaufen. Die meisten der nach Tausenden rechnenden Prinzen verfügen über Reichtum, die wenigsten über Macht. Die liegt in den Händen eines *inner circle*, der einige Dutzend Entscheidungsträger umfasst. Das System ist klar hierarchisch, der König aber nicht der alleinige Akteur. Mehrere Machtzentren bestehen nebeneinander, jeweils geführt von unterschiedlichen Cousins, Onkeln, Brüdern und Halbbrüdern, getragen von rivalisierenden Netzwerken, die sich oft genug gegenseitig behindern und ausbremsen. Transparenz ist nicht erwünscht: Publikationen über das Königshaus sind, von offiziellen Verlautbarungen abgesehen, verboten. Kurzum, die Regierungsführung ist in Saudi-Arabien nicht institutionalisiert, sondern hochgradig personalisiert. Und dementsprechend anfällig für Irrtümer und Fehlentscheidungen, die wiederum durch die grassierende politische Inzucht noch verstärkt, selten korrigiert werden.

Als Reaktion auf den israelisch-arabischen Krieg 1973 verhängte die Organisation erdölexportierender Staaten

Waffen gegen Öl

OPEC vorübergehend ein Ölembargo gegen die Unterstützer Israels. Das betraf vor allem die westlichen Industriestaaten. Der Preis pro Barrel Öl vervierfachte sich von drei auf zwölf US-Dollar und stieg auch in den Folgejahren. Allerdings achtete das pro-westliche Saudi-Arabien, über Jahrzehnte der weltweit größte Erdölexporteur, darauf, dass die Preise nicht auf Kosten der Weltwirtschaft außer Kontrolle gerieten. Dieser erste Preisschub des bis dahin spottbilligen Rohstoffs spülte Milliardenbeträge in Riads Kassen. Die USA, seit dem Zweiten Weltkrieg größter Exporteur von Rüstungsgütern, überzeugten ihren Verbündeten, verstärkt amerikanische Waffen einzukaufen. Nach der Islamischen Revolution 1979 ersetzte Saudi-Arabien den Iran als weltweit wichtigster Einkäufer von US-Kriegsgerät und ist es bis heute geblieben. Das saudische Militärbudget betrug 1981 20 Milliarden US-Dollar.[2] Umgerechnet auf die Zahl der Bevölkerung ein zehnfach höherer Betrag als in den NATO-Ländern.

Mit jeder Krise, vor allem den zahlreichen Kriegen in der Region, stiegen die Rüstungsausgaben weiter an. Doch ungeachtet Hunderter Milliarden US-Dollar, ausgegeben – verschwendet – für die jeweils neueste Technologie in allen Waffengattungen, ist die saudische Armee wenig mehr als ein Papiertiger und angewiesen auf «ausgeliehene» amerikanische und britische Militärs, die mit dieser Technologie auch umzugehen wissen. Darin offenbart sich ein grundlegendes Problem des saudischen Herrschafts- und Gesellschaftsmodells: Seit Jahrzehnten vergeuden die Machthaber Unsummen für den Sicherheitsapparat, darunter auch diverse Geheimdienste, für die Finanzierung einer weitgehend sinnfreien Bürokratie und die Alimentierung einer im Luxus schwelgenden Oberschicht. Mit vollen Händen wird das Geld zum Fenster hinausgeworfen und nur teilweise in zukunftsweisende Projekte investiert – im Gegensatz zu den kleineren Golfstaaten, die sich längst auf die Ära nach dem Öl eingestellt haben.

Noch in den 1980er Jahren lebte mehr als die Hälfte der saudischen Bevölkerung in Stammesverbänden, meist konzentriert in historisch gewachsenen Siedlungsräumen. Gleichzeitig drängte die erste Generation auf den Arbeitsmarkt, die in der Ära des Ölbooms aufgewachsen war und eine moderne Ausbildung erhalten hatte. Vor allem reiche Saudis schickten ihre Kinder auf Internate und Universitäten in den USA und Europa. Diese neue Generation verlangte nach Veränderungen und machte Karriere innerhalb des Staatsapparates oder in der Wirtschaft. Mit ungebremster Macht brach die Marktwirtschaft über Saudi-Arabien herein. Hightech-Unternehmungen fanden ihren Weg an den Golf, moderne Kommunikationsformen und Massenmedien hielten Einzug, das Internet vernetzte die Saudis, machte sie vertraut mit neuen Ideen und Organisationsformen. Der Ölreichtum finanzierte umfassende Infrastrukturmaßnahmen und beförderte den anhaltenden Bauboom ebenso wie eine rapide Urbanisierung. Händlerfamilien, auch aus den Nachbarländern, konnten zu Milliardären werden – immer vorausgesetzt, sie besaßen das Vertrauen des jeweiligen Königs. Wie auch der Saud-Clan, die reichste «Familie» der Welt, erkannten sie, dass ihre Geschäftsinteressen langfristig nicht allein im Umfeld des Erdöls und auf der Arabischen Halbinsel lagen. In den 1980er Jahren orientierte sich auch die saudische Macht- und Geldelite zunehmend am aufstrebenden Finanzmarktkapitalismus. Zum Nutzen vor allem der USA, zunächst insbesondere von Texas – mit weitreichenden Folgen.

Saudi goes America: Wie vernetzt sich der Angehörige einer Stammeskultur, der um die Macht familiärer Bande weiß, in einer für ihn zunächst unvertrauten Welt? Indem er das tut, was er aus seiner Heimat kennt. Er knüpft, wie

Waffen gegen Öl

jeder kluge Geschäftsmann, Kontakte zu den Mächtigen und Einflussreichen und sucht sie für sich zu gewinnen. Wenn er dann auch noch Milliardenbeträge anzulegen geneigt ist, ergeben sich die Dinge bald schon wie von selbst. Zu den ersten Saudis, die Mitte der 1970er Jahre in Houston auftauchten und zunächst geschäftliche, dann politische Seilschaften anbahnten, gehörten zwei Mittzwanziger, beide Erben von Milliardenvermögen und jeweils Clanchefs: Salem Bin Laden und Khalid Bin Mahfus.

Beider Väter waren infolge einer Dürre aus dem zerklüfteten, landschaftlich spektakulärem Wadi Hadramaut im Südjemen zu Fuß nach Dschidda aufgebrochen und dort Milliardäre geworden. Salems Vater Mohammed Bin Laden gründete 1931 die Saudi Binladen Group, heute das größte arabische Bauunternehmen. Aufgrund seiner guten Kontakte zu Ibn Saud erhielt der Firmengründer, der mit zahlreichen Ehefrauen mindestens fünfzig Kinder zeugte, darunter Osama Bin Laden, Großaufträge in Serie, für Straßen, Moscheen, Paläste oder gar zum Bau ganzer Stadtviertel. In Mekka und Medina besaß die Gruppe über Jahrzehnte das Baumonopol. Nicht minder erfreulich verlief die Karriere von Khalids Vater Salem Bin Mahfus, der als Geldwechsler angefangen hatte und 1953 die Lizenz erhielt, mit der National Commercial Bank of Saudi Arabia die erste saudische Bank überhaupt zu gründen. Heute ist sie die größte arabische Bank.

Ein Flugzeugkauf ebnete Salim Bin Laden und Khalid Bin Mahfus den Weg zu einem umtriebigen texanischen Geschäftsmann, James Bath. Daraufhin machten sie ihn zu ihrem Repräsentanten in den USA und somit zum Multimillionär. Eine gute Wahl, denn Bath war mit George H. W. Bush bekannt, später der 41. Präsident der USA (1989–1993). Eine weitere glückliche Fügung wollte, dass Bath in derselben texanischen Flugstaffel gedient hatte wie auch

Waffen gegen Öl

George W. Bush, der 43. Präsident der USA (2001–2009). Bath half den saudischen Twens ganz entscheidend, in den USA Fuß zu fassen, und legte ihnen nahe, auch in Arbusto Energy zu investieren, die erste Ölfirma von George W. Bush. Im Gegenzug hat der 1976 offenbar Bath für die CIA rekrutiert, um mehr über die saudischen Geschäftsinteressen zu erfahren.[3]

Die Saudis auf Einkaufstour

In Houston gab und gibt es Dutzende Kanzleien von Wirtschaftsanwälten, die in Washington für reibungslose Beziehungen zwischen der Ölindustrie und politischen Entscheidungsträgern sorgen. Mehr als achtzig von ihnen sollen lukrative Geschäftsbeziehungen mit saudischen Unternehmen eingegangen sein.[4] Allein bis Mitte der 1990er Jahre sollen rund 85 000 vermögende Saudis die beachtliche Summe von 860 Milliarden US-Dollar in amerikanische Unternehmen investiert haben[5] – hauptsächlich in Banken, Energie-, Rüstungs-, Technologie- und Medienkonzerne. Einige Investoren griffen bewusst notleidenden Unternehmen finanziell unter die Arme, sofern sie den Eindruck gewannen, deren Eigentümer oder Mitinhaber könnten künftig Einfluss in Washington nehmen oder wären gar aufstrebende Politiker. Reiche Saudis, ebenso wie reiche Araber aus den kleineren Golfstaaten, schickten ihre Söhne, manchmal auch Töchter, an amerikanische Eliteuniversitäten, um sie dort frühzeitig mit den Mächtigen von morgen zu vernetzen.

Bereits in den 1980er Jahren war ein enges Interessensgeflecht zwischen den USA und Saudi-Arabien entstanden, das nicht allein profitable Geschäftsbeziehungen aller Art umfasste, sondern zunehmend auch, offen und verdeckt, Kooperationen im Dunstkreis der Geheimdienste. Konkret

Waffen gegen Öl

nahm die CIA, wie wir noch sehen werden, saudische Dienste in Anspruch, um Schattenkriege zu führen oder dubiose Deals im Umfeld von Drogen- und Waffenhändlern einzufädeln. Vor allem die engen wirtschaftlichen und privaten Bande zwischen dem Bush-Clan und dem Haus Saud prägten nah- und mittelöstliche Politik, meist hinter den Kulissen. Bis die Amerikaner am 11. September 2001 schmerzlich erfahren mussten, dass Saudi-Arabien nicht allein Erdöl exportiert, sondern auch gewalttätigen religiösen Extremismus.

Seit dem vorigen Jahrhundert, verstärkt nach dem Zweiten Weltkrieg, prägen Familiendynastien nachhaltig das politische Establishment der USA. Am Bekanntesten sind die Roosevelts, die Kennedys, die Bushs, die Clintons, die Trumps. Deren Aufstieg ging einher mit dem wachsenden Einfluss aufstrebender Fabrikanten und Ölmagnaten, später gefolgt von Börsenspekulanten oder Immobilienmoguln. Solche Plutokraten sind daran interessiert, eigene Investitionen und Geldanlagen mit verlässlichen politischen Partnern langfristig abzusichern – sofern der Präsident nicht gleich selbst als CEO auftritt, wie Donald Trump. Zum Wesen amerikanischer Demokratie gehört, dass sich eine zahlenmäßig kleine, neofeudale Oberschicht aus Superreichen den Staat erfolgreich untertan gemacht hat. Entsprechend forciert sie die für sie profitable Agenda nationale Sicherheit, Deregulierung und Steuersenkungen – während sich gleichzeitig die Lebensverhältnisse breiter Bevölkerungsschichten immer prekärer gestalten. Die bemerkenswerte propagandistische Leistung dieser Machtelite besteht darin, den sozial Deklassierten erfolgreich nahezulegen, sie verträte deren Interessen.

Eine Schlüsselrolle kommt dabei der Bush-Dynastie zu, über vier Generationen und zwei Präsidentschaften hinweg. In den Worten des US-Publizisten Kevin Phillips: «Der

Waffen gegen Öl

Aufstieg der Bush-Familie beruht auf den fünf Säulen globaler amerikanischer Macht: der internationalen Reichweite des US-Investment Banking, dem ungebremsten Gigantismus des militärisch-industriellen Komplexes, dem stetig wachsenden Einfluss der CIA und damit einhergehender Geheimdienst-Operationen, dem Streben der USA nach Kontrolle über die weltweiten Ölvorräte sowie der engen Kooperation mit Großbritannien und der englischsprachigen Welt.»[6] Vor allem George H. W. Bush «gehörte einer Patrizier-Oberschicht an, die sowohl im privaten als auch im öffentlichen Sektor Macht von einer Generation an die nächste weitervererben konnte».[7] Über vier Generationen, so Phillips, sei der Clan mit der Bankenwelt gut vernetzt gewesen, nicht zuletzt zur Finanzierung eigener Ölgeschäfte in Texas. Das Gleiche gelte für die engen Kontakte zur CIA und ihrer Vorläuferorganisation. Schattendeals, Gefälligkeiten, Intrigen, politische Manipulation – Markenzeichen beider Präsidentschaften der Familie Bush.

1977 beschloss George W. Bush, wie vor ihm sein Vater eine Ölgesellschaft in Texas zu gründen, Arbusto Energy. Das Kapital stellten Verwandte und Freunde. Kaum gegründet, geriet die Firma in Schwierigkeiten. Der Ölpreis schwankte, die Bohrungen waren erfolglos. So sehr lag schließlich der Erdölmarkt am Boden, dass Vizepräsident George H. W. Bush 1982 «eigens nach Saudi-Arabien flog, um König Fahd davon zu überzeugen, dass das Überangebot an Öl die Preise ruiniert habe und das Überleben der westtexanischen Ölgesellschaften bedrohe».[8] Die glücklose Arbusto Energy ging 1984 in einer weiteren Ölfirma auf, Spectrum 7, zu deren CEO George W. Bush nunmehr aufrückte – wegen seines klangvollen Familiennamens.[9] Zwei Jahre später kaufte das Energieunternehmen Harken Energy die Firma Spectrum 7. Einer der Anteilseigner von Harken Energy war der Großinvestor George Soros. Obwohl Spectrum 7 faktisch pleite war, erhielt Bush Aktienoptionen im Wert von 2,25 Millionen US-Dollar und eine gut dotierte Beraterstelle. Warum? George Soros: «Er sollte seine Golf-Kontakte einbringen. Aber da ist nichts draus geworden. Wir haben politischen Einfluss gekauft. Mehr nicht.»[10]

Das stimmt nicht ganz. Denn auf einmal fanden zahlreiche, auch saudische Investoren Harken Energy hochinteressant. Vor allem, nachdem George H. W. Bush 1989 US-Präsident geworden war. Zur Verblüffung der Analysten erhielt Harken Energy die Exklusivrechte für Offshore-Bohrungen vor der Küste von Bahrein. Das dortige Königshaus gehörte ebenso wie das der Vereinigten Arabischen Emirate und führende Saudis zu den Großaktionären der BCCI. Die Bank of Credit and Commerce International war eine in Luxemburg registrierte Bank mit Hauptniederlassungen in London und im pakistanischen Karachi. Im Zuge ihrer Zwangsschließung auf Veranlassung der Bank of England 1991 gingen rund 20 Milliarden US-Dollar spurlos verloren – bis dato der größte internationale Finanzskandal. Amerikanische und britische Ermittler stellten fest, dass die BCCI unter anderem an Geldwäsche, Drogen- und Waffenhandel, Schmuggel, Prostitution, Steuerhinterziehung und Bestechung auf globaler Ebene beteiligt war. Einer der größten Anteilseigner der BCCI und ihr Amerikarepräsentant war Khalid Bin Mahfus. Investoren aus seinem Umfeld hatten Harken Energy vor dem Bankrott bewahrt.[11] Wie sich später herausstellte, führte die BCCI, meist über Strohfirmen, zahlreiche Regierungsbeamte, Bundesstaatsanwälte und Anwälte der Federal Reserve Bank in den USA auf ihrer Gehaltsliste.[12]

Milliardäre unter sich

Die hier skizzierte Entwicklung umfasst lediglich die Spitze des Eisbergs.[13] Die Liste der Geschäftspartner von Khalid Bin Mahfus liest sich wie ein *who is who* amerikanischer Politik der Reagan- und Bush-Ära. Unter Clinton und Obama liefen die Geschäfte mit Saudi-Arabien und den Golfstaaten weiterhin gut, ohne dass sie allerdings selbst daran beteiligt gewesen wären. Der saudische Staatsfonds wie auch saudische Großunternehmen und Geschäftsleute investieren weiterhin Milliardenbeträge in amerikanische Staatsanleihen sowie Unternehmensbeteiligungen. Kronprinz Mohammed Bin Salman kündigte bei seinem Besuch in Washington im März 2018 Investitionen in Höhe von 400 Milliarden US-Dollar im Laufe der nächsten zehn Jahre an.[14] Ob das tatsächlich in dieser Größenordnung geschieht, ist ebenso unklar wie das Volumen der US-Staatsanleihen in saudischem Besitz oder die Summe der in den USA investierten saudischen Gelder. Transparenz gilt bei den amerikanisch-saudischen Wirtschaftsverflechtungen nicht als oberstes Gebot, wie auch das Beispiel der Carlyle Group zeigt. Diese unter Mitwirkung von Mahfus 1987 entstandene private Beteiligungsgesellschaft (private equity) bot zahlreichen Spitzenkadern aus dem Umfeld von Reagan und Bush ein neues Betätigungsfeld. In ihren Anfängen George H. W. Bush, James Baker, ehemals Außen- und Finanzminister, dem früheren britischen Premier John Major oder Frank Carlucci, einst US-Verteidigungsminister. Der hatte das «Heuschreckenprinzip» in der Rüstungsindustrie eingeführt: Die Carlyle Group kaufte marode Unternehmen, zerlegte sie und verkaufte die Filetstücke mit großen Gewinnen.

Regelmäßig reiste die Führungsebene nach Saudi-Arabien und in die Golfstaaten, zur Kontaktpflege. Vor allem die Beziehungen George H. W. Bushs zu den Saudis blieben auch nach dessen Präsidentschaft dermaßen eng, dass der saudische Botschafter in Washington, Prinz Bandar, die Bushs «fast als Familienmitglieder»[15] ansah. 2002 berichtete die «Washington Post»: «Saudis aus dem Umfeld von Prinz Sultan, dem saudischen Verteidigungsminister (er ist der Vater von Prinz Bandar, ML), sind ermutigt worden, in Carlyle zu investieren, um dem älteren Bush einen Gefallen zu tun.»[16] Heute verwaltet die Gruppe mit Sitz in Washington Vermögenswerte von 174 Milliarden US-Dollar und ist damit eine der größten Schattenbanken der Welt. Unter anderem ist sie Mehrheitseigner von Booz Allen Hamilton, einem privaten Dienstleister für das US-Verteidigungsministerium und die NSA. Edward Snowden arbeitete von 2009 bis 2013 für die Booz Allen Hamilton-Zweigstelle auf Hawaii, wo er unter anderem Zugriff hatte auf das geheime Überwachungsprogramm PRISM: Alles hängt mit allem zusammen.

Die Häuser Bush und Saud, das Zusammenspiel von amerikanischem und saudischem Kapital: ein einzigartiges Konglomerat aus Politik und Big Business. Profiteure dieser Allianz sind ganz wesentlich die Rüstungsindustrie und die Geheimdienste, vor allem seit den Anschlägen von 9/11. In Washington wie auch in Langley wusste man die diskrete und zuverlässige Zusammenarbeit mit den Saudis stets zu schätzen. Der wichtigste Verbindungsmann der ungleichen Partner war lange Zeit Prinz Bandar Bin Sultan. Der Enkel von Ibn Saud, saudischer Botschafter in Washington von 1983 bis 2005, war ein enger Freund der beiden Bush-Präsidenten, verbrachte mit dem älteren mehrfach zusammen Urlaub, ging mit ihm auf die Jagd, zog mit beiden in den Krieg und managte eine Unzahl verdeckter Operationen. Prinz Bandar ist der einzige Botschafter in Washington, der von der CIA Personenschutz erhalten hat.

Im Bann des Bösen: Regimewechsel in Teheran? Warum ein Friedensangebot Washington empörte

Von solch privilegiertem Umgang ist der Iran seit der Revolution 1979 weit entfernt. Die politische und mediale Wahrnehmung des Landes ist im Westen eindeutig negativ. Der Iran ist die einzige verbliebene Regionalmacht im Nahen und Mittleren Osten, die sich offen gegen westliche und israelische Hegemonieansprüche stellt. (Gleiches gilt für Syrien, das allerdings keine Regionalmacht mehr ist.) Somit fällt das Land in die Kategorie «Böse», was sich auch in Ausdrücken wie «Mullahstaat» oder «Terrorsponsor» niederschlägt. Der westliche Hang zum binären Denken, für uns oder gegen uns, westlich-säkular gegen religiös-fanatisch, hat seit Bestehen der Islamischen Republik immer wieder zu Fehleinschätzungen der dortigen Entwicklung geführt. Wer jede Demonstration gegen die Regierung als Vorboten eines Regimewechsels deutet, liegt falsch. Die politischen und gesellschaftlichen Verhältnisse im Iran sind außerordentlich vielschichtig und widersprüchlich, vor allem aber unterliegen sie einem steten Wandel. In den Worten der Berliner Autorin Charlotte Wiedemann: «Das System hält sich wie ein Perpetuum mobile in einem geheimnisvollen Gleichgewicht der Kräfte; diese Konstruktion gewinnt ... eine gewisse Stabilität unter anderem daraus, dass Vorschriften und Sittenregeln massenhaft verletzt werden. So hat in einem verwickelten und langsamen Prozess der neue Iran sein Gesicht gewonnen: Er ist pragmatischer, weiblicher, nationaler und weniger religiös als der Iran der ersten Revolutionsjahre.»[1]

Regimewechsel in Teheran?

Iraner verfügen in der Regel über einen ausgesprochenen Nationalstolz, der sich ableitet aus der eigenen, 2500 Jahre zurückreichenden Kulturgeschichte.[2] Das Persische Reich war eines der ersten Großreiche der Antike. Arabern und Türken gegenüber fühlen sie sich meist überlegen. Auch deswegen, weil der Iran ein literarisches Erbe besitzt, das in der islamischen Welt einzigartig ist. Selbst ungebildete Iraner können häufig längere Passagen aus Gedichten auswendig rezitieren, Sätze bekannter Dichter finden sich im täglichen Sprachgebrauch oder auf Schrifttafeln an öffentlichen Gebäuden. Sogar in der Religion spielt der dichterische Vortrag eine große Rolle – ungeachtet des auch schon in vorrevolutionärer Zeit oft genug abweisenden und dogmatischen Klerus.

Im Süden Irans liegt die Provinz Fars (der die Landessprache Farsi ihren Namen verdankt – «Persisch» sagt man nur im Westen) mit ihrer Hauptstadt Schiraz. In dieser Provinz befindet sich die älteste und bedeutendste Ausgrabungsstätte, Persepolis. In der Antike hieß die Provinz Pars, benannt nach ihren Bewohnern, den Persern. Das von ihnen begründete Großreich wurde von ihren größten Rivalen, den Griechen, als Persisches Reich bezeichnet. Bis in die jüngere Vergangenheit nannten die Europäer alle dynastischen Staaten auf dem Territorium des heutigen Iran «Persien»: das sassanidische Persien in den Jahrhunderten vor der islamischen Eroberung, das safawidische Persien im 16. und 17. Jahrhundert, das qadscharische Persien im 19. Jahrhundert, das schließlich von der Schahdynastie abgelöst wurde. Die Bewohner selbst haben sich jedoch zu allen Zeiten stets als Iraner gesehen und ihr Land «Iran» genannt. Das aus dem Sanskrit stammende Wort bedeutet ursprünglich wohl «edel». 1935 änderte der damalige Schah den Landesnamen offiziell von Persien in Iran.

Schach oder Monopoly?

Der Iran zählt heute 83 Millionen Einwohner und ist mehr als viermal so groß wie Deutschland. Zum Vergleich: Saudi-Arabien hat 32 Millionen Einwohner, davon sind rund ein Drittel «Gastarbeiter», und ist etwa sechsmal so groß wie Deutschland. Vor allem aber haben die Saudis, die Golfaraber insgesamt, bis vor zwei Generationen quasi im Mittelalter gelebt. Entsprechend gering ist ihr Selbstwertgefühl gegenüber dem geschichtsreichen Iran. Saudis und Iraner bewegen sich in verschiedenen Geisteswelten. Provokant gesagt: Die Iraner spielen Schach, die Saudis Monopoly. Die Golfaraber geben Unsummen aus, um international anerkannt zu sein, ihr Ölscheich-Image abzulegen. Katar investiert in Sport, Abu Dhabi in Kunst und Kultur, Dubai in Business. Am meisten auf der Suche nach sich selbst, jenseits des Wahhabismus, ist Saudi-Arabien, das gerne gleichermaßen Großmacht und das arabische Silicon Valley wäre – und doch aufpassen muss, nicht als *failed state* zu enden.

Diese «mentalen Unterschiede» hinterlassen ihre Spuren in der Politik. Riad hat in der Vergangenheit oft genug erratisch oder impulsiv gehandelt und erst im zweiten Schritt die Folgen bedacht. Ein reflektiertes Handeln ist nicht immer zu erkennen. So ist, wie erwähnt, Saudi-Arabien seit den 1980er Jahren größter Importeur amerikanischer Waffen, wobei die Kosten ganz offenkundig ebenso wenig eine Rolle spielen wie die Frage, wofür sie eigentlich in diesem gigantischen Maßstab gebraucht werden. Amerikanische Waffenexporteure umschreiben diese für sie so erfreuliche Einstellung gerne als «toys for boys» (Spielzeug für kleine Jungs). Eigene Machtansprüche sucht Riad mittels einer Kombination aus wenig nachhaltigen Faktoren

Regimewechsel in Teheran?

durchzusetzen: dem stets mit Geldgeschenken, ideologischem Furor und Moscheebau verbundenen Export des Wahhabismus in alle Teile der islamischen Welt, einer finanziell unbegrenzten Öffentlichkeitsarbeit insbesondere in den USA, meist unter Einbeziehung der besten juristischen Kanzleien und Werbeagenturen, politischen Ad-hoc-Allianzen und einer an Willfährigkeit grenzenden Kooperation mit der amerikanischen Machtelite auf allen Ebenen.

Im Gegensatz dazu denkt die iranische Führung, ganz gleich, was man von ihr hält, eher langfristig und strategisch. Vor allem hat sie immer wieder von den Fehlern amerikanischer und westlicher Politik profitiert, namentlich vom «Krieg gegen den Terror». 2001 hat Washington als Reaktion auf 9/11 das Taliban-Regime in Afghanistan gestürzt, also sunnitische Extremisten und Widersacher des benachbarten schiitischen Iran. Zwei Jahre später beendeten die USA Saddam Husseins Herrschaft, anschließend übernahmen die Schiiten in Bagdad die Macht – seither sind die Beziehungen zwischen dem Irak und dem Iran besser als gut. Der seit 2011 geführte Stellvertreterkrieg in Syrien – die westlichen Staaten, die Türkei und die Golfstaaten wollten das Assad-Regime stürzen, Russland und der Iran suchten genau das zu verhindern – ist, fürs Erste jedenfalls, mit einem «Sieg» der Assad-Unterstützer ausgegangen. Die immer wieder als expansiv gegeißelten Machtansprüche Irans, gerne als «schiitische Achse» von Teheran über Bagdad, Damaskus bis zur libanesischen Hisbollah angeprangert, verdanken sich in erster Linie den Fehlern und Kurzsichtigkeiten westlicher Politik, die man auf iranischer Seite in der Tat trefflich für sich zu nutzen verstand.

Entgegen der westlichen Annahme, «die Mullahs» handelten in erster Linie irrational, trifft eher das Gegenteil zu. Vor allem in der Außenpolitik zeigt sich Teheran verlässlich und berechenbar. So wird etwa das 2015 geschlossene

Regimewechsel in Teheran?

Atomabkommen mit den UN-Sicherheitsratsmitgliedern und Deutschland strikt eingehalten. Generell ist die heutige iranische Politik deutlich pragmatischer als in den ersten Revolutionsjahren. Es fehlt nicht an Irrtümern, Gewaltanwendung nach innen wie nach außen und donnernder Rhetorik – das allerdings ist in der Region kein Alleinstellungsmerkmal. Um es klar und deutlich zu benennen: Die Menschenrechtslage im Iran ist vielfach prekär, nach China werden dort die meisten Menschen hingerichtet. Das alles ist zu verurteilen, doch ersetzt die moralische Emphase nicht die politische Analyse. Besonders in den USA und Israel steht jede Wahrnehmung eigener geopolitischer Interessen Teherans unter dem Verdacht, die Destabilisierung der Region anzustreben oder «Terrorexport» zu betreiben. Dieser Vorwurf dient ebenso wie der Verweis auf die bestehende Unfreiheit meist als Begründung für Boykottmaßnahmen oder gar für einen Regimewechsel, den Präsident Trump nach den Worten eines seiner maßgeblichen Anwälte, des früheren Bürgermeisters von New York, Rudy Giuliani, anstrebt.[3] Wohin solches Denken führt, dokumentieren die Verhältnisse in den Nachbarstaaten Irans.

Im direkten «Systemvergleich» steht Saudi-Arabien heute da, wo sich der ungeliebte Nachbar unter dem Schah befand. Ungeachtet aller Repression gibt es im Iran heute sehr viel mehr gesellschaftliche Freiräume, sehr viel mehr Kunst und Kultur, sehr viel mehr Rechte für Frauen, deutlich weniger staatlich verordnete Religion im Alltag als in Saudi-Arabien. Daran ändert auch die unter Kronprinz Mohammed Bin Salman vorangetriebene «Liberalisierung» nichts, die in erster Linie Make-up ist und vor allem das Ziel verfolgt, das Image des Landes im Westen aufzupolieren. Wer etwa in Teheran auf den Ruf des Muezzins, des Gebetsrufers, wartet, braucht Geduld – den gibt es dort faktisch nicht mehr. In den Großstädten nehmen weniger als zwei

Prozent der Bevölkerung am Freitagsgebet teil, der wohl niedrigste Stand aller islamischen Länder. Trotzdem steht meist der «Mullahstaat» am Pranger, seltener die Wüstenmonarchie, abgesehen vielleicht von der gelegentlich erhobenen und selbstverständlich folgenlosen Forderung, die Waffenlieferungen an Saudi-Arabien einzustellen.

So unzufrieden viele Iraner mit ihrem Regime auch sein mögen: meist sind sie glühende Patrioten, die ihre Identität wesentlich aus der eigenen Geschichte beziehen. Charlotte Wiedemann: «Der Iran wird bei uns immer wieder als aggressiv porträtiert, doch die historische Prägung des Landes ist eine ganz andere. Der Iran musste jahrhundertelang den Konkurrenzkampf imperialer Mächte auf seinem Territorium erdulden und schließlich einen westlich orchestrierten Staatsstreich, den kein Iraner vergessen kann.»[4]

Der Werdegang Irans seit der Islamischen Revolution ist entscheidend geprägt von dem konfrontativen Verhältnis zwischen den USA und Israel hier sowie dem Iran dort. Seit der Amtseinführung Donald Trumps als 45. US-Präsident 2017 hat sich Saudi-Arabien, zuvor eher im Windschatten der USA und Israels, beider Konfrontationskurs gegenüber Teheran vorbehaltslos angeschlossen. Erstaunlicherweise waren die inoffiziellen Beziehungen zwischen den USA und Israel einerseits und dem Iran andererseits am Besten, solange Khomeini noch lebte und der irakisch-iranische Krieg andauerte, bis Ende der 1980er Jahre. Als sich die iranische Politik zu mäßigen begann und politische Reformer die Beziehungen zu den USA und Israel zu verbessern suchten, erhielten sie Sanktionen, Kriegsdrohungen und das Projekt *regime change* zur Antwort.

Regimewechsel in Teheran?

Wer was zu sagen hat

Bis zu seinem Tod 1989 war Revolutionsführer Khomeini der höchste religiöse Würdenträger, sein Nachfolger ist seither der wenig charismatische Ali Khamenei, ein Kompromisskandidat rivalisierender Machtzentren. Er ist der mächtigste Mann im Staat, nicht der Präsident. Der Revolutionsführer ernennt die obersten Richter, allesamt Geistliche, und die ranghöchsten Kommandeure der Streitkräfte. Ein Expertenrat wählt ihn auf Lebenszeit. Dieser Rat wiederum wird alle acht Jahre vom Volk gewählt, wobei der Wächterrat darauf achtet, dass alle «Experten» den Normen der Klerikerkaste genügen.

Der Wächterrat wiederum besteht aus sechs Geistlichen und sechs «weltlichen» Juristen. Die Geistlichen werden vom Revolutionsführer ernannt, die Juristen von den obersten Richtern, die ihr Amt ebenfalls dem Revolutionsführer verdanken. Der Wächterrat ist neben dem Revolutionsführer das höchste exekutive Organ. Er kann alle vom Parlament verabschiedeten Gesetze als «unislamisch» ablehnen, ebenso wie auch alle Kandidaten, die sich für das Parlament oder für das Amt des Staatspräsidenten bewerben. Das politische System legt also einen eng gesetzten Rahmen fest, über den die Kleriker wachen. Die Strukturen sind nicht ganz unähnlich jenen der chinesischen KP – mit dem Unterschied allerdings, dass China wirtschaftlich erfolgreich ist.

Gleichzeitig aber werden die vorgegebenen Rahmenbedingungen sehr flexibel gehandhabt. Iranische Politik ist ein feines Beziehungsgeflecht aus Seilschaften und Netzwerken, die für Außenstehende kaum zu durchschauen sind. Bei aller berechtigten Kritik an den Verhältnissen im Iran enthält das dortige Herrschaftsmodell, offen und versteckt, durchaus funktionierende Mechanismen aus *checks and balances*, die Interessensgegensätze auszugleichen oder aufzufangen vermögen. Solange nicht die rote Linie überschritten wird: offen die Machtfrage zu stellen oder diesen Eindruck zu erwecken. Verglichen mit Saudi-Arabien ist der Iran geradezu ein Vorbild an Gewaltenteilung. Weder der Revolutionsführer noch der iranische Präsident könnten weitreichende Entscheidungen ohne Rücksprache mit anderen relevanten Interessensgruppen treffen, während der saudische König ein absolutistischer Herrscher ist, der nur auf den inneren Familienkreis Rücksicht nehmen muss. Kronprinz Mohammed Bin Salman hat diese Machtkonzentration noch ausgebaut. Iranische Politik bewegt sich im Rahmen staatlicher Institutionen, in Saudi-Arabien dagegen ist die einzige staatliche Institution von Bedeutung der König.

Rivalisierende Machtzentren prägten von Anfang an das Bild der Islamischen Republik. Das politische System ist hybrid: In Teilen demokratisch gewählte Einrichtungen überlagern sich mit theokratischen Strukturen. Ursache ist die iranische Revolution selbst, ein Aufstand fast aller Gesellschaftsschichten. Khomeini hat erst nach seiner Machtübernahme die nicht-islamischen Akteure an den Rand gedrängt und teils blutig verfolgt. Dennoch musste auch er Zugeständnisse machen: ein monolithischer Gottesstaat, allein der Klerus an den Schalthebeln, das war nicht durchzusetzen. Deswegen greifen hierzulande gerne verwendete Schlagworte wie «Mullahherrschaft» auch viel zu kurz.

Jenseits von Klerus und Basar sind es vor allem die von Khomeini so bezeichneten «Armen und Entrechteten», die das Rückgrat, die Machtbasis der Islamischen Republik bilden. Die nach Millionen rechnenden sozial Schwachen, die auf die Wohltaten des Regimes angewiesen sind: Renten, Versorgung mit Wohnraum, Bildung, Jobs. Bis heute befinden sich die meisten Großunternehmen entweder im Besitz des Staates oder von regimetreuen Funktionären. Eine

Schlüsselrolle kommt dabei den *Bonjads* zu, den religiösen Stiftungen. Unter ihrem Dach finden sich häufig große Firmen, die sich nicht notwendigerweise rechnen, doch Arbeitsplätze und somit Loyalitäten schaffen. Eng mit den *Bonjads* verbunden sind die Revolutionsgarden, *Pasdaran*, die Miliz des Regimes. Die Kehrseite dieser staatskapitalistisch geprägten Ordnung sind Korruption und Ineffizienz. Ungeachtet ihrer Sozialleistungen hat die Islamische Republik die große Kluft zwischen arm und reich nie zu schließen versucht. Nach wie vor verfügt eine kleine Elite über enormen Wohlstand, vor allem in der Hauptstadt, doch ist Verteilungsgerechtigkeit kaum ein Thema.

Vereinfacht gesagt ist die Geschichte der Islamischen Republik ein ständiges Ringen zwischen «Ultrakonservativen» und «Reformern», die sich unter verschiedenen Bezeichnungen regelmäßig neu sortieren. Im Kern geht es dabei um die Frage, wo die Grenze zwischen Pragmatismus und Ideologie verläuft, zwischen Privatwirtschaft und Staatskapitalismus. Die Reformer glauben an Privatbesitz und eine neoliberale Wirtschaftsordnung, sie sind Gegner einer Konfrontation mit dem Westen, ohne sich dessen Hegemonieanspruch unterzuordnen. Die Ultrakonservativen finden sich im Umfeld der *Pasdaran* und der *Bonjads*, unter den Armen und Perspektivlosen, aber auch in der traditionellen Mittelschicht, in den Reihen der Basarhändler und konservativer religiöser Rechtsgelehrter, darüber hinaus unter den Frommen und Gläubigen. Fragen der rechten islamischen Lebensführung sind ihnen deutlich wichtiger als den Reformern. Im Parlament finden die entsprechenden Fraktionen je nach Bedarf zusammen, ohne dass sie nach außen hin ohne weiteres zu erkennen wären: Parteien sind im Iran nicht zugelassen. Die Grenzen zwischen den jeweiligen Lagern verlaufen meist fließend.

Die iranische Innen- wie Außenpolitik ist nicht zu verstehen ohne die konfrontative Haltung der USA und Israels gegenüber Teheran. Sie verdankt sich freilich weniger demokratischen Überzeugungen als vielmehr eigenen geopolitischen Interessen. Israel sieht im Iran den einzig verbliebenen wirklich gefährlichen Gegenspieler in der Region und fühlt sich durch Teherans Unterstützung der libanesischen Hisbollah in seinen Sicherheitsinteressen herausgefordert. Israelische Militärs gehen davon aus, dass die Hisbollah über 100 000 Raketen verfügt, die im Konfliktfall auf Israel abgefeuert werden könnten. Die Zahl mag zutreffen oder übertrieben sein, bei den meisten Raketen dürfte es sich um zielungenaue, eher primitive Geschosse handeln. Doch besitzt die Hisbollah offenbar auch Raketen mit einer Reichweite von 300 Kilometern, die Jerusalem und Tel Aviv erreichen können.[5] Bei einem erneuten Libanon-Krieg wäre das Risiko für Israel daher deutlich höher – ebenso im Falle eines israelischen Angriffs auf den Iran. Zudem nutzt Premierminister Benjamin Netanjahu das in Israel vielfach angstbesetzte Thema Iran, um seine Regierung innenpolitisch zu stabilisieren.

Washington wiederum ist entschlossen, den Zugriff auf das Erdöl auch weiterhin zu kontrollieren – ganz im Sinne der «National Security Directive 54» vom 15. Januar 1991, auch Bush-Doktrin genannt. (Sie ist wenig mehr als eine Neuformulierung der inhaltsgleichen Carter-Doktrin von 1980.) Am Vorabend des Krieges zur Beendigung der irakischen Besatzung Kuweits erklärte George H. W. Bush: «Der Zugang zum Öl des Persischen Golfs und die Sicherheit befreundeter Schlüsselstaaten in der Region sind entscheidend für die nationale Sicherheit der USA ... Die Vereinigten Staaten halten daran fest, ihre grundlegenden Interessen in der Region zu verteidigen, notfalls mit militärischer Gewalt, gegen jede Macht, deren Interessen den unseren schaden.»[6] An dieser Haltung hat sich bis heute nichts geändert.

Der Einwand, die amerikanische Erdölgewinnung mit Hilfe von Fracking mache die USA unabhängig von nahöstlichem Erdöl, greift zu kurz. Fracking rechnet sich nur bei sehr hohen Erdölpreisen. Unabhängig davon wird sich Washington allein deswegen nicht aus der Region zurückziehen, damit nicht Russland oder China in das entstehende Vakuum vorstoßen.

Der Iran – ein Reich des Bösen?

Aus israelischer Sicht folgten die bereits erwähnten Waffenlieferungen für Khomeini einem nüchternen Kalkül. Seit dem Friedensvertrag mit Ägypten 1979 gab es nur noch zwei militärisch ernstzunehmende Gegner Israels auf arabischer Seite, Syrien und den Irak. Insoweit war es nur folgerichtig, Teheran im irakisch-iranischen Krieg (1980–1988) zu unterstützen. Ungeachtet aller offiziellen Rhetorik vom «großen Satan USA» und dem «kleinen Satan Israel» hielten sich während dieses Krieges nie weniger als hundert israelische Militärberater und Techniker im Iran auf. Sie lebten in einem sorgfältig bewachten und abgelegenen Camp nördlich von Teheran und blieben sogar noch eine Zeitlang nach Kriegsende vor Ort.[7]

Ein israelischer Gesinnungswandel setzte erst ein, nachdem Saddam Hussein als Folge seiner Kuweit-Invasion 1990 ins Visier der USA geraten war. Damit war der Irak angezählt, und die geostrategischen Karten wurden neu gemischt. Kein Geringerer als Jitzhak Rabin verkörpert den Gesinnungswandel. 1987 hatte der damalige Verteidigungsminister noch erklärt: «Iran ist Israels bester Freund, und wir haben nicht die Absicht, unsere Haltung in Bezug auf Teheran zu verändern, weil Khomeinis Regime nicht ewig währen wird.»[8] Fünf Jahre später hörte sich das ganz anders an, schlug

Regimewechsel in Teheran?

Rabin, nunmehr Ministerpräsident, einen hinlänglich vertrauten Ton an. Die Islamische Republik sei eine Bedrohung für Israel, die Region und die ganze Welt. Der Revolutionsführer «speit Hass auf die Juden und Israel» und sei ein Holocaust-Leugner.[9]

Doch ungeachtet solcher Rhetorik geht es im Streit zwischen Teheran und Tel Aviv nur vordergründig um die Sicherheitsbedürfnisse Israels. Der Kern des Konflikts ist ein anderer – es geht um die regionale Vorherrschaft. Der Iran ist das einzige Land im weiten Raum zwischen Marokko und Indien, das die mit weitem Abstand stärkste Militärmacht in der Region, das atomar bewaffnete Israel, in dessen «Bewegungsfreiheit» einzuschränken vermag. Nicht, weil Teheran den jüdischen Staat «vernichten» wollte oder dazu militärisch in der Lage wäre, sondern weil weder die USA noch Israel einen Krieg gegen den Iran riskieren könnten, ohne dass die Folgen unkalkulierbar wären. Die Stufe darunter, Regimewechsel mit Hilfe von Stellvertretermilizen, erweist sich im Fall der Islamischen Republik als schwierig. Und Teheran verfügt über mächtige Verbündete, neben Russland und China ist das vor allem die libanesische Hisbollah. Sie hat die israelische Obsession mit dem Iran maßgeblich befördert.

Die Hisbollah, Partei Gottes, ist gleichermaßen politische Partei und Miliz und heute der größte Machtfaktor innerhalb des Libanon. Entstanden ist sie 1982, als Reaktion auf den israelischen Einmarsch im Südlibanon, der vom späteren Premier Ariel Sharon befehligt wurde und die palästinensische PLO von dort vertrieben hat. Die schiitische Bevölkerung dort stand der Besatzung zunächst abwartend gegenüber – die Vertreibung der PLO war auch in ihrem Sinn, um nicht ständig in deren Gefechte mit Israel hineingezogen zu werden. Doch die israelischen Militärs gingen, aus welchen Gründen auch immer, gewaltsam gegen schiitische Zivilisten vor. Zehntausende sahen sich zur Flucht nach Beirut gezwungen. Was dann geschah, war abzusehen: Es formierte sich eine Widerstandsbewegung, eben die Hisbollah. Nüchtern besehen war das die Quittung für eine verfehlte israelische Politik. Nach offizieller israelischer Lesart hat der Iran die Partei Gottes aus antisemitischen Motiven ins Leben gerufen. Doch die Hisbollah ist eine originär libanesisch-schiitische Bewegung, die großen Rückhalt in der einheimischen Bevölkerung genießt. Auch wenn sie Geburtshilfe aus Teheran erhielt, von dort Waffen und Geld bezieht und dem iranischen Revolutionsführer huldigt, ist sie keineswegs eine iranische Marionette oder fünfte Kolonne.

In erster Linie aber ist die Partei Gottes ein für Israel sehr ernstzunehmender militärischer Gegner. Nach 18 Jahren Guerillakampf, darunter auch der Einsatz von Selbstmordattentätern, zwang sie die Israelis 2000 zum bedingungslosen Abzug aus dem Südlibanon – die hohen Verluste an Soldaten waren der israelischen Bevölkerung nicht mehr zu vermitteln. Sechs Jahre später, 2006, versuchte das israelische Militär, die Hisbollah, offiziellen Angaben zufolge nach der Entführung von zwei ihrer Soldaten, mit Hilfe von Luftangriffen und Panzervorstößen in die Schranken zu weisen. Mehr als 2000 Libanesen, die meisten von ihnen Zivilisten, bezahlten den Blitzkrieg mit ihrem Leben. Doch die Hisbollah schlug zurück und beschoss Nordisrael einschließlich der Küstenstadt Haifa mit Raketen. Tausende Israelis flohen in Richtung Süden – weder militärisch noch politisch ein Ruhmesblatt für die israelische Führung.

Diesen Hintergrund muss man kennen, um zu verstehen, warum der Iran sukzessive zum Feindbild Nummer Eins für Israel geworden ist. Schon in den 1990er Jahren drängten israelische Politiker und ihre Unterstützer mit Hilfe des amerikanischen Kongresses die Regierung Clinton, die Konfrontation mit Teheran zu suchen. Mit Erfolg, denn bereits 1993 verkündete Präsident Clinton eine neue außenpolitische Doktrin, die des «Dual Containment», der zweifachen Eingrenzung, nämlich von Irak und Iran. Beide Länder sollten gemäß dieser Doktrin mit Hilfe von Wirtschaftssanktionen geschwächt werden, in der Hoffnung auf einen Regimewechsel. Die Doktrin beruht maßgeblich auf israelischen Vorschlägen[10] und ist von pro-israelischen Lobby-Verbänden in Washington forciert worden, namentlich dem «American Israel Public Affairs Committee», AIPAC.

Der Iran, geschwächt vom Krieg mit dem Irak, stellte für die USA keine militärische Bedrohung dar. Akbar Haschemi Rafsandschani, iranischer Präsident von 1989 bis 1997, suchte als Erster die Beziehungen zu den USA zu verbessern. Doch die Regierung Clinton verhängte 1995 die bislang schärfsten Wirtschaftssanktionen gegenüber Teheran. Als Begründung galt schon damals das angebliche iranische Streben nach Atomwaffen, da der Iran sich in Fortsetzung des von den USA unter dem Schah begonnenen Atomprogramms um Reaktor- und Nukleartechnologie aus Russland und China bemühte. Kurz zuvor hatte die iranische Regierung die Lizenz für die Erschließung der Ölfelder vor der Insel Sirri an den US-Konzern Conoco vergeben – eine freundliche Geste in Richtung Washington. Doch Clinton ließ das Geschäft platzen und erließ eine Verordnung, die es US-Unternehmen untersagte, in den iranischen Erdölsektor zu investieren. Diese Verordnung mündete 1996 im *Iran-Libya Sanctions Act*, der zehn Jahre später – Ghaddafi war in Washington wieder rehabilitiert (um anschließend erneut in Ungnade zu fallen) – in *Iran Sanctions Act* umbenannt wurde. Federführend bei der Gesetzesvorlage war erneut AIPAC. Das Gesetz legt eng gefasste Obergrenzen für Investitionen in den iranischen Ölsektor fest – nicht nur für amerikanische, auch für ausländische Firmen, denen bei Zuwiderhandlung juristische Konsequenzen in den USA drohen. Das Gesetz ist mehrfach erweitert worden, über den Ölsektor hinaus, und bis heute in Kraft, ungeachtet des 2015 mit dem Iran geschlossenen Atomabkommens. Clinton war auch der erste US-Präsident, der Geheimdienstaktionen zur Destabilisierung Irans anordnete (Operation Merlin – dazu später mehr).

Frieden? Nicht mit uns

Nicht nur unter Rafsandschani, auch unter seinem Nachfolger, dem Reformer Mohammed Khatami (1997–2005), hat sich die iranische Führung wiederholt an Washington gewandt, um die Beziehungen zwischen beiden Ländern zu verbessern. Im Frühjahr 2003 unterbreitete Teheran der US-Regierung ein umfassendes Verhandlungsangebot – auch als Reaktion auf den Irakkrieg und den von Washington erhobenen Vorwurf, der Iran greife nach der Atombombe. Die Kernpunkte dieser «Roadmap»: volle Transparenz und Garantien, dass der Iran nicht den Besitz von Massenvernichtungswaffen anstrebt; entschiedenes Vorgehen gegen alle Terroristen auf iranischem Boden, allen voran Al-Qaida, umfassende Kooperation und Informationsaustausch in allen terrorbezogenen Fragen; «Koordination mit iranischem Einfluss», um den Irak politisch zu stabilisieren und dort ein demokratisches System zu schaffen, das alle religiösen und ethnischen Gruppen einbezieht; die Beendigung jedweder «materieller Unterstützung» für palästinensische Oppositionsgruppen (Hamas, Islamischer Dschihad etc.), insoweit sie von iranischem Boden aus operieren; Druck auf diese Gruppen, keine Anschläge auf Zivilisten in Israel innerhalb der Grenzen von 1967 zu verüben; Anerkennung der Zweistaatenlösung im Konflikt zwischen Israel und den Palästinensern; Transformation der libanesischen Hisbollah in eine rein politische und soziale Organisation.[11] Im Gegenzug verlangten die Iraner ein Ende aller Sanktionen, das Recht auf friedliche Nutzung der Atomenergie, die Anerkennung ihrer legitimen Sicherheitsinteressen sowie die Beendigung aller amerikanischen Versuche, den Iran zu destabilisieren.

Man halte einen Augenblick inne und stelle sich vor, Washington wäre auf diesen Vorschlag eingegangen. Bestünde ernsthaft Zweifel, dass die Region in dem Fall heute eine weitaus bessere, friedlichere wäre? Hunderttausende Menschen vor allem im Irak und in Syrien wären wahrscheinlich noch am Leben. Stattdessen machte die Bush-Administration, namentlich Vizepräsident Dick Cheney, dem Schweizer Botschafter in Teheran, Tim Guldimann, Vorwürfe, weil der das Verhandlungsangebot übermittelt hatte.[12]

Israelische Politiker, AIPAC und andere pro-israelische Lobbygruppen setzten alle Hebel in Bewegung, «um sowohl die Regierung Clinton als auch die Regierung Bush von Verhandlungen mit dem Iran abzuhalten, und sie setzten sich in fast allen Fällen durch».[13] Zugute kam ihnen dabei die enge Vernetzung mit den *Neocons*. Der Neokonservatismus, der mit George W. Bush 2001 an die Macht gelangte, ist eine in den 1960er Jahren entstandene, ursprünglich stark antikommunistisch ausgerichtete Bewegung, die Werte wie Freiheit, Demokratie, Rechtsstaatlichkeit ideologisch instrumentalisiert, um sie als Rammbock machtpolitischer Interessen einzusetzen. So soll amerikanische Hegemonie weltweit durchgesetzt und verteidigt werden, in Verbindung mit einem so weit wie möglich deregulierten, am Finanzkapital ausgerichteten Wirtschaftssystem. Gleichzeitig dienen die *Neocons* als eine Art ideologischer Speerspitze pro-israelischer Gruppen in den USA.

Im Original liest sich das dann so, etwa aus der Feder von Michael Ledeen, eines maßgeblichen *Neocon*-Agitators für

Regimewechsel in Teheran?

Regimewechsel: «Zunächst einmal müssen wir die Terrorregime hinwegfegen, angefangen mit den Großen Drei: Irak, Iran und Syrien ... Stabilität ist eine unwürdige amerikanische Mission, ein Konzept, das in die Irre führt. Wir wollen keine Stabilität im Iran, Irak, in Syrien, im Libanon, nicht einmal in Saudi-Arabien. Wir wollen, dass sich die Dinge ändern. Die Frage, um die es hier geht, ist nicht ob, sondern wie das Ziel der Destabilisierung zu erreichen ist.»[14]

Vor diesem Hintergrund wird verständlich, warum George W. Bush den Iran im Januar 2002 auf der «Achse des Bösen» verortete, zusammen mit dem Irak und Nordkorea. Einige Monate später wurden noch Kuba, Syrien und Libyen dieser «Achse» hinzugefügt. Besagte Staaten würden den Terrorismus unterstützen und strebten nach Massenvernichtungswaffen. Solche Rhetorik, die «Achse des Bösen» wurde später durch den Begriff «Schurkenstaat» ergänzt und abgelöst, dient nicht allein der Dämonisierung, sondern auch, im nächsten Schritt, der Legitimierung von Zwangsmaßnahmen.

Im Dezember 2002 erhoben die USA erstmals den Vorwurf, der Iran baue heimlich an der Atombombe. Einige Monate zuvor hatten die Atomverhandlungen zwischen dem Iran und der Internationalen Atomenergiebehörde IAEA mit Sitz in Wien sowie der EU-Troika Großbritannien, Frankreich und Deutschland begonnen. Erst 2006 beteiligten sich die USA direkt an den Gesprächen, zusätzlich ergänzt um Russland und China, also alle fünf ständigen Mitglieder des UN-Sicherheitsrates plus Deutschland, genannt «5+1 Gruppe». Auslöser der Atomverhandlungen waren Geheimdienstberichte, denen zufolge der Iran in Natanz eine unterirdische Anreicherungsanlage für Uran und zudem in Arak einen Schwerwasserreaktor zur Herstellung von Plutonium einrichte. Beide Aktivitäten waren der IAEA nicht angezeigt worden. Der Iran gehörte 1968 zu den Mitunterzeichnern des Vertrags zur Nichtverbreitung von Atomwaffen (Nuclear Non-Proliferation Treaty, NPT), der wiederum von der IAEA überwacht wird. Teheran hatte damit gegen die Vertragsbestimmungen verstoßen, was den Verdacht befeuerte, der Iran betreibe auch ein militärisches Atomprogramm. So kam der Stein ins Rollen. Der guten Ordnung halber sei allerdings darauf hingewiesen, dass die Nuklearstaaten Israel, Pakistan und Indien der Einfachheit halber dem NPT gar nicht erst beigetreten waren. Folglich konnten sie auch keinen Vertragsbruch begehen. Deren Erwerb von Atomwaffen hatte jedenfalls keinerlei internationale Sanktionen, nicht einmal ernsthafte diplomatische Verwerfungen zur Folge.

2007 und 2011 kam der «National Intelligence Estimate», eine jährlich erstellte Zusammenfassung der wichtigsten Erkenntnisse aller 16 US-Geheimdienste, zu dem Schluss, dass die Führung in Teheran gegenwärtig nicht mehr nach der Atombombe strebe, ihre Politik einer «Kosten-Nutzen-Rechnung» unterliege, also rationalen Kriterien folge, und sie jenseits ihrer Rhetorik keinen Konflikt mit Israel suche. Dem Report von 2007 zufolge hatte Teheran vier Jahre zuvor, also 2003, sein geheimes Atomwaffenprogramm eingestellt. Allerdings würden die Iraner für ihr ziviles Nuklearprogramm weiterhin Uran auf das hierfür benötigte, niedrigere Niveau anreichern und sich das Wissen zum Bau einer Bombe aneignen. Eine Wiederaufnahme des Bombenprojekts ist seither jedoch in keinem Report festgestellt worden. Bei den Atomverhandlungen ging es offiziell vor allem um Kontrollmechanismen. Der Iran sollte nicht heimlich genügend hochangereichertes Uran oder Plutonium produzieren können, um die Atombombe am Ende doch herzustellen.

Die Achse der Guten greift durch

Seit 2007 war dem Iran nicht mehr ohne weiteres vorzuwerfen, er greife heimlich nach der Atombombe, sofern sich nicht alle 16 US-Geheimdienste geirrt hätten (was grundsätzlich natürlich auch nicht auszuschließen ist). Die gegen Teheran gerichtete Anklage stand folglich auf tönernen Füßen – sie beruhte wesentlich auf Indizien und Horrorszenarien. Es mag gute Gründe gegeben haben, dem zivilen iranischen Atomprogramm zu misstrauen. Und in der Tat kann der Weg von der friedlichen Nutzung der Atomenergie hin zum Bau einer Bombe kurz sein. Doch hätte der Konflikt, wie wir noch sehen werden, ohne weiteres viel früher gelöst werden können, wäre es denn tatsächlich darum gegangen. Stattdessen führten die Atomverhandlungen erst 2015 zum Durchbruch, zuvor begleitet von massiven Kriegsdrohungen seitens Israels. Parallel verhängten die Vereinigten Staaten wie auch die Vereinten Nationen die bis dato härtesten Sanktionen gegenüber einem Mitgliedstaat der UN. Ein Höhepunkt war der 2012 erfolgte Ausschluss Irans aus dem SWIFT-System, dem amerikanisch dominierten internationalen Banken-Zahlungsverkehr – seither können kaum noch Überweisungen aus dem oder in den Iran getätigt werden. Überweisungen, bei denen der Verdacht eines Iran-Bezugs besteht, werden nicht ausgeführt, der Betrag selbst wird eingezogen. Offiziell wurde der SWIFT-Bann 2016 wieder aufgehoben, aber nur auf dem Papier. Angeblich erfolgten diese und weitere Zwangsmaßnahmen nur, um Teheran zum Einlenken bei den Atomverhandlungen zu bewegen. Tatsächlich aber sollte die wirtschaftliche Strangulierung mindestens gleichrangig das in Washington und Tel Aviv favorisierte Projekt Regimewechsel vorantreiben.

Dieser Konfrontationskurs hat die Reformkräfte im Iran geschwächt und die Ultrakonservativen gestärkt. In weiten Teilen der iranischen Bevölkerung, auch in der Teheraner Mittelschicht, wuchs das Misstrauen gegenüber den USA. Bereits unter Präsident Rafsandschani scheiterte der Versuch, die Wirtschaft des Landes zu liberalisieren und die Privatwirtschaft auf Kosten staatskapitalistischer Betriebe zu stärken, auch an der sich verschärfenden Wirtschaftslage. Als Folge der Sanktionen stieg die Inflation, blieben ausländische Investitionen aus. Stattdessen entstanden neue Seilschaften aus hohen Beamten, Basarhändlern und Industriellen, die immens reich wurden. Die Boykottmaßnahmen förderten den Schmuggel via Pakistan und vor allem Dubai, die Schattenwirtschaft florierte. Die untere Mittelschicht und die Besitzlosen aber kämpften gegen ihren sozialen Abstieg und gegen den Hunger.

Als Khatami 1997 Präsident wurde, befanden sich sämtliche Staatsorgane in den Händen klerikaler Kräfte und ihrer Netzwerke. Sie taten alles, vorneweg der Justizapparat und die Sicherheitskräfte, um den Reformprozess zu unterlaufen. Die unabhängige Presse, Khatamis wichtigstes Sprachrohr, verlor ihre Lizenzen, kritische Geister, insbesondere an den Universitäten, aber auch Reformtheologen, wurden eingeschüchtert, inhaftiert, manchmal ermordet. Jenseits aller Repression durch die Ultrakonservativen führten vor allem zwei Faktoren zur Niederlage der Reformer. Zum einen gelang es ihnen ebenso wenig wie unter Rafsandschani, die unrentablen Staatsbetriebe aus der Umklammerung durch die *Bonjads* zu befreien. Zwar schritt die wirtschaftliche Öffnung und Liberalisierung auch weiterhin langsam voran, doch profitierten davon in erster Linie die Neureichen. Die Armut blieb ein großes Problem und verschärfte sich unter Khatami noch. Gegen Ende seiner Amtszeit lebte rund die Hälfte der Bevölkerung am Rande oder unterhalb der Armutsgrenze, in den Städten fast ein Viertel.

Und zum anderen besiegelte der Konfrontationskurs Washingtons das Schicksal der Reformbewegung. Da Khatamis gemäßigte Politik gegenüber den USA und den Europäern nichts oder nur sehr wenig bewirkte, das Land gleichzeitig unter den Sanktionen und der schwierigen Wirtschaftslage litt, schlug das Pendel nunmehr in die entgegengesetzte Richtung aus. Die Präsidentschaftswahlen 2005 gewann der ultrakonservative Populist Mahmud Ahmadinedschad, in seiner ungehobelten und rüden Art Donald Trump nicht unähnlich. Nachgiebigkeit gegenüber dem Westen hatte sich nicht gerechnet – nunmehr setzten die Hardliner auf Konfrontation. Ihr Frontmann Ahmadinedschad bediente sich dabei einer aggressiven und antisemitischen Rhetorik, die vor allem Israel ins Visier nahm. Das war nicht allein unverantwortlich, es war vor allem auch politisch äußerst unklug. Denn seine Ausfälle lieferten den Scharfmachern auf der Gegenseite eine Steilvorlage. Der damalige israelische Premier Ehud Olmert behauptete, der iranische Präsident verlange «die vollständige Zerstörung und Vernichtung des jüdischen Volkes»[15], und schlug wie viele andere den Bogen zur angeblichen nuklearen Bedrohung Israels durch den Iran. Es brauchte nicht lange, bis Politik und Medien im Westen nahezu einhellig überzeugt waren, die iranische Führung wolle Israel mit Hilfe ihres Atomprogramms «vernichten». Die Konfrontation nahm einen zunehmend gefährlichen Verlauf, ebenso die Versuche von außen, das Regime in die Knie zu zwingen – auch über den Umweg Syrien, wie wir noch sehen werden.

Jeder iranische Präsident hat jeweils auf seine Weise versucht, die Ideologie der Islamischen Republik mit veränderten gesellschaftlichen Rahmenbedingungen und den

Erfordernissen der Zeit in Einklang zu bringen. Rafsandschani, indem er wirtschaftlichen Pragmatismus über politische Programme stellte, Khatami, indem er dem Ruf nach Pluralität und Freiheit Gestalt verlieh. Ahmadinedschad ging den radikalsten Weg. Er versuchte, die Macht der Kleriker zu brechen, den Revolutionsführer kaltzustellen und die Islamische Republik in eine nationalgesinnte Militärdiktatur zu verwandeln. Der offene Bruch zwischen Ahmadinedschad und seinem Lager einerseits, allen voran den Staatsbediensteten und den *Pasdaran*, sowie dem übrigen Establishment andererseits, den Klerikern wie auch den traditionellen Konservativen bis hin zur Reformbewegung, entlud sich bei den Präsidentschaftswahlen 2009 in Gewalt. Diejenigen, die auf Wandel setzten, darunter vor allem auch die Jugend (die Hälfte der Bevölkerung ist jünger als Mitte zwanzig), hatten aus den Fehlern Khatamis gelernt und verstanden, dass es nicht ausreicht, allein die Teheraner Mittelschicht anzusprechen. Sie suchten auch die unteren sozialen Schichten gegen Ahmadinedschad zu mobilisieren.

Ein endgültiger Beweis steht aus, aber vieles deutet darauf hin, dass Ahmadinedschad und seine Anhänger die Wahlergebnisse bei den Präsidentschaftswahlen 2009 zu ihren Gunsten manipuliert haben. Daraufhin kam es zu wochenlangen Massendemonstrationen und Protesten der «Grünen Bewegung», wie sich die Reformer nannten. Diese größte Volkserhebung seit der Revolution 1979 wurde gewaltsam niedergeschlagen, ihre Anführer landeten im Gefängnis oder wurden unter Hausarrest gestellt. Trotz ihrer Differenzen fanden Ahmadinedschad und der Revolutionsführer Khamenei einen Modus Vivendi – wenn es darum geht, das herrschende System nach innen oder außen zu verteidigen, schließen sich die Reihen auch der größten Widersacher.

Regimewechsel in Teheran?

Dessen ungeachtet steht die Islamische Republik unter einem wachsenden Legitimationsdruck. Das Lebensgefühl vieler Iraner entspricht längst nicht mehr den Normen und Vorstellungen der herrschenden Elite. In weiten Teilen der Bevölkerung ist die Einheit von Politik und Religion diskreditiert wie kaum anderswo in der islamischen Welt. Gleichzeitig ziehen sich tiefe Risse durch das politische System, dessen traditionelle Methoden, Macht und Ressourcen unter den verschiedenen Interessensgruppen aufzuteilen, nicht mehr ausreichen. Vor allem aber vermag das iranische System die massiven Wirtschaftsprobleme des Landes nicht zu lösen. Diese Probleme verdanken sich Missmanagement, einer auf Transferleistungen beruhenden Volkswirtschaft, die sich überwiegend aus den Öl- und Erdgaseinnahmen speist, ohne nennenswert Arbeitsplätze außerhalb der Bürokratie oder unrentabler Staatsunternehmen zu schaffen – und den Sanktionen des Westens.

Auch die Ultrakonservativen wissen, dass sich die Islamische Republik öffnen muss, wenn sie auf Dauer bestehen will. Wie und in welchem Maß – das ist die entscheidende Frage, auf die niemand eine überzeugende Antwort weiß. Geschieht das nicht, wird es immer wieder gewalttätige Proteste geben, wie auch zum Jahreswechsel 2017/18. Wenig spricht dafür, dass es eine erneute Revolution geben könnte – die große Hoffnung westlicher Hardliner und iranischer Oppositioneller im Ausland. Dafür fehlt, bislang jedenfalls, die gesellschaftliche Basis.

Iranische Politik ist nicht statisch, sie reagiert auf bestehende Herausforderungen. Dafür steht auch die Wahl des liberal gesinnten Theologen Hassan Rouhani zum Präsidenten, der seit 2013 im Amt ist und dem Reformlager zugerechnet wird. Der frühere Chefunterhändler der Atomverhandlungen (2003–2005) verdankt seine politische Laufbahn wesentlich dem Sicherheitsapparat, ist somit auch mit

Regimewechsel in Teheran?

den Ultrakonservativen gut vernetzt. Rouhani versucht, die verschiedenen Machtzentren zusammenzuführen und das Land zu modernisieren. Ob das gelingt, hängt wesentlich von der weiteren Entwicklung in der Region ab, der konfrontativen Haltung der USA unter Donald Trump sowie Israels und Saudi-Arabiens. Je mehr sich der Konflikt mit Teheran zuspitzt, umso geringer der Freiraum für gesellschaftliche Erneuerung und grundlegende Reformen.

**Werte, Werte, Werte: Ein Blick hinter die Kulissen
Amerika hat Verständnis für saudische Terroristen,
aber nicht für iranische Atome**

Die wirtschaftlichen Beziehungen zwischen den USA und Saudi-Arabien kreisen wesentlich um Erdöl, Waffengeschäfte und fragwürdige Deals im Dunstkreis der Finanzindustrie, zum Nutzen einer kleinen Gruppe milliardenschwerer Investoren hier wie dort. Gleichzeitig ist die Versorgung mit billigem oder wenigstens doch günstigem Öl und Benzin der Schmierstoff westlicher Konsumgesellschaften, insbesondere in den USA. Das Auto als Fetisch, der American way of life, beide sind undenkbar ohne bezahlbare Energiepreise. Die Kehrseite dieses Geschäftsmodells, gewissermaßen sein siamesischer Zwilling, sind religiöser Fundamentalismus und islamistischer Terror – der Wahhabismus hatte sich nicht in Luft aufgelöst. 15 der 19 Attentäter des 11. September 2001 stammten aus Saudi-Arabien, auch Osama bin Laden. Al-Qaida hat dort seine ideologischen Wurzeln: der dramatische Höhepunkt einer gesellschaftlichen Fehlentwicklung, eines möglicherweise unlösbaren Problems.

Auf der einen Seite hat Saudi-Arabien innerhalb kurzer Zeit eine tiefgreifende Verwestlichung erfahren, die viele Golfaraber, nicht nur Saudis, überfordert und teilweise kulturell entwurzelt hat – selbst wenn sie (oder gerade dann) in den USA oder Europa gelebt oder studiert haben. Auf der anderen Seite hat der wahhabitische Staatsislam in Saudi-Arabien ein gesellschaftliches Klima geschaffen, das geprägt ist von Fremdenfeindlichkeit, Engstirnigkeit und *takfir*: Wer nicht für uns ist, ist gegen uns.

Saudische Herrscher nutzen seit Jahrzehnten einen Teil der Erdöleinnahmen, um weltweit islamisch zu missionieren. Auf diese Weise ist ein enges, globales Netzwerk von Stiftungen, Moscheen, Religionsschulen und Predigern entstanden, die im Sinne der wahhabitischen Lehre tätig sind und ein zutiefst rückwärtsgewandtes und reaktionäres Weltbild verbreiten. Das ist übrigens ein entscheidender Grund dafür, dass ein Reformislam kaum gedeihen kann. Mit staatlichen und privaten saudischen Geldern werden vor allem in Südost- und in Zentralasien, in Afrika und auf dem Balkan wahhabitische Institutionen subventioniert. Aber auch in Deutschland finanziert Saudi-Arabien offenbar salafistische Moscheen, Schuleinrichtungen und Prediger.[1] Der Salafismus ist im Grunde nichts anderes als Wahhabismus light: Ein zweites Label, das vor allem dazu dient, die Regieführung Riads zu verschleiern. Diese Gebetsstätten und Religionsschulen verbreiten Hass auf Andersgläubige, fördern Extremismus und führen bei jungen Menschen eine Gehirnwäsche durch, die sie zu kompromisslosen Verfechtern wahhabitischer Intoleranz macht. Von dort ist es dann nur noch ein kleiner Schritt in Richtung Taliban oder Al-Qaida.

Eine besonders destruktive Rolle spielen die nach Tausenden zählenden Religionsschulen in Afghanistan und Pakistan, Madrasas genannt. Ihr Geschäftsmodell ist einfach: Sie wenden sich vor allem an arme Familien, die froh sind, ihre Söhne dort unterbringen zu können. Kostenlos erhalten sie Unterkunft und Logis, der Unterricht aber besteht vor allem im Auswendiglernen religiöser Texte, vermittelt wird einmal mehr ein ultrakonservativer und militanter Islam. Finanziert werden diese Schulen fast ausschließlich aus Saudi-Arabien. Sowohl König Salman als auch Kronprinz Mohammed Bin Salman betonen stets, sie stünden für einen «moderaten Islam». Ungeachtet solcher Lippenbekenntnisse gibt es allerdings keinerlei Hinweise, dass es bei der Finanzierung dieser Madrasas in den letzten Jahren nennenswerte Einschnitte gegeben hätte – im Gegenteil. Für Riad sind fanatisierte sunnitische Glaubenskämpfer ein strategisches Faustpfand. Sollte es zu einem Krieg gegen den verhassten Schiitenstaat kommen, stünden zehntausende Soldaten Gottes und potentielle Selbstmordattentäter an der Ostgrenze Irans bereit. Offenbar auf Veranlassung des Kronprinzen und mit Wissen Washingtons hat Riad die finanzielle Unterstützung der Madrasas in der pakistanischen Provinz Belutschistan, die an den Iran grenzt, deutlich erhöht, als «sofortige Gegenmaßnahme» – mit dem Ziel, von dort aus die Islamische Republik zu destabilisieren.[2]

In Saudi-Arabien selbst wird jede gesellschaftliche Erneuerung und jede soziale Veränderung daran gemessen, ob sie sich mit der wahhabitischen Lehre verträgt oder nicht. Meistens lautet die Antwort des religiösen Establishments: Nein. Dennoch ist der Wahhabismus nicht monolithisch und hat sich oft genug flexibel bis zur Selbstverleugnung gezeigt. Anders als die Kleriker im Iran, die ihren politischen Einfluss mit allen Mitteln verteidigen, überlassen wahhabitische Kleriker die unmittelbare Machtausübung dem Haus Saud – verlangen im Gegenzug aber großzügige finanzielle Entschädigungen und freie Hand im Erziehungswesen.[3]

Der Zehnjahresplan des Erziehungsministeriums für den Zeitraum 2004 bis 2014 benennt als pädagogisches Ziel «die Graduierung männlicher und weiblicher Studenten auf der Grundlage islamischer Werte und der dazugehörigen Theorie und Praxis».[4] Der neunte Fünfjahresplan Saudi-Arabiens, verabschiedet im April 2010, hält als seine vorrangige Aufgabe die Bewahrung islamischer Werte und Lehren fest. Mit anderen Worten: den Koran auswendig zu kennen ist im Zweifel wichtiger als Faktenwissen, Denkvermögen oder Neugierde. Auch darin unterscheiden sich saudische von iranischen Theologen – Letztere sind in der Regel bestens mit westlicher Geistesgeschichte vertraut und können sich mühelos über Kant, Hegel, Sartre oder Kafka austauschen.

Sonderflüge nach den Anschlägen von 9/11 – trotz Flugverbot

Das amerikanisch-saudische Verhältnis beruht auf einem engen Geflecht von Geld, Macht und Vertrauen. Es konnte nur Bestand haben, weil sich die beiden Todfeinde, militante Islamisten und die USA, lange gegenseitig ignoriert haben. Bis Osama Bin Laden und seine Glaubenskämpfer Amerika ins Visier nahmen, nach dem Abzug der Sowjets aus Afghanistan. Die Regierung Bush reagierte auf 9/11 mit einem folgenschweren «Krieg gegen den Terror», der mehrere Staaten in der Region zertrümmert hat, ohne jedoch das Geschäftsmodell zwischen Riad und Washington auch nur einzutrüben.

Unmittelbar nach den Anschlägen schlug die Stunde des saudischen Botschafters in Washington, Prinz Bandar. Obwohl in den USA zunächst ein Flugverbot galt, gelang es ihm, ganz offenkundig mit Wissen und Billigung des Weißen Hauses,[5] rund 150 saudische Staatsangehörige in mehreren Sonderflügen aus Amerika auszufliegen. Dabei handelte es sich vor allem um Mitglieder der saudischen Königsfamilie und des mit ihr eng verbundenen Bin-Laden-Clans, die als Studenten oder Geschäftsleute in den USA gelebt oder sich dort aufgehalten hatten. Die Saudi Binladen Group, das größte Bauunternehmen der arabischen Welt, war und ist ein Großinvestor in den USA, auch im

Rahmen der Carlyle Group. Mit dieser Evakuierung sollten das Haus Saud und seine Geschäftspartner vor Befragungen durch FBI oder CIA geschützt werden. Vermutlich hatten die meisten Ausgeflogenen mit Al-Qaida tatsächlich nichts zu tun. Warum auch hätte das saudische Königshaus Terroranschläge in den USA befürworten oder unterstützen sollen, die seinen politischen und Geschäftsinteressen zuwiderlaufen? Trotzdem ist diese Nonchalance der US-Regierung bemerkenswert: Immerhin hätte deren Befragung weiterführende Erkenntnisse erbringen können. Oder sollten unangenehme Wahrheiten gar nicht erst ans Licht kommen?

Im März 2002 wurde Abu Subaida, ein hochrangiges Al-Qaida Mitglied, in Pakistan festgenommen. Bei seiner Befragung behauptete er, dass sich Prinz Turki Ibn Faisal, Sohn König Faisals und von 1977 bis 2001 Geheimdienstchef Saudi-Arabiens, in den 1990er Jahren wiederholt mit Osama Bin Laden in Afghanistan getroffen habe. Abu Subaida zufolge habe es einen Deal gegeben: Al-Qaida und die Taliban erhalten Geld aus Saudi-Arabien, im Gegenzug verzichtet Al-Qaida darauf, den Dschihad ins Königreich zu tragen. Der Geldtransfer erfolgte demzufolge über drei von ihm namentlich genannte Prinzen. Kurz nach seiner Aussage, im Juli 2002, starben die drei innerhalb weniger Tage in Saudi-Arabien. Prinz Ahmad Bin Salman, 43, ein Neffe König Fahds und Großcousin Prinz Bandars, von Beruf Verleger und ein bekannter Rennpferdbesitzer, erlitt einen Herzinfarkt. Ein Tag nach ihm kam Prinz Sultan Bin Faisal, 41, ein Cousin Prinz Ahmads, bei einem Verkehrsunfall ums Leben. Fünf Tage später verdurstete Prinz Fahd Bin Turki Bin Saud, 25, auf einer Autofahrt nordöstlich von Riad. Sieben Monate später schließlich starb Mushaf Ali Mir, der von Abu Subaida genannte Verbindungsmann des pakistanischen Geheimdienstes ISI zu den Taliban und Al-Qaida, bei einem Flugzeugabsturz.[6]

Das alles mag Zufall sein – muss aber nicht. Belege für eine wissentliche Verstrickung des saudischen Königshauses in die Terroranschläge des 11. September 2001 gibt es nicht. Wohl aber für geheimdienstliche Kontakte Saudi-Arabiens und Pakistans in Richtung Al-Qaida und Osama Bin Laden. Dass weder Washington noch Riad übermäßig motiviert sind, die Hintergründe aufzuklären, liegt auf der Hand. Beide Seiten wollen keine Schatten auf ihre lukrativen Deals fallen lassen. So gesehen enthält der «Krieg gegen den Terror» durchaus die Züge eines robust zu nennenden Ablenkungsmanövers.

George W. Bush wie auch die beiden ihm nachfolgenden US-Präsidenten waren und sind bemüht, jede öffentliche Debatte über die Rolle Saudi-Arabiens bei den Anschlägen zu unterbinden. Dabei scheuen sie weder vor juristisch fragwürdigen Schritten zur Geheimhaltung noch vor einem Präsidentenveto zurück. Auch deswegen ist die im August 2002 eingereichte Sammelklage von 650 Hinterbliebenen und anderer Opfer von 9/11 gegen Angehörige des saudischen Königshauses und saudische Stiftungen bislang ins Leere gelaufen. Um einen Prozess und mögliche Schadensersatzforderungen zu verhindern, hat die saudische Botschaft nicht weniger als 15 Lobbyfirmen in Washington engagiert.[7]

Bereits im Dezember 2002 legte eine Regierungskommission ihren Bericht zu den Hintergründen der Anschläge vor. Auf Veranlassung der CIA wurden zahlreiche Passagen vor der Veröffentlichung gestrichen, eine 28-seitige Zusammenfassung infolge eines Vetos von Präsident Bush zur Veröffentlichung nicht freigegeben.[8] Der abschließende Bericht kam zu dem Schluss, es gebe «keine Beweise, dass die saudische Regierung ... oder hochrangige Regierungsvertreter» Al-Qaida finanziert hätten. Allerdings: Einflussreiche saudische Geschäftsleute, Kleriker sowie einzelne Stiftungen hätten Al-Qaida Geld zukommen lassen.[9] Dennoch, der saudischen Botschaft gefiel der Text so gut, dass sie ihn auf ihrer Internetseite veröffentlichte. Damit war der Vorgang für die amerikanische Regierung abgeschlossen, weitere Ermittlungen der Staatsanwaltschaft wurden eingestellt. Auch für die meisten US-Medien hatte sich das Thema damit erledigt. Um dennoch einen «Schurkenstaat» präsentieren zu können, wurden einer Untersuchung des US-Streitkräfteausschusses von 2008 zufolge Verhörspezialisten in Guantanamo damit beauftragt, Häftlinge durch Folter zu ertüchtigen, den Irak und Saddam Hussein mit 9/11 in Verbindung zu bringen.[10]

Aufgrund des öffentlichen Drucks veranlasste der Kongress im Juli 2016, die zensierten 28 Seiten freizugeben. Zahlreiche Passagen aber blieben geschwärzt. Daraus geht hervor, dass sogar hochrangige Mitglieder des Königshauses in die Vorbereitung der Anschläge verwickelt sein *könnten* – einen rauchenden Colt allerdings hält der Text nicht bereit.[11] Gleichzeitig hat der Kongress, ungeachtet eines Vetos von Präsident Obama, ein Gesetz verabschiedet, demzufolge die Hinterbliebenen die saudische Regierung verklagen können. Ob es tatsächlich zu einem Gerichtsverfahren gegen Riad kommt, bleibt dennoch abzuwarten. Die US-Administration dürfte alles unternehmen, das zu verhindern oder ein mögliches Verfahren ins Leere laufen zu lassen. Zu viel steht auf dem Spiel. Der saudische Außenminister Adel al-Dschubeir drohte im März 2016 widrigenfalls mit dem Verkauf von US-Staatsanleihen im saudischen Besitz sowie weiterer Anlagen im Wert von insgesamt 750 Milliarden US-Dollar.[12] Auch der für 2018 in New York angekündigte Börsengang von Saudi Aramco, bei dem das Unternehmen Schätzungen zufolge mit bis zu 1,4 Billionen Dollar bewertet werden könnte,[13] wäre potentiell gefährdet – Börsen gibt es auch in London, Paris oder Frankfurt.

Regimewechsel in Teheran – los geht's

Deutlich weniger handzahm ist die Gangart Washingtons gegenüber Teheran. Nach 9/11 verständigte sich die US-Administration auf eine härtere Gangart gegenüber dem Nahen und Mittleren Osten. Die von AIPAC und anderen pro-israelischen Lobbygruppen forcierte, unter Clinton eingeleitete Politik des Dual Containment, der politischen und wirtschaftlichen Isolierung von Irak und Iran, hatte ausgedient. Nunmehr setzten die *Neocons* unter George W. Bush offensiv auf *regime change*, vor allem im Irak, in Syrien und im Iran, wie erwähnt. Das US-Militär bekam den Auftrag, feindliche Regierungen in der Region zu stürzen – ebenso die Geheimdienste. Der amerikanische Enthüllungsjournalist Seymour Hersh bezeichnet 2006 als «Schlüsseljahr». Damals geriet Teheran verstärkt ins Visier der USA. Auslöser waren offenbar die sich verschlechternde Sicherheitslage im Irak, die Washington durch die Schwächung Irans zu verbessern hoffte, sowie die Eskalation im Streit um das iranische Atomprogramm nach dem Amtsantritt Ahmadinedschads. Das Ziel: Sabotage auf allen Ebenen, idealerweise ein Regimewechsel in Teheran. Auch Irans Verbündeter Syrien sollte in dem Zusammenhang unter Druck gesetzt werden, nicht zuletzt mit Hilfe einer diskreten Finanzierung syrischer Oppositionsgruppen.[14]

Im März 2008 ging Präsident Bush noch einen entscheidenden Schritt weiter. Er unterschrieb ein Dekret, das eine «beispiellose verdeckte Offensive» gegenüber dem Iran einleitete, in enger Kooperation mit Saudi-Arabien. Von Libanon bis Afghanistan wurden daraufhin Geheimaktionen durchgeführt, bis hin zur «Ermordung von Regierungsmitgliedern», Anschlägen auf Mitarbeiter des Atomprogramms und der Entwicklung des Computervirus «Stuxnet»

2009/10, der die Zentrifugen der Urananreicherungsanlage in Natanz ausschalten sollte und damit zeitweilig auch Erfolg hatte. Die Gegner Teherans erhielten Waffen und Geld. Ein Eckstein dieser Strategie: das syrische Regime zu destabilisieren.[15]

Zeitgleich wurden führende amerikanische Neokonservative und Vertreter pro-israelischer Lobbygruppen nicht müde zu betonen, welche Gefahr von einem atomar bewaffneten Iran ausgehe. Ihr Credo: Man müsse Teheran mit tatsächlicher oder angedrohter Waffengewalt zur Räson bringen. So lautete etwa der Titel eines Kommentars von Michael Rubin vom American Enterprise Institute in der New York Daily News vom 3. Oktober 2006: «To End Iran Standoff, Plan for War» (Um den Iran zum Einlenken zu bewegen: den Krieg vorbereiten). Das AEI ist eine ultrakonservative, pro-israelische Denkfabrik, die den Klimawandel ebenso schlicht angeht wie den Nahen Osten: Der Klimawandel sei Fiktion. Ganz ähnlich im Tonfall liest sich ein Artikel von Norman Podhoretz, der am 1. Juni 2007 im Commentary Magazine erschien, dem intellektuellen Flaggschiff des Neokonservatismus. Podhoretz gilt neben Irving Kristol als «Gottvater» der *Neocons*. Unter dem Titel «The Case for Bombing Iran» (Warum der Iran bombardiert werden muss) argumentierte er, Teheran könne nur durch die «alternativlose Anwendung von Gewalt» daran gehindert werden, «ein nukleares Arsenal zu entwickeln.» Der Autor unterschied dabei ausdrücklich nicht zwischen ziviler oder militärischer Nutzung der Atomkraft und schloss mit den Worten: «Als Amerikaner und Jude bete ich von ganzem Herzen, dass er (George W. Bush, ML) das tun wird», nämlich den Iran zu bombardieren.[16]

Doch wie gut wusste man in Washington tatsächlich Bescheid über das, was vor Ort im Iran geschah? 2004 hatte eine Mitarbeiterin der CIA in Langley versehentlich eine

Werte, Werte, Werte

Datei an einen iranischen Agenten geschickt, mit deren Hilfe nahezu jeder dortige CIA-Informant enttarnt werden konnte. Dummerweise war besagter Iraner ein Doppelagent, so dass die iranischen Sicherheitskräfte nunmehr das CIA-Netzwerk im Land ausschalten konnten. Während Politik wie auch Medien nicht nur in den USA und Israel Alarm schlugen wegen des vermeintlichen Atomwaffenprogramms Teherans, war die CIA gewissermaßen blind: Nicht einmal einen Indizienbeweis für den Bau der Bombe konnte der Geheimdienst liefern. Dass der Iran 2003 sein entsprechendes Programm eingestellt hatte, war zu dem Zeitpunkt noch nicht bekannt, hätte aber sicher auch keine Rolle gespielt. Eine gut inszenierte Behauptung genügt, um damit Politik zu machen – man denke an die von US-Außenminister Colin Powell im Februar 2003 bei den Vereinten Nationen präsentierten «Beweise», denen zufolge der Irak Massenvernichtungswaffen herstelle. Doch gerade Powells allzu schnell aufgedeckte Lügen verlangten nach größerer Plausibilität, um den Iran überzeugend auf die Anklagebank zu setzen. Eine peinliche Schlappe, die Sache mit der Datei, die gleichzeitig die Frage aufwarf: Was mag wohl aus der nuklearen Blaupause geworden sein, welche die CIA den Iranern geliefert hat?

Womit wir bei der Operation Merlin wären, die noch unter Clinton eingefädelt worden war: Im Februar 2000 flog ein ehemaliger russischer Nuklearexperte, der die Seiten gewechselt hatte und nunmehr für die CIA arbeitete, nach Wien. In seinem Koffer führte er die Blaupause für einen Atombombenzünder mit sich. Genauer gesagt die technische Bauanleitung für ein TBA 480 Hochspannungsgerät, bekannt als «firing set», womit sich eine Atombombe zünden lässt. Gerade die Entwicklung eines verlässlichen Zünders stellt aufstrebende Nuklearmächte vor große Probleme. Die Genialität der Langley-Strategen ist auch daran zu ermessen, dass es sich dabei um ein russisches Modell handelte:

Werte, Werte, Werte

Wäre der Plan aufgegangen, hätten Teheran und Moskau gemeinsam am Pranger gestanden.

Der Russe hatte den Auftrag, die Blaupause der iranischen Vertretung bei der Internationalen Atomenergiebehörde zuzuspielen. Doch wieder hatte die CIA Pech: Den Agenten plagten Zweifel. Denn er erkannte, dass die Blaupause niemals funktionieren konnte. Sie war *gefaked*. Hätten die Iraner sie verwendet, wären ihre neuen Atomwaffen zu Rohrkrepierern geworden. Oder die CIA hätte Rückschlüsse auf ihren nuklearen Wissensstand ziehen können, sofern der Zünder tatsächlich mit Hilfe vernetzter Computer gebaut worden wäre. Allerdings war die Blaupause so offensichtlich *gefaked*, dass der Agent offenbar an seiner eigenen Mission zweifelte. Vielleicht hatte er Angst, enttarnt zu werden, oder auch Sorge, er könnte für seine nach US-Recht illegale Aktion juristisch belangt werden.

Was also machte der Mann? Jeder Thrillerautor würde die folgende Wendung verwerfen – zu weit hergeholt, unglaubwürdig, idiotisch. Der Einfachheit halber steckte er die Bauanleitung in den Briefkasten der iranischen Vertretung in Wien und ergänzte sie um einige hilfreiche Anmerkungen. Vor allem wies er darauf hin, dass sie Fehler enthalte – und bot seine Dienste an, die zu finden.

Der US-Enthüllungsjournalist James Risen hat die Operation Merlin, das bestgehütete Geheimnis der Clinton- wie auch der George W. Bush-Administration, bereits 2003 aufgedeckt,[17] ursprünglich im Auftrag der New York Times. Doch nach einer Intervention der Nationalen Sicherheitsberaterin Condoleezza Rice bei der Chefredaktion konnte sein Beitrag dort nicht erscheinen.[18] Der Vollständigkeit halber sei erwähnt, dass der etwas unglücklich agierende russische CIA-Agent 2003 einem weiteren Land mit Interesse an Nukleartechnologie die Bauanleitung für den Zünder TBA 480 anzudienen versuchte, mutmaßlich Nordkorea.

Feindbilder rechnen sich

Zwischen 2010 und 2015 hat Wikileaks knapp zweieinhalb Millionen diplomatische Depeschen und Dokumente des US State Department, des Außenministeriums, online gestellt. Die 2015 erschienenen «WikiLeaks Files» sortieren diese gewaltige Datenmenge und beleuchten amerikanische Politik nach Schlüsselländern. Unter anderem dokumentieren sie das Kräftefeld der Dreiecksbeziehung USA, Israel und Iran, die maßgeblich Washingtons Engagement im Nahen und Mittleren Osten bestimmt. Drei Schwerpunkte lassen die «Files» dort erkennen:

1.) Die USA sind entschlossen, Israels militärische Dominanz in der Region zu verteidigen. Der Fachausdruck für diese Dominanz lautet «qualitative military edge» (QME).

2.) Washington hat massiv Druck auf die Internationale Atomenergiebehörde IAEA in Wien ausgeübt, namentlich auf ihren langjährigen Direktor Mohammed El-Baradei, und eine diplomatische Lösung des Atomkonflikts mit dem Iran jahrelang verhindert.

3.) Die vermeintliche iranische Bedrohung lieferte der Rüstungsindustrie, dem Pentagon und dem politischen Establishment seit Clinton das Argument/den Vorwand, das Raketenabwehrprogramm der USA und vor allem auch dessen lukrativen Verkauf an verbündete Staaten voranzutreiben.[19]

Nach dem Fall der Berliner Mauer und dem Ende der sowjetischen Bedrohung bedurfte es neuer Feindbilder, um die massiven US-Ausgaben in den Bereichen Rüstung und Geheimdienste zu rechtfertigen. In den 1990er Jahren nutzte der militärisch-industrielle Komplex unter anderem die angeblich von zukünftigen iranischen Interkontinentalraketen ausgehende Gefahr, um die Clinton-Administration für ein raketengestütztes Abwehrsystem zu gewinnen. Unter George W. Bush und Obama diente diese neugefundene «Alarmstufe rot» als Rechtfertigung, um die amerikanische Raketenabwehr, die sich allerdings auch für Angriffszwecke einsetzen lässt, gleichermaßen an NATO-Verbündete und die arabischen Golfstaaten zu verkaufen. US-Verteidigungsminister Robert Gates räumte 2007 ein, dass es keinerlei Beweise für ein iranisches Programm zur Entwicklung von Interkontinentalraketen gebe. Doch plädierte er dafür, an den eigenen Raketen- und Rüstungsprogrammen festzuhalten, «bis ein konkreter Beweis für die iranische Bedrohung vorliegt».[20] Amerikanische Geheimdienstkreise gingen damals davon aus, der Iran könnte bis 2015 erfolgreich eine Interkontinentalrakete testen. Das ist nicht geschehen.

In einer Anhörung vor dem Kongress erklärte Admiral William Gortney, Kommandeur des US Northern Command und der Nordamerikanischen Luftverteidigung, im März 2015 der Iran werde «frühestens gegen Ende dieses Jahrzehnts» in der Lage sein, Interkontinentalraketen erfolgreich einzusetzen.[21] 2017 hat der Iran wiederholt Raketentests durchgeführt, die im September gezündete Mittelstreckenrakete hatte nach iranischen Angaben eine Reichweite von 2000 Kilometern. Militärexperten zufolge ist das iranische Raketenprogramm technisch bei weitem noch nicht ausgereift.[22] Im Kern lautet der Vorwurf der USA und Israels, Teheran könnte diese Raketen mit nuklearen Sprengsätzen versehen. Konkrete Hinweise auf entsprechende Pläne gibt es nicht, aber die Faktenlage ist auch nicht entscheidend. Der sicherste Weg, dergleichen zu verhindern, wäre schlicht und ergreifend, am Atomabkommen festzuhalten – ohne nukleare Sprengsätze auch keine Atomrakete.

Das Atomabkommen selbst nimmt keinen Bezug auf Raketen. Dennoch sahen Präsident Trump und die ihm zuarbeitenden Interessensgruppen hier einen Hebel, um es aufzukündigen oder Nachverhandlungen einzufordern, verstärkt seit den Raketentests 2017, mit denen Teheran gegen den «Geist des Abkommens» verstoßen habe. Das iranische Raketenprogramm, ob man es nun gutheißt oder nicht, verstößt gegen kein Völkerrecht und erscheint angesichts der (Kriegs-)Drohungen gegen Teheran auch nicht unbegründet. Ein politisch konstruktiver Umgang mit diesem Thema könnte beispielsweise darin bestehen, mit dem Iran zu verhandeln: Teheran stellt sein Raketenprogramm ein oder reduziert es und erhält im Gegenzug eine Sicherheitsgarantie der USA und Israels, nicht angegriffen zu werden. Doch eben hier liegt das eigentliche Problem: Es geht weniger um den rationalen Umgang mit einer vermeintlichen oder tatsächlichen iranischen Bedrohung, sondern um die Machtverteilung in der Region und die Eindämmung des «Schurkenstaats».

Im September 2009 billigte Obama ein überarbeitetes Raketenabwehrprogramm für Europa (European Phased Adaptive Approach). Mit dem Argument, einen möglichen iranischen Raketenangriff auf Europa abzuwehren, wurde in den Folgejahren an amerikanischen Abwehreinrichtungen in Rumänien und Polen gearbeitet, und es wurden seegestützte Abfangraketen auf AEGIS-Schiffen in der Ostsee und im Mittelmeer stationiert. Da Raketenabwehrsysteme nicht nach der Herkunft ihrer Ziele unterscheiden, fühlte sich Moskau provoziert: Man vermutet dort, das neue System wäre auch in der Lage, russische Zweitschlagkapazitäten nach einem Atomangriff deutlich zu reduzieren. Vor diesem Hintergrund hat die russische Führung im März 2018 eine neue Generation von Atomwaffen vorgestellt, darunter ballistische Raketen, die angeblich nicht abgefangen werden können. Alles hängt mit allem zusammen – auch wenn Zusammenhänge wie dieser selten hergestellt werden.

Niemand unterschätze zudem die wirtschaftliche Dimension von Raketendeals. Die Vereinigten Arabischen Emirate kauften im Dezember 2008 als erster Golfstaat 172 Patriot PAC-3 Raketen mit allem, was dazugehört, von der Abschussrampe über die Software bis hin zur technischen Einweisung und der Wartung. Die beiden beteiligten US-Rüstungsfirmen, Lockheed und Raytheon, erzielten mit dem Auftrag einen Umsatz von 5,1 Milliarden US-Dollar. Größter Einkäufer allerdings war erneut Saudi-Arabien, das im Oktober 2017 einen Rüstungsdeal über die allerneueste Raketenabwehrtechnologie, THAAD genannt (Terminal High-Altitude Area Defense), abschließen konnte. Mit ausdrücklicher Genehmigung, wie bei allen Hightech-Rüstungsexporten üblich, des US-Außenministeriums, und zwar in Höhe von 15 Milliarden US-Dollar.[23] 2011 bereits hatten die Emirate eine erste Lieferung von THAAD-Raketen erhalten, im Wert von 3,48 Milliarden US-Dollar.[24] Solche phantastischen Bilanzen sind ohne griffiges Feindbild und das entsprechende Bedrohungsszenario kaum zu erzielen.

Laut des schwedischen Rüstungskontrollinstituts SIPRI sind zwischen 2011 und 2015 fast zehn Prozent der amerikanischen Waffenexporte auf Saudi-Arabien entfallen. Dieses beträchtliche Volumen beleuchtet einmal mehr den «Urgrund» des amerikanisch-saudischen Verhältnisses. Alles andere wird dem untergeordnet, auch 9/11. Zwischen 2006 und 2010 sind die Rüstungsimporte Riads um 275 Prozent angestiegen.[25] Amerikanische Waffenschmieden hätten allen Anlass, Teheran mit Dankesschreiben zu überschütten. Die deutschen Waffenexporte nach Saudi-Arabien nehmen sich dagegen fast bescheiden aus: ihr Wert belief sich 2017 auf 254 Millionen Euro.[26] Der saudische Militäretat verdoppelte sich zwischen 2006 und 2015 laut SIPRI auf 90 Milliarden US-Dollar, um anschließend auf knapp 64 (2016) bzw. 70 Milliarden (2017) zu fallen – wobei in diesen Beträgen die saudischen Waffeneinkäufe in den USA nur teilweise enthalten sind. Dennoch verfügte Saudi-Arabien laut SIPRI 2017 über den drittgrößten Militäretat weltweit, hinter den USA und China. In diesem Zusammenhang ist auch ein Vergleich mit den Militärausgaben Irans sehr anschaulich. 2015 beliefen die sich auf knapp 11, 2016 auf rund 12 und 2017 auf etwa 14 Milliarden US-Dollar.[27]

Frieden ist möglich

Zu Beginn seiner Präsidentschaft versuchte Obama auf die israelische Regierung einzuwirken, ihre Siedlungsaktivitäten im besetzten Westjordanland (West Bank) einzufrieren. Das Thema Iran betrachtete er als nachrangig gegenüber dem israelisch-palästinensischen Konflikt. Sein Kalkül: Wenn Netanjahu hier einlenkt, verstärke ich im Gegenzug die Zwangsmaßnahmen gegenüber Teheran. Da hatte er allerdings die Rechnung ohne den Wirt gemacht. Mit Hilfe von AIPAC schaffte es Netanjahu im Frühjahr 2009, drei Viertel aller Kongressabgeordneten für die Unterzeichnung einer Petition zu gewinnen, die Obama ultimativ aufforderte, keinerlei politischen Druck auf Israel auszuüben. Ob Obama wollte oder nicht, er beugte sich dem Willen Netanjahus.[28] Das Thema Zweistaatenlösung ist seither in der amerikanischen Politik endgültig vom Tisch, jenseits von Rhetorik.

Netanjahu wollte den Krieg gegen den Iran, und wenn es nach ihm gegangen wäre, hätten die USA ihn im Sinne Israels geführt. Die Obama-Administration suchte um jeden Preis zu verhindern, dass Israel noch vor den Präsidentschaftswahlen im November 2012 den Iran angreift und somit Obamas Wiederwahl gefährdet. Im Gegenzug erhielt Israel hochmoderne US-Waffen, vielfach zum Nulltarif. Nicht zuletzt übernahmen die USA die Kosten für die Weiterentwicklung des israelischen Raketenabwehrsystems «Iron Dome».[29] In seiner zweiten Amtszeit zeigte sich Obama entschlossen, den Atomkonflikt mit dem Iran friedlich zu lösen, zumal der Wechsel im iranischen Präsidentenamt von Ahmadinedschad zu Rouhani die Chancen dafür erhöhte. Zu Recht fürchtete er, dass die Region einen weiteren Waffengang nach dem Desaster im Irak und dem Krieg in Syrien nicht verkraften würde. Noch eine Gewaltexplosion hätte zwangsläufig auch die Versorgung der Weltwirtschaft mit Erdöl und Erdgas gefährdet. Gleichzeitig signalisierte auch die israelische Militärführung der Regierung Netanjahu, dass ein Angriff auf den Iran für Israel verheerende Folgen haben könnte. Ohne den Kurswechsel Obamas, den er nur gegen erhebliche innenpolitische Widerstände durchsetzen konnte, hätte es 2015 das Atomabkommen zwischen der «5+1 Gruppe» auf der einen Seite (die fünf ständigen Mitglieder im Sicherheitsrat der Vereinten Nationen plus Deutschland) und dem Iran auf der anderen mit Sicherheit nicht gegeben. Übrigens war auch die Europäische Union direkt an den Verhandlungen beteiligt, vor allem in Person der jeweiligen EU-Außenbeauftragten, zuletzt der Italienerin Federica Mogherini.

Dessen ungeachtet gingen auch unter Obama die Planungen für einen möglichen Angriff auf den Iran zunächst weiter. Kurz bevor George W. Bush sein Präsidentenamt übergab, hatte er noch im Januar 2009 Gelder in Höhe von 300 Millionen US-Dollar bewilligt, für verdeckte Aktivitäten gegen den Iran. Dazu gehörte etwa die Entwicklung des Stuxnet-Computervirus, des bis dato raffiniertesten und bösartigsten Schadprogramms. Auf die Bush-Jahre geht auch der Plan für eine umfassende Cyberattacke auf den Iran zurück, der unter Obama bis zur Einsatzreife entwickelt wurde, unter dem Codenamen «Nitro Zeus». Damit sollen Irans Luftverteidigung, seine Kommunikationsinfrastruktur und die Stromversorgung ausgeschaltet werden – sei es als Vergeltungsmaßnahme oder zur Vorbereitung eines konventionellen Angriffs. Entsprechend infizierten US-Regierungshacker iranische Computersysteme mit Schadsoftware, die sich im Konfliktfall aktivieren lässt – mit unkalkulierbaren Risiken für die Zivilbevölkerung.[30] Inwieweit iranische Computerexperten dieses Problem unter Kontrolle haben, ist unbekannt.

Selbstverständlich sind solche Aktivitäten völkerrechtswidrig. Offenbar ist Cyber-Terrorismus aber akzeptabel, solange er von westlichen Regierungen oder Geheimdiensten betrieben wird. Für den Fall eines Cyber-Angriffs auf ihre eigene Infrastruktur drohen die USA dagegen mit Vergeltung bis hin zum Einsatz von Nuklearwaffen.[31]

House of Cards: Unterwegs mit Jared Kushner
Trumps Schwiegersohn verwechselt den Nahen Osten mit seiner Luxusimmobilie

Aus der Vogelperspektive stellt sich der Nahe und Mittlere Osten als Schlachtfeld dar, als beinahe durchgängiges *killing field*. Die Konflikte überlagern und kreuzen sich, längst machen sie an Ländergrenzen keinen Halt mehr, und sie werden immer undurchsichtiger. Dafür gibt es viele Ursachen, allen voran die Clan- und Stammesmentalität der Herrschenden, denen es in erster Linie darum geht, die eigene Macht mit allen Mitteln zu verteidigen. Und die Agenda des Regimewechsels, die Washington und seine Verbündeten seit 9/11 umgesetzt haben: in Afghanistan, im Irak, in Libyen. In Syrien ist der Versuch vorerst gescheitert, im Jemen tragen die USA durch ihre Waffenlieferungen an Saudi-Arabien und ihre militärische Kooperation maßgeblich zur Verheerung bei.

Das alles ist schlimm genug, allein mit Blick auf das Leid von Millionen Menschen, die sich inmitten von Tod, Verwüstung und Perspektivlosigkeit wiederfinden. Dennoch ist kein Ende von Terror und Gewalt in Sicht, im Gegenteil. In gewisser Weise durchlebt die Region gerade ihren Dreißigjährigen Krieg, und wir befinden uns gegenwärtig wohl erst im Jahr vier oder fünf. Die wachsenden Spannungen mit dem Iran tragen nicht dazu bei, die Lage zu beruhigen. Im Gegenteil, die Zeichen stehen erneut auf Sturm. Die Konfrontation mit Teheran prägt die außenpolitische Agenda Israels, der USA, Saudi-Arabiens und auch der

Vereinigten Arabischen Emirate. Das alles ist ernüchternd – nicht weniger als die Einsicht, dass Politiker und Meinungsmacher offenbar nicht willens oder fähig sind, aus vergangenen Fehlern zu lernen. Wo hat sich denn das Projekt Regimewechsel bewährt? Woher rührt der Irrglaube, die Zerstörung ganzer Länder erhöhe die Sicherheit anderswo? Wem nützt ein möglicher Waffengang gegen Teheran?

Seit Beginn der Präsidentschaft von Donald Trump hat sich die Lage in der Region zusätzlich verschärft. Das hat zum einen zu tun mit dem schlichten Weltbild des Präsidenten, der «gewöhnlich eine tiefe Verachtung für alles empfindet, was nicht auf eine überwältigende militärische Antwort hinausläuft».[1] Gleichzeitig überlagern sich im Nahen und Mittleren Osten zunehmend die Konfliktherde, vor allem Israel/Palästina mit dem Iran. Dieselben innenpolitischen Akteure in Washington, die ein Ende des Atomabkommens mit Teheran herbeizuführen wussten, haben maßgeblich die Anerkennung Jerusalems als Hauptstadt Israels vorangetrieben. AIPAC und andere pro-israelische Lobbygruppen sind seit Jahrzehnten ein wichtiger Machtfaktor in den USA. Noch nie aber waren sie so einflussreich wie unter Trump. Gleichzeitig hat der US-Präsident die saudische Führung ermutigt, alles zu unternehmen, was den Iran schwächen könnte. Eine Haltung, die Kronprinz Mohammed Bin Salman bei seinen politischen Abenteuern gegenüber Katar und dem Libanon beflügelt haben dürfte. Dass Trumps erste Auslandsreise als Präsident im Mai 2017 nach Saudi-Arabien führte, verwundert angesichts auch seiner persönlichen Geschäftsbeziehungen nicht und hatte einen weiteren Boom an saudischen Waffeneinkäufen zur Folge.

Wahlkämpfe in den USA sind die teuersten weltweit. Da es eine (teilweise) Parteienfinanzierung aus Steuergeldern wie etwa in Deutschland nicht gibt, sind Wahlkämpfer auf Spenden angewiesen. Hillary Clinton und ihr Team haben bis Ende 2016 1,4 Milliarden US-Dollar eingesammelt, Donald Trumps Lager fast eine Milliarde.[2] Es liegt auf der Hand, dass dieses System die Reichen und Mächtigen begünstigt – je höher die Spende, umso einflussreicher der Spender, sofern er auf den richtigen Kandidaten gesetzt hat. Der größte Einzelspender in der Geschichte der Republikanischen Partei ist der Immobilienmogul und Casino-Tycoon Sheldon Adelson. Im Mai 2016 erklärte Adelson, der laut Forbes über ein Vermögen von 37 Milliarden US-Dollar verfügt, dass er für Trumps Wahlkampf mehr als 100 Millionen US-Dollar spenden werde. Zur Begründung nannte er dessen Unterstützung für Israels Sicherheit, Ängste vor dem Iran und Trumps Erfahrung als CEO.[3] Am Ende wurde es wohl weniger, aber auch die größte Einzelspende zur Finanzierung der Feierlichkeiten zu Trumps Amtseinführung stammte von Adelson, fünf Millionen US-Dollar.[4]

Tacheles reden

Adelson ist nicht nur ein maßgeblicher Königsmacher in den USA, sondern auch in Israel. Da die israelischen Gesetze Wahlkampfspenden begrenzen, betätigt sich der enge Vertraute und Männerfreund Netanjahus dort als Verleger. 2007 gründete er die Tageszeitung Israel Hayom (Israel heute), ein Sprachrohr der Ultranationalisten und der Siedlerbewegung. Sie wird landesweit kostenlos vertrieben und ist das auflagenstärkste Blatt an Wochentagen. Dieses Engagement lässt sich Adelson angeblich Monat für Monat drei Millionen US-Dollar kosten. Ihre Ausrichtung beschreibt der Publizist Gershom Gorenberg so: «Israel ist umgeben von Feinden ... Friedensverhandlungen verfolgen das Ziel, Israel zu zerstören; die israelische Linke hat sich mit allen feindlichen Kräften verbündet und selbst diejenigen auf Seiten der Rechten, die nicht hinter Netanjahu stehen, wollen nichts weniger als einen Staatsstreich durchführen, mit Hilfe von Wahlen.»[5]

Auch in Sachen (Atom-)Verhandlungen mit dem Iran hat Adelson eine klare Meinung: «Da gibt es also eine Atombombe, die über die ballistischen Raketen hinwegfliegt und irgendwo in der Wüste landet, was niemandem wehtut. Außer vielleicht ein paar Klapperschlangen und Skorpionen. Und dann sagt man: ‹Seht ihr? Und die nächste Bombe landet in Teheran.› So redet man Tacheles.»[6]

Adelson und mit ihm weitere Großspender sowie pro-israelische Lobbygruppen sind in drei Punkten mehr oder weniger einer Meinung: Jerusalem ist die unteilbare, ewige Hauptstadt Israels. Dessen Grenzen verlaufen am Jordan, einen lebensfähigen palästinensischen Staat wird es nicht geben, bestenfalls einzelne, territorial nicht notwendigerweise miteinander verbundene kleine Kantone mit begrenzter Autonomie. Die übrigen Teile des Westjordanlandes, das biblische Judäa und Samaria, insbesondere die großen jüdischen Siedlungsblöcke, sind Israel anzugliedern, Völkerrecht hin oder her. Der Iran ist die größte Bedrohung des jüdischen Staates, der sich die USA und Israel gemeinsam zu stellen haben. Doch auch unter diesen Lobbygruppen kommt es gelegentlich zu Unstimmigkeiten: So lehnen Adelson und andere Hardliner im Gegensatz zu AIPAC selbst Lippenbekenntnisse zur Zweistaatenlösung ab.[7]

Ein beherrschendes innenpolitisches Thema nach dem Wahlsieg Trumps war monatelang der vor allem von Seiten der Demokraten erhobene Vorwurf, Trumps Wahlkampfteam habe während des Wahlkampfes illegale Kontakte zu Vertretern Russlands unterhalten. Um Licht ins Dunkel zu bringen, wurde eigens ein Sonderermittler berufen, der langjährige, vormalige FBI-Direktor Robert Mueller. Dessen Ermittlungen haben tatsächlich interessante Querverbindungen aufgezeigt.

Unterwegs mit Jared Kushner

Im Dezember 2016 hat der Sicherheitsrat der Vereinten Nationen die Resolution 2334 verabschiedet. Darin wird die israelische Siedlungspolitik in Ost-Jerusalem und im Westjordanland verurteilt. Konkret hält die Resolution fest, dass die Siedlungen sämtlich illegal seien. Die ständige Ausdehnung der Siedlungsaktivitäten sei «eine flagrante Verletzung internationalen Rechts» und gefährde «auf dramatische Weise die Lebensfähigkeit eines palästinensischen Staates». Die scheidende Regierung Obama hatte klargestellt, dass sie bei der Abstimmung über diese Resolution nicht ihr Veto einlegen, sondern sich der Stimme enthalten werde. Dementsprechend wurde sie mit 14 Ja-Stimmen bei Enthaltung Washingtons angenommen.

Um genau das zu verhindern, kam Jared Kushner ins Spiel, Trumps Schwiegersohn und «Senior Advisor» vor allem für den Nahen und Mittleren Osten (aber auch, mit weniger fatalen Folgen, für Mexiko, Kanada und China). Israelische Regierungsvertreter hatten zuvor mit Trumps Übergangsteam Kontakt aufgenommen – mit der Bitte, auf befreundete Staaten Druck auszuüben und die Resolution noch vor der Abstimmung zu Fall zu bringen. Kushner soll daraufhin den kurzzeitigen Nationalen Sicherheitsberater Trumps, Michael Flynn, angewiesen haben, eben dieses zu tun. Unter anderem kontaktierte der am Vorabend der Abstimmung, am 22. Dezember 2016, den russischen Botschafter bei den Vereinten Nationen und forderte ihn auf, gegen die Resolution zu stimmen. Das Übergangsteam des gewählten, aber noch nicht im Amt befindlichen Präsidenten Trump hat sich folglich auch im Dienst der israelischen Regierung nach Moskau orientiert.[8] Russische Einmischung in amerikanische Politik? Oder, in diesem Fall, doch eher eine israelische? Der Skandal blieb aus. Wer diesen Zusammenhang kennt, wundert sich auch nicht über das, was folgte.

Unterwegs mit Jared Kushner

Der Vollständigkeit halber sei erwähnt, dass Flynn in der Woche darauf noch ein weiteres Gespräch mit dem russischen Botschafter geführt hat, um Moskaus Reaktionen auf die neuesten US-Sanktionen gegen Russland zu ergründen. Mueller gegenüber hat er beide Gespräche bestritten. Daraufhin wurde er wegen Meineids sowie gemäß des «Logan Acts» angeklagt und musste als Sicherheitsberater zurücktreten. Der «Logan Act» aus dem Jahr 1799 untersagt amerikanischen Privatleuten, ohne ausdrückliche Genehmigung der Regierung politische Verhandlungen mit ausländischen Regierungen oder Beamten in Bezug auf Konflikte mit den Vereinigten Staaten zu führen oder deren Maßnahmen entgegenzuwirken. Selbstverständlich wäre auch Kushner unter Maßgabe dieses Gesetzes anzuklagen gewesen, was aber, vermutlich aus übergeordneten Gründen, nicht geschehen ist. Ein schönes Beispiel für die Unabhängigkeit der Justiz in einem Rechtsstaat.

Der 37-jährige Kushner, dessen Familie väterlicherseits ein Vermögen mit Immobilien verdient hat, steht der israelischen Siedlungsbewegung nahe und ist ein enger Vertrauter Netanjahus, wie auch Kushners Vater. Trump über seinen Schwiegersohn: «Henry Kissinger sagt, Jared wird der neue Henry Kissinger werden.»[9] Innerhalb des Weißen Hauses hielt sich die Begeisterung über ihn dagegen in Grenzen, wie es scheint: Kushner sei in erster Linie «ein mit Macht und Befugnissen ausgestattetes Kleinkind, das von nichts Ahnung hat».[10] Jedenfalls ist dessen Strategie in Sachen Nahost denkbar simpel: Israel und Saudi-Arabien wider den Iran zusammenführen, das leidige Problem Palästina mit Hilfe Riads im Sinne Israels lösen – und vor allem seinen Schwiegervater anhalten, Jerusalem als Hauptstadt Israels anzuerkennen.

Legal, illegal – uns doch egal

Kurz vor eben dieser Anerkennung, im Dezember 2017, hatte Kushner einen seiner seltenen öffentlichen Auftritte, im Saban Forum in Washington. Dabei handelt es sich um die Nahost-Abteilung innerhalb der Denkfabrik Brookings, die den Demokraten nahesteht. Zunächst dankte ihm Haim Saban, israelisch-amerikanischer Multimilliardär, Sponsor und Namensgeber, dass er versucht habe, besagte UN-Resolution zu Fall zu bringen.[11] Anschließend erläuterte Kushner, wie er und sein Team monatelang mit Arabern, Palästinensern und Israelis an einer Friedenslösung gearbeitet hätten. Selbstironisch hielt er fest, dass drei der vier Team-Mitglieder orthodoxe Juden seien, die Karriere im Bereich Immobilienentwicklung und Insolvenzrecht gemacht hätten. Er selbst, ferner Jason Greenblatt, ein langjähriger Anwalt Trumps, wie auch David Friedman, nunmehr Botschafter der USA in Israel. Die vierte im Team: Dina Powell, ihrer Herkunft nach ägyptische Koptin und Sicherheitsexpertin.[12] Mit anderen Worten: kein Palästinenser, kein Muslim mit an Bord.

Wie die von Kushner und seinem Team ausgearbeitete Friedenslösung aussehen könnte, verriet der Schwiegersohn nicht. In welche Richtung die Reise geht, ist dennoch klar. So bescheinigte etwa US-Botschafter Friedman liberalen jüdisch-amerikanischen Verbänden wie J Street, die sich für einen palästinensischen Staat an der Seite Israels einsetzen, sie seien «schlimmer als Kapos».[13] (Kapos waren KZ-Häftlinge, die von der SS zur Überwachung ihrer Mitgefangenen eingesetzt wurden.) Friedman ist bestens mit der ultrarechten israelischen Siedlerpartei HaBayit HaYehudi (Das Jüdische Haus) vernetzt, dessen Vorsitzender, Bildungsminister Naftali Bennett, als künftiger Premier gehandelt wird.

Kaum jemand bezweifelt, dass Kushner Trumps Anerkennung Jerusalems als Hauptstadt Israels maßgeblich beflügelt hat. Da bei den bisherigen Friedensverhandlungen zumindest auf rhetorischer Ebene Ost-Jerusalem als Hauptstadt eines künftigen palästinensischen Staates galt, bedeutet diese Anerkennung de facto den endgültigen Todesstoß für die Zweistaatenlösung. Ganz unabhängig davon, dass sie Israels völkerrechtswidrige Annexion Ost-Jerusalems 1980 im Nachhinein für legitim erklärt.[14] Der Teilungsplan der Vereinten Nationen für Palästina von 1947 sah vor, Jerusalem unter internationale Aufsicht zu stellen. Nach Israels Sieg im ersten israelisch-arabischen Krieg 1948 erklärte der jüdische Staat (West-)Jerusalem zu seiner Hauptstadt. Im Sechstagekrieg 1967 eroberte Israel Ost-Jerusalem, das Westjordanland, den Gazastreifen und die syrischen Golanhöhen. Um sich von Israels allumfassenden Ansprüchen auf Jerusalem zu distanzieren, befinden sich die Botschaften fast aller Staaten seit der Proklamation Israels in Tel Aviv, nicht in Jerusalem. Zwar hatte der US-Kongress bereits im Oktober 1995 den «Jerusalem Embassy Act» verabschiedet, demzufolge Washington Jerusalem als Hauptstadt Israels anerkennt. Mit dem Argument, es fehle an Geld für den Umzug der US-Botschaft, wurde der jedoch seither von jeder US-Regierung alle halbe Jahr um weitere sechs Monate verschoben. Selbst George W. Bush hatte erkannt, dass die Verlegung für die gesamte Region fatale Folgen haben könnte.

Trump waren solche Erwägungen egal. Er löste mit seiner Anerkennung ein Wahlversprechen gegenüber AIPAC und seinen Großspendern ein, namentlich Sheldon Adelson.[15] (Formal geht es dabei nicht um die «Anerkennung», auch wenn das die offizielle Sprachregelung ist – vielmehr um den Vollzug des Umzugs. Die Anerkennung selbst erfolgte ja bereits 1995.) Gleichzeitig empfahl er sich damit den Evangelikalen, den christlichen Fundamentalisten, einer

Stammwählergruppe der Republikaner, die eng mit den pro-israelischen Lobby-Gruppen verflochten ist und über Trumps Vize Mike Pence ihren Einfluss im Weißen Haus geltend macht. Hieß es ursprünglich, die Verlegung der US-Botschaft werde noch Jahre in Anspruch nehmen, ging plötzlich alles sehr schnell: Im Februar 2018 verlautete, sie werde bereits im Mai erfolgen, zum siebzigsten Jahrestag der Staatsgründung Israels. Dazu wurde das US-Konsulatsgebäude in Ost-Jerusalem provisorisch umgewidmet zur US-Botschaft. Motor dieses beschleunigten Umzugs war offenbar der hochbetagte Sheldon Adelson, der noch zu Lebzeiten seinen Traum verwirklicht sehen wollte. Gleichzeitig bot er an, die Kosten für den Bau der geplanten neuen Botschaft, 500 Millionen US-Dollar, vollständig zu übernehmen.[16]

Von bad guys und good guys

Nicht nur Israel profitierte von Trump – Saudi-Arabien nicht minder. Der Shootingstar saudischer Politik, Kronprinz Mohammed Bin Salman (MBS, wie man ihn im angelsächsischen Sprachraum gerne nennt – das Kürzel hat auch den Vorteil, den ungeliebten Faktor Islam in den Hintergrund zu rücken) hatte richtig erkannt, dass es unter Trump nicht darauf ankommt, den Dienstweg einzuhalten und seine Zeit mit dem macht- und farblosen Außenminister Rex Tillerson zu verschwenden. Kaum war Trump gewählt, suchte MBS die Nähe zu Jared Kushner: Die eine Familiendynastie geht auf die andere zu. Und sie sind einander alles andere als unähnlich. So eint sie etwa der Hang zu einfachen Weltbildern. MBS hat Saudi-Arabien nie für längere Zeit verlassen, auch nicht im Ausland studiert. Er besitzt lediglich einen Bachelor-Abschluss der König-Saud-Universität in Jura. (Ausgestellt vom eigenen Familienbetrieb, mit anderen Worten.) Auch der Trump-Clan gilt nicht als bildungsaffin, über Auslandserfahrung verfügen weder Präsident noch Schwiegersohn. Trumps Haltung zum Nahen und Mittleren Osten beschreibt der US-Publizist Michael Wolff in seinem vielbeachteten Buch «Fire and Fury» über das erste Amtsjahr des Präsidenten so: «Der Iran ist der *bad guy*. Folglich ist jeder, der gegen den Iran ist, der *good guy*.»[17] Alles andere, auch seine Haltung gegenüber Israel, sei purer Opportunismus.

Ebenfalls laut Wolff stimmte die Chemie zwischen MBS und Kushner auf Anhieb. «Das war so, als würde man am ersten Tag im Internat jemanden Nettes kennenlernen», zitiert der Autor einen Freund Kushners.[18] Kushners Doppel mit MBS ist nicht zu verstehen ohne die geschäftlichen Ambitionen des Schwiegersohns. War die Bush-Dynastie immerhin noch bemüht, ihre wirtschaftlichen Aktivitäten diskret zu entfalten und den Anschein zu erwecken, ihre Interessen seien identisch mit denen der USA, halten sich Trump und Kushner mit Förmlichkeiten nicht weiter auf. Sie symbolisieren den vulgär-clownesken Höhepunkt eines entfesselten Finanzmarktkapitalismus, in dem die Vetternwirtschaft keiner Maske mehr bedarf. Sie ist sich selbst genüge: *the winner takes it all*. Es wäre ein Irrtum, Trump für einen Betriebsunfall der Demokratie zu halten. Vielmehr verkörpert er den Sieg der Kasinoökonomie über die Politik, verwandelt er den Staat in eine Aktionärsversammlung, in der Geld gleichbedeutend ist mit Macht. Ein oder mehrere Großspender wollen Jerusalem als Hauptstadt Israels? Kein Problem, sofern der Preis stimmt.

Und wenn diese Logik sich fortsetzt? Die Hauptaktionäre nach Krieg verlangen? Gegen den Iran? Gegen Russland?

Jared Kushners einzige Qualifikation besteht darin, Trumps Tochter Ivanka geheiratet zu haben, ihrerseits Unternehmerin.[19] Umso bemerkenswerter, dass er in dessen erstem Amtsjahr federführend US-Politik im Nahen und Mittleren Osten gestalten konnte. Abgestimmt hat er sich dabei mit keinem Verfassungsorgan, am allerwenigsten mit dem Außenministerium. Unterm Strich besehen haben seine und Trumps Ignoranz maßgeblich dazu beigetragen, die Region noch weiter zu destabilisieren. Das ist die Kehrseite einer Politik, in der Hochfinanz und windige Hasardeure ungestört am großen Rad drehen.

Immobilien sind das Kerngeschäft von Kushner Companies, dem Familienimperium, das Jareds Vater Charles 1985 gründete und als Chairman leitet. Die Verurteilung des Vaters zu zwei Jahren Gefängnis wegen Steuerhinterziehung und Zeugenbeeinflussung 2005 tat dessen Karriere keinen Abbruch. Wie es scheint, hat sich Jared Kushner 2007 verzockt. Er kaufte die Luxusimmobilie 666 Fifth Avenue in Manhattan für den Rekordpreis von 1,8 Milliarden US-Dollar. Die Luxusimmobilienpreise sind jedoch seit der Finanzkrise 2008 deutlich gefallen, selbst bei vollständiger Vermietung würden die Einnahmen lediglich zwei Drittel der laufenden Zahlungsverpflichtungen decken. 2015 und 2016 haben Jared und sein Vater Charles monatelang mit einem Großinvestor aus Katar verhandelt, Sheikh Hamad Bin Jassim Al Thani, vormals Ministerpräsident, einst Chef des 250 Milliarden US-Dollar schweren katarischen Staatsfonds Qatar Investment Authority. Sheikh Hamad war bereit, Jared Kushner 500 Millionen US-Dollar zwecks Refinanzierung zur Verfügung zu stellen, sofern sich Mitinvestoren fänden – woraufhin der Schwiegersohn in China auf Investorensuche ging. Insgesamt benötigte er Kredite über 7,5 Milliarden US-Dollar – die Luxusimmobilie sollte mit Hilfe der Stararchitektin Zaha Hadid ein neues Wahrzeichen New Yorks werden. Der Deal kam nicht zustande. Sheikh Hamad aber signalisierte, er stünde bei soliderer Finanzierung wieder zur Verfügung.

Und hier nun wird das Private politisch, denn unmittelbar nach Trumps Besuch in Saudi-Arabien im Mai 2017 inszenierten die Saudis mit dessen Rückendeckung eine Boykottkampagne gegen Katar, wie wir noch sehen werden. In den Worten der Autoren von The Intercept, jener Enthüllungsplattform, die Kushners Katar- und China-Kontakte aufgedeckt hat: «Wenn also dieser Deal nicht vom Tisch ist, dann folgt daraus, dass Jared Kushner einerseits die Macht amerikanischer Diplomatie einsetzt, eine kleine Nation massiv unter Druck zu setzen, während seine Firma andererseits hofft, von dort eine beträchtliche Kapitalaufstockung für eine Fehlinvestition zu erhalten. Kommt der Deal nicht zustande, ließe sich dieser Druck auf Katar als Einschüchterung anderer Investoren bewerten, die sich auf Geschäfte mit Kushners Firmenfamilie eingelassen haben.»[20] Soweit der Stand im Juli 2017. Seither sind weitere, viel schwerwiegendere Details ans Licht gekommen, die für Trumps Präsidentschaft noch hochgefährlich werden könnten – Fortsetzung folgt.

Warum Trump die Saudis so sehr mag

Kushner fehlte offenbar jedes Gespür für die Grenzen eigener Selbsterhöhung. Politische Kontakte waren ihm, so scheint es, in erster Line ein Mittel zum Zweck: um Investoren für Kushner Companies zu finden. Keineswegs ohne Erfolg: Eine israelische Versicherungsgesellschaft investierte 30 Millionen US-Dollar[21], und erfreulicherweise haben sich dazu auch mehrere US-Unternehmen bereiterklärt, nach zielführenden Gesprächen im Weißen Haus.[22] Insoweit solche Informationen an die Öffentlichkeit gelangt sind, handelt es sich lediglich um die Spitze des Eisbergs. Vieles ist noch unbekannt, so etwa das saudische Engagement in

Unterwegs mit Jared Kushner

Kushners Firmen oder jenes der Vereinigten Arabischen Emirate. Erwiesen ist, dass Kushners gute Beziehungen zu MBS den saudischen Großeinkauf amerikanischer Rüstungsgüter anlässlich des Besuches von Trump in Riad maßgeblich beflügelt haben.[23] Anzunehmen, Kushner hätte daraus keinen Nutzen gezogen, wäre sehr gutgläubig. Warum auch sollte er es seinem Schwiegervater nicht gleichtun? Trump jedenfalls betreibt acht Unternehmungen in Saudi-Arabien, die Luxusimmobilien entwickeln.[24] Im August 2016 erklärte er vor Anhängern in Alabama: «Saudi-Arabien, ich verstehe mich mit allen von denen. Sie kaufen Apartments von mir. Sie geben 40 Millionen Dollar aus, 50 Millionen. Warum sollte ich sie nicht mögen? Ich mag sie sehr gerne.»[25]

Im Februar 2018 wurde der Zugang Kushners zu Geheimdienstinformationen vorübergehend herabgestuft. Auf Dokumente mit dem Vermerk Top Secret hatte er monatelang keinen Zugriff mehr. Eine Entscheidung, die vermutlich im Zusammenhang mit der Arbeit von Sonderermittler Robert Mueller stand. Neben Kushners Versuch, die Abstimmung über israelische Siedlungspolitik in den Vereinten Nationen zu Fall zu bringen, unter Zuhilfenahme des russischen Botschafters, haben auch die allzu engen Kontakte von Trump und Kushner zu einem einflussreichen Lobbyisten der Vereinigten Arabischen Emirate den Anfang vom Ende der politischen Karriere Kushners eingeleitet. Ebenso die Kumpanei mit Mohammed Bin Salman, doch der Reihe nach.

Der New York Times zufolge hat ein Großspender Trumps, Elliott Broidy, den Präsidenten davon überzeugt, sich mit dem De-facto-Herrscher der Emirate, Kronprinz Mohammed Bin Zayed Al Nahyan, zu treffen. Broidy betreibt eine Firma, die Militärdienstleistungen anbietet und mit den Emiraten Verträge im Wert von mehreren hundert Millionen US-Dollar abgeschlossen hat, für die Ausbildung einer paramilitärischen Truppe. Der Kronprinz aus Abu Dhabi, gleichzeitig Verteidigungsminister, ist ein enger Freund und Vertrauter des saudischen Kronprinzen. Das Treffen fand im Herbst 2017 statt. Trump versicherte seinem Gesprächspartner bei der Gelegenheit, dass er weiterhin den saudischen Kronprinzen uneingeschränkt unterstütze, ebenso die von Saudi-Arabien und den Vereinigten Arabischen Emiraten angeführte Blockade Katars. Einig waren sich die Herren auch, den Konfrontationskurs gegenüber Teheran beizubehalten. Weiterhin empfahl Broidy, Außenminister Tillerson zu feuern, der die Blockade Katars für falsch hielt – immerhin befindet sich dort eine der größten US-Militärbasen weltweit, von wo aus alle amerikanischen Militäreinsätze im Nahen und Mittleren Osten koordiniert werden, darunter auch der Kampf gegen den «Islamischen Staat». Laut Sonderermittler Mueller besteht darüber hinaus der Verdacht, die Emiratis könnten bereits über Wahlkampfspenden Einfluss auf die Nah- und Mittelostpolitik Trumps und Kushners genommen haben.[26]

Was die Welt zusammenhält

Vor diesem Hintergrund lässt sich auch das Engagement Yousef al-Otaibas besser einordnen, des emiratischen Botschafters in Washington. Er gehörte zu den Ersten, die Kushners Faible für die Vermischung von Politik und Geschäft für eigene Zwecke zu nutzen verstanden. Kushner hat sich, nicht anders als auch golfarabische Herrscher, mit einem kleinen Kreis von Vertrauten umgeben, auf deren Rat er hört. Al-Otaiba, der als cleverer und bisweilen aalglatter Netzwerker gilt, fand seinen Weg zum Schwiegersohn mit Hilfe von Tom Barrack, einem engen Freund Trumps und seinerseits, wer hätte es gedacht, ein milliardenschwerer

Immobilienspekulant und Finanzjongleur. Die Politik der Herrscher in Abu Dhabi, der Hauptstadt der Vereinigten Arabischen Emirate, und jener in Riad ähneln sich wie ein Ei dem anderen. Das erklärt, warum al-Otaiba Trumps Reise nach Saudi-Arabien vorzubereiten half, auf Wunsch von MBS. Al-Otaiba ist in Washington das, was früher der saudische Botschafter Prinz Bandar war: der entscheidende Mann hinter den Kulissen. Die Chemie zwischen Kushner und al-Otaiba stimmt offenbar, angeblich telefonieren sie täglich miteinander: «Wir reden über das große Ganze», so al-Otaiba. «Über die größeren Zusammenhänge, die den Nahen und Mittleren Osten betreffen.»[27]

Dabei ist es sicher kein Nachteil, dass sich al-Otaiba ebenso wie Kushner glänzend mit Israels Botschafter in Washington versteht, Ron Dermer. Offiziell unterhalten Israel und die Vereinigten Arabischen Emirate keine diplomatischen Beziehungen, indirekt schon. 2015 eröffnete Tel Aviv eine Vertretung in Abu Dhabi, und zwar bei der dort ansässigen Internationalen Agentur für Erneuerbare Energien. Aus 2017 gehackten E-Mails von al-Otaiba geht hervor, dass die Emirate und die pro-israelische, neokonservative Denkfabrik Foundation for Defence of Democracies (FDD) mit Sitz in Washington eng zusammenarbeiten. Beide Seiten eint das gemeinsame Feindbild Iran. CEO der FDD ist Mark Dubowitz, ein ausgewiesener Hardliner in Sachen Iran, die Nummer zwei John Hannah, vormals stellvertretender Nationaler Sicherheitsberater unter Dick Cheney. Aus den E-Mails zwischen den beiden und al-Otaiba geht hervor, wie sie gemeinsam überlegen, Teheran politisch zu isolieren und wirtschaftlich unter Druck zu setzen. Insbesondere sollen Firmen ins Visier genommen werden, die mit dem Iran Geschäfte machen, darunter Airbus und die russische Lukoil. Aber auch militärische und geheimdienstliche Maßnahmen werden erörtert, inklusive Cyberangriffe. Die FDD hat großen Einfluss auf die Trump-Administration – allein deswegen, weil sie von keinem Geringeren als Sheldon Adelson maßgeblich finanziert wird. Auch diese Enthüllungen verdanken sich der Internet-Plattform The Intercept.[28]

Bei der Lektüre werden vermutlich nicht wenige denken: Das kann doch alles gar nicht sein. Der Autor übertreibt, das ist unmöglich. Leider nein, hier geht es darum, was die Welt *tatsächlich* in ihrem Innersten zusammenhält, jenseits der Sprechblasen von Demokratie und Menschenrechten. Um das, was in den Hinterzimmern der Macht ausgehandelt wird. Um die Hardware.

Die Konfrontation mit dem Iran hat eine Vorgeschichte, bei der es um weitaus mehr geht als das Atomprogramm oder ballistische Raketen. Beide Streitpunkte sind vor allem dramaturgische Vehikel, die (nicht nur) unter Trump ein ganz anderes Ziel zu erreichen suchen: Regimewechsel im Iran. Dabei sind dieselben politischen Kräfte, die in den USA und Israel den Umzug der US-Botschaft von Tel Aviv nach Jerusalem eingefädelt haben, gleichzeitig auch die Urheber des Konfrontationskurses mit Teheran. 2017 dürfte als Schlüsseljahr in die Geschichte eingehen: In diesem Jahr ist die Saudi-Connection erstmals offen und offensiv in Erscheinung getreten. Riad und Abu Dhabi kommt dabei die Aufgabe zu, die Auseinandersetzung mit dem Iran verstärkt auf arabischer Ebene zu suchen. Gleichzeitig erschwert die zunehmende Personalisierung amerikanischer Politik, sinnbildlich verkörpert durch die familiären Bande zwischen Trump und Kushner, ihre Versachlichung und somit jede Deeskalation. Die verfassungsgemäße Gewaltenteilung erscheint aufgehoben durch Großspender, die rücksichtslos ihre eigenen Interessen durchsetzen. Dem Showdown mit dem Iran steht somit nichts mehr im Wege.

House of Cards, Staffel zwei: Unterwegs mit Mohammed Bin Salman
Der saudische Kronprinz und wie er die Welt sieht

Mohammed Bin Salman hatte bauernschlau erkannt, dass es in Washington nur auf zwei Spielmacher ankommt, was den Nahen und Mittleren Osten betrifft: Trump und Kushner. Entsprechend bereitete der Kronprinz dem Präsidenten und seiner Entourage einen triumphalen Empfang während ihres zweitägigen Besuches in Riad im Mai 2017. Vertreter aus fünfzig arabischen und muslimischen Staaten waren vom großen Geldgeber aus diesem Anlass eher einbestellt als eingeladen worden. Pomp und Gloria hatte MBS versprochen, und so kam es auch. Gleich nach Trumps Ankunft wurden Verträge über Rüstungseinkäufe in den USA im Wert von 110 Milliarden US-Dollar unterzeichnet, verbunden mit Absichtserklärungen über weitere Einkäufe von insgesamt 350 Milliarden US-Dollar im Verlauf von zehn Jahren:[1] das wohl größte Waffengeschäft in der Geschichte der Menschheit, wenn es in dieser Größenordnung tatsächlich zustande kommt.[2]

Trump revanchierte sich mit einer Rede, in der er nicht ein einziges kritisches Wort über den Wahhabismus und seine ideologische Nähe zu Dschihadismus und islamistischem Terror verlor. Ebenso schwieg er zu den Verbindungen zwischen Saudi-Arabien und Al-Qaida. Stattdessen warb er für Riads Initiative einer gemeinsamen (amerikanisch-sunnitischen) Anti-Terror-Allianz. Denn es gäbe da, so Trump, ein Regime, «das für so viel Instabilität in der

Region verantwortlich ist», «das seit Jahrzehnten konfessionelle Konflikte schürt und den Terror anheizt», «das offen von Massenmord spricht, Israel zerstören will, Amerika den Tod wünscht». «Ich rede natürlich vom Iran.»[3] Als ob es dieser Klarstellung bedurft hätte. Erstaunlich ist eher, dass Trump nicht Teheran für 9/11 verantwortlich gemacht hat.

Diese Geschichtsklitterung ist gefährlich, weil sie der saudischen Führung einen Freibrief erteilt hat, ihren pathologischen Hass auf die Schiiten zur politischen Waffe zu schmieden. Leichtfertig hat sich Trump vor den Karren sunnitischer Extremisten spannen lassen – und mit ihm die USA. Die wahhabitische Paranoia trifft sich eins zu eins mit dem schlichten Weltbild des Präsidenten und seiner Milliardärsfreunde. So erfreulich das aus Sicht der Rüstungsindustrie auch sein mag – Tatsache ist, dass seit 9/11 «nahezu jeder Terrorangriff im Westen auf die eine oder andere Weise mit Saudi-Arabien in Verbindung steht, kaum einer mit dem Iran», so die Worte eines der einflussreichsten US-Publizisten, Fareed Zakaria.[4] Ganz unabhängig davon, dass Washington und Teheran gemeinsam, wenn auch ohne Absprachen, den «Islamischen Staat» im Irak und in Syrien bekämpft haben.

Anti-iranische und anti-schiitische Paranoia ist in Saudi-Arabien ganz offenkundig Staatsräson, wie auch Wikileaks-Enthüllungen von 2015 nahelegen. Damals wurden eine halbe Million Dokumente aus dem saudischen Außenministerium veröffentlicht, die sogenannten Saudi Cables. Aus ihnen geht, unter anderem, hervor, dass Riad jahrzehntelang mit Milliardenbeträgen wahhabitische Missionierungskampagnen weltweit betrieben hat. Das war durchaus bekannt, ist nunmehr aber auch umfassend belegt. Eine vorrangige Aufgabe dieser Machtpolitik via Wahhabi-Export: den als Hauptfeind wahrgenommenen schiitischen Iran wo immer möglich zu unterminieren. So hat das saudische Außenministerium seine Diplomaten angewiesen, iranische Aktivitäten minutiös zu beobachten und darüber Bericht zu erstatten. Das Außen-, das Innen- und das Religionsministerium, die Geheimdienste sowie der König koordinieren sich seit der iranischen Revolution, um gegen Teheran vorzugehen.

Des Weiteren erschließt sich, dass die saudische Führung konfessionelle Spannungen in fast allen Teilen der islamischen Welt anheizt, darunter Irak, Syrien, Jemen, Afghanistan, Pakistan. Selbst dort, wo es kaum Schiiten gibt, etwa auf den Philippinen oder in Thailand, ist Riad bemüht, «den iranischen Einfluss zu begrenzen». Darüber hinaus verfolgt die saudische Führung eine aggressive Medienpolitik, die sich vor allem gegen arabische Medienhäuser und Publizisten richtet, die nicht auf Riads Linie liegen. Jahrelang stand vor allem der iranisch finanzierte TV-Sender Al-Alam in Beirut im Visier, dessen Schließung die Saudis vergeblich zu erreichen suchten.[5] Heute erregt allen voran der in Katar ansässige Sender Al-Jazeera ihren Zorn.

Nach Veröffentlichung der Wikileaks-Dokumente stellte Riad deren Verbreitung in Saudi-Arabien unter Strafe. Im Vorfeld von Trumps Besuch machte Mohammed Bin Salman im saudischen Fernsehen deutlich, was ihn umtreibt. Einen Dialog mit dem Iran könne es angesichts der dort gehegten Ambitionen, «die islamische Welt zu kontrollieren», nicht geben. Teherans Streben nach Vorherrschaft sei in der schiitischen Lehre selbst angelegt: «Der Iran glaubt, der Mahdi könne erst erscheinen, wenn er (der Iran, ML) zuvor den Boden dafür bereitet habe – damit er anschließend (nach dem Erscheinen des Mahdi, ML) die islamische Welt beherrschen kann», so MBS. Um den Gedanken etwas klarer zu fassen: Der Mahdi, der schiitische Jesus, erscheint erst, wenn er wohlgefällig erkennt: Der Iran ist auf gutem Weg in Sachen Vorherrschaft. Der Kronprinz deutet mithin

Heilsgeschichte um in Herrschaftsideologie und würzt sie zusätzlich mit Verschwörungstheorie. Entsprechend ist auch ein friedliches Zusammenleben mit den scheußlichen Schiiten nicht möglich: «Wie kann ich mich mit jemandem oder einem Regime verständigen, dessen Glaubenskern auf einer extremistischen Ideologie beruht? Wie kann ich mich mit so etwas abfinden?» Eine solche Aussage, aus dem Mund dieses wahhabitischen Impresarios – das grenzt an Realsatire. Und weiter: «Wir wissen, dass wir das Hauptziel Irans sind. Wir warten nicht, bis es in Saudi-Arabien zur Schlacht kommt. Wir werden alles dafür tun, damit die Schlacht im Iran stattfindet, nicht in Saudi-Arabien.»[6]

Die Ameise und der Adler

Im März 2018 legte MBS nach und erklärte, ein Krieg gegen den Iran «könnte in 10 bis 15 Jahren erfolgen». Darauf reagierte ein Sprecher des iranischen Außenministeriums mit den Worten, der Kronprinz solle «besser nicht mit dem Tod um die Wette würfeln». Und weiter: «Dieser wahnhafte Novize, der zu große Schuhe trägt, weiß entweder nicht, was Krieg bedeutet oder er hat keine Ahnung von Geschichte. Vielleicht hat er sich auch nie mit einer verehrungswürdigen Person ausgetauscht.» Das sind, unter Berücksichtigung der rhetorischen Finessen im Arabischen wie auch im Persischen, persönliche Angriffe auf höchstem Niveau. Aber damit war der Sprecher, Bahram Qassemi, noch nicht am Ende. Den Vers eines persischen Gedichts aus dem 13. Jahrhundert zitierend sagte er: «Die Ameise, die einen Adler niederzuringen versucht, beschleunigt ihr eigenes Ende.»[7]

Die Waffen für den entscheidenden Kampf hat der königliche Vordenker jedenfalls schon eingekauft. Bislang entlädt sich die Konfrontation zwischen Saudi-Arabien und dem Iran vor allem in Stellvertreterkriegen, dazu später mehr. Ganz offenkundig haben sich Washington und Riad darauf verständigt, den Vielvölkerstaat Iran auch mit Hilfe seiner ethnischen Minderheiten zu destabilisieren. Betroffen sind vor allem Belutschistan an der Grenze zu Pakistan, die iranischen Kurdengebiete, die ölreiche Provinz Khusistan an der irakischen Grenze mit ihrer sunnitisch-arabischen Minderheit und die an Aserbaidschan angrenzende Region Azeri im Westen.[8]

Für MBS waren der Besuch Trumps und die Freundschaft zu Jared Kushner ein Ritterschlag, den er umgehend zur innenpolitischen Machtkonsolidierung nutzte. Einen Monat nach der Visite, am 20. Juni 2017, änderte der greise König Salman, der Vater Mohammeds, per Dekret die Thronfolge. Bis dato nannte sich MBS zwar stets Kronprinz und wurde als solcher auch im In- und Ausland wahrgenommen. Seit Thronbesteigung seines Vaters 2015 ist er, auf dessen Betreiben, mehr und mehr zum De-facto-Herrscher aufgerückt. Das gelang, indem er den Sohn zum Verteidigungs- und Wirtschaftsminister ernannte, ihm also zwei Schlüsselressorts übertrug. Offiziell war MBS aber lediglich «stellvertretender Kronprinz». Der eigentliche Kronprinz und somit auch der nächste König nach dem Ableben Salmans war ursprünglich sein Cousin, der 58-jährige Mohammed Bin Nayef, gleichzeitig der Innenminister. Wir erinnern uns: Der Staatsbegründer Ibn Saud hatte sieben Söhne mit seiner Lieblingsfrau, die «Sudairi-Sieben». Sechs von ihnen wurden saudische Könige. Bin Nayef ist der Sohn von Nummer Sieben, MBS der Sohn von Nummer Sechs. Ursprünglich gab es seit dem Tod Ibn Sauds einen informellen Konsens innerhalb des Königshauses, die Thronfolge unter den jeweiligen Abstammungslinien im Wechsel zu regeln. Bis zur Palastrevolte im Juni: Seither gilt nur noch eine Genealogie, die der Salman-Linie. Andernfalls könnte MBS nicht

König werden, nach Tod oder Abdankung seines Vaters. Seither ist er auch offiziell der Kronprinz.

Trump zeigte sich begeistert und erklärte, er und Kushner hätten das eingefädelt: «Wir haben unseren Mann an die Spitze gesetzt!»[9] Man darf diese Aussage so verstehen, dass beide vorab eingeweiht waren und keine Einwände gegen diese Selbstermächtigung hatten. Die hintergangenen Erbfolgelinien waren weniger erfreut. Mohammed Bin Nayef wurde offenbar festgesetzt und unter Druck und Drohungen gezwungen, als Innenminister zurückzutreten und auf den Titel Kronprinz zu verzichten.[10] Im nächsten Schritt berief MBS im Oktober ein «Antikorruptionskomitee» ein, das kurz darauf mehr als 200 saudische Multimillionäre und vor allem -Milliardäre im Luxushotel Ritz Carlton in Riad einsperrte. Die meisten von ihnen gehörten rivalisierenden Erbfolgelinien an. Darunter der Chef der Nationalgarde, der mit weitem Abstand reichste Araber, Prinz Alwaleed Bin Talal Al Saud (laut Forbes verfügt er über knapp 19 Milliarden US-Dollar), insgesamt elf Prinzen und Minister sowie die Eigentümer aller Medienhäuser. Sie wurden über Wochen festgehalten und erst freigelassen, nachdem sie erhebliche Teile ihres Vermögens an den Staat abgetreten hatten, bis zu 70 Prozent.[11]

Die Botschaft war klar: Wer sich mit MBS anlegt, zahlt einen hohen Preis, im wahrsten Sinn. Falls erforderlich, auch den höchsten Preis. Nach Informationen der in London erscheinenden arabischen Zeitung Al-Quds Al-Arabi wurde Generalmajor Ali al-Qahtani im Ritz Carlton zu Tode gefoltert. Der Sekretär des Privatbüros von Prinz Turki Bin Abdallah, dem Sohn des vormaligen Königs Abdallah (regierte 2005 bis 2015, Vorgänger des jetzigen Königs Salman), starb demzufolge an einem Genickbruch. Seine Leiche wies zahlreiche Blutergüsse und Brandmale auf, ein Hinweis auf Folter mit Elektroschocks.[12] Trump twitterte am 7. November

2017: «Ich habe das allergrößte Vertrauen in König Salman und den Kronprinzen von Saudi-Arabien, sie wissen genau, was sie tun ... Einige von denen, die sie jetzt hart angehen, haben ihr Land seit Jahren ‹gemolken›!»

Und hier kommt erneut Jared Kushner ins Spiel. Bis der Schwiegersohn wie erwähnt im Februar 2018 den Zugriff auf Top-Secret-Dokumente vorübergehend verlor, gehörte der tägliche «President's Daily Brief» zu seiner bevorzugten Lektüre, eine Art Morgenlage der Geheimdienste für das Weiße Haus. Eines der dort ausführlich behandelten Themen: die Verhältnisse in Saudi-Arabien. Widersacher der Machtergreifung von MBS wurden darin namentlich genannt. Ende Oktober 2017 reiste Kushner nach Riad, deklariert als «Privatbesuch». Dort konferierte er ausgiebig mit MBS. In den Worten des Nahost-Berichterstatters der Washington Post, David Ignatius: «Die beiden Prinzen haben sich, so ist zu vernehmen, nächtelang bis vier Uhr morgens ausgetauscht, haben sich Geschichten erzählt und strategische Fragen erörtert.»[13]

Es besteht der begründete Verdacht, dass Kushner ihm bei der Gelegenheit die Namen von dessen Widersachern innerhalb des Königshauses übermittelte – das jedenfalls erzählte MBS (vermeintlichen) Vertrauten. Möglicherweise war der auf diese Informationen gar nicht angewiesen. Doch Kushners Beflissenheit musste beim Kronprinzen einmal mehr den Eindruck erwecken, das Weiße Haus stehe uneingeschränkt hinter ihm. Der Nationale Sicherheitsrat empfahl Außenminister Tillerson, im Machtkampf von Riad zu vermitteln. Doch der lehnte ab: Das sei «sinnlos», angesichts von Kushners Kontakten zu MBS. Der wiederum rühmte sich gegenüber dem emiratischen Kronprinzen, er habe Kushner «in seiner Tasche».[14]

Sein oder Schein?

Eine Woche nach Kushners Abreise, am 4. November 2017, begann der Crackdown im Ritz Carlton. Korruption zählt zu den größten Problemen in Saudi-Arabien. Doch wenig deutet darauf hin, dass der Kronprinz ihr ernsthaft den Kampf ansagen wollte – in dem Fall müsste er transparente staatliche Strukturen schaffen und beispielsweise den Staatshaushalt offenlegen, der nach wie vor identisch ist mit der Privatschatulle des Königshauses. Besagtes Antikorruptionskomitee war lediglich ein Mittel zum Zweck im hausinternen Machtkampf. Robert Jordan, US-Botschafter in Riad unter George W. Bush, sieht es so: «Am Anfang des Crackdown sprachen die Saudis von Transparenz, die sie aber nicht hergestellt haben. Ohne Transparenz oder Rechtsstaatlichkeit aber werden Investoren nervös, weil sie ihre Investitionen verlieren oder ihre saudischen Partner inhaftiert werden könnten, ohne rationales Motiv.»[15] Allerdings kann der Einsatz von Angst als Herrschaftsmethode durchaus rational sein.

Zugleich inszeniert sich der 32-jährige Herrscher erfolgreich als Reformer. Nach innen wie nach außen, hier vor allem mit Blick auf die politischen und Meinungseliten in den USA und Großbritannien.[16] Er predigt einen gemäßigten Islam (was, wie wir gesehen haben, bloße Rhetorik ist) und versucht, die Jugend und die Frauen für sich zu gewinnen. Entsprechend dürfen Frauen nunmehr Auto fahren und ohne Genehmigung ihrer Väter oder Ehemänner bei Geschäftsreisen im Inland auswärts übernachten. Ihre strikte Kleiderordnung soll gelockert werden. Sogar Fußballspiele können sie besuchen. (Letzteres vor allem wohl deswegen, weil das Frauen im Iran auch verwehrt war. Wahrscheinlich als Reaktion auf den saudischen Vorstoß gab die iranische

Führung im Juli 2018 bekannt, das Stadionverbot für Frauen ebenfalls aufzuheben.) Es gibt wieder Kinos im Land, eine Oper soll entstehen, Konzerte sind nunmehr erlaubt. Last not least hat er die Machtbefugnisse der verhassten Religionspolizei deutlich beschnitten. Dessen ungeachtet bleibt die Geschlechtertrennung im öffentlichen Raum, etwa an den Universitäten, in Restaurants oder Geschäften, bestehen. Führende Frauenrechtlerinnen wurden 2018 verhaftet, ein Fitness-Zentrum für Frauen in Riad im April wegen «unzüchtiger Werbung» geschlossen.

MBS ist ein autoritärer Populist, der unter jüngeren Saudis tatsächlich sehr beliebt ist. Gäbe es freie Wahlen in Saudi-Arabien, würde er sie wohl gewinnen. Wahrscheinlich beruhen seine Sympathiewerte auf einem Irrtum – der Annahme, er sei ein echter Reformer, der das Land liberalisieren und öffnen wolle. Dafür gibt es allerdings keine Hinweise, jenseits von Kosmetik und wohlfeilen Worten. Grundlegende Reformen, das würde in Saudi-Arabien bedeuten, die absolute Monarchie in eine konstitutionelle zu verwandeln oder jedenfalls den Weg dorthin zu bereiten. Stattdessen macht der Kronprinz aus der absoluten Monarchie eine One-Man-Show mit ihm als alleinigem Croupier. Ein riskanter Einsatz – er könnte eines Tages einem tragischen Unfall erliegen oder auch einem Attentat.

Am 21. April 2018 kam es unweit des Königspalastes in Riad zu Schusswechseln. Gemäß offizieller Angaben hatten die Sicherheitskräfte eine Spielzeugdrohne abgeschossen, die dem Palast zu nahe gekommen war. Doch einen Monat lang, bis zum 22. Mai, war der so überaus medienpräsente MBS wie vom Erdboden verschluckt. Nicht einmal zum Empfang von US-Außenminister Pompeo Ende April ließ er sich blicken. Gerüchten zufolge war er bei einem Anschlagsversuch verletzt worden, einige Medien spekulierten sogar über seinen Tod.[17]

Selbstverständlich ist der Unermüdliche auch Visionär – Mohammed Bin Salman ist Mastermind der «Saudi Vision 2030», eines ebenso ehrgeizigen wie unrealistischen Entwicklungsprojekts, das Saudi-Arabien in eine Art Mega-Dubai verwandeln und die Ära nach dem Erdöl einleiten soll. Die Kosten werden auf mindestens zwei Billionen US-Dollar veranschlagt. Da die Ölpreise tendenziell eher stagnieren oder sinken als steigen werden, auch wegen des amerikanischen Frackings, ist die Finanzierung nicht gewährleistet. Zumal Saudi-Arabien, abgesehen von einer im Januar 2018 eingeführten, fünfprozentigen Umsatzsteuer, keine Steuern erhebt, drei von vier Saudis als Staatsbedienstete irgendwo in der Verwaltung alimentiert werden und das Gesundheitswesen kostenlos ist – woran MBS festzuhalten gedenkt, um sich nicht unbeliebt zu machen. Hinzu kommen die irrsinnige Dimension saudischer Rüstungseinkäufe sowie milliardenschwere Subventionen für saudische Klientelstaaten wie Ägypten oder Pakistan, nicht zu vergessen die Kosten, ebenfalls in Milliardenhöhe, für den Jemenkrieg. Betrugen die Devisenreserven Saudi-Arabiens 2014 noch 730 Milliarden US-Dollar, lagen sie Mitte 2017 nur noch bei 493 Milliarden. Die Kosten für diesen Krieg haben Wirtschaftsexperten zufolge maßgeblich zum Niedergang beigetragen, neben Kapitalflucht.[18]

Sollte der Kronprinz selber spüren, dass Sein und Schein nicht dasselbe sind? Das mag erklären, warum Saudi-Arabien dem Machtanspruch der Vereinigten Arabischen Emirate wenig entgegensetzt. Abu Dhabi verfügt über eine kleine, aber schlagkräftige Armee sowie diverse Milizen und Söldnertruppen, die an allen Fronten und in allen Kriegsgebieten in der Region im Einsatz sind, in Libyen ebenso wie in Syrien, im Irak und im Jemen. Die Emirate sind wie auch Saudi-Arabien Großabnehmer amerikanischer Rüstungsgüter, doch geben sie mittlerweile mehr Geld aus als ihr großer Nachbar, um mit Hilfe von Lobbyfirmen Einfluss auf die Politik in Washington und zunehmend auch in Europa zu nehmen.[19] In den Worten des emiratischen US-Botschafters, Yousef al-Otaiba: «Unsere Beziehung mit den Saudis basiert auf strategischen Überlegungen und gemeinsamen Interessen, hauptsächlich aber auf der Hoffnung, dass wir sie beeinflussen können – und nicht sie uns», sagte er in vermeintlich vertrauter Runde.[20] Wie erwähnt ist al-Otaiba das Sprachrohr von MBS in Washington, nicht der saudische Botschafter, obwohl der, Khalid Bin Salman, ein Bruder des Kronprinzen ist. Da fügt es sich, dass etwa General James Mattis emiratischer Militärberater war, bevor er US-Verteidigungsminister wurde. Al-Otaiba pumpt Millionenbeträge in US-Denkfabriken, um die eigene Agenda voranzutreiben, darunter das Middle East Institute in Washington.[21]

Katar: Noch ein Reich des Bösen

Keine zwei Tage, nachdem Trump in Riad die versammelten arabischen und sonstigen sunnitischen Staatschefs ermutigt hatte, gemeinsam mit den USA dem Terror die Stirn zu bieten, verkörpert vom Iran, von Hamas, Hisbollah oder dem «Islamischen Staat» (aus seiner Sicht gibt es da keine Unterschiede), nahmen Riad und Abu Dhabi das ungeliebte Nachbaremirat Katar ins Visier. Ihr Ziel: Das Land zu isolieren und zu destabilisieren. Der Auslöser, der Vorwand, war ein angebliches Interview des katarischen Emirs Tamim Bin Hamad Al Thani. Gegenüber der katarischen Nachrichtenagentur soll er am 24. Mai 2017 die konstruktive Rolle Irans in der Region hervorgehoben, die Beziehungen Katars zu Israel als gut bezeichnet und die aus der Muslimbruderschaft hervorgegangene Hamas als die legitime Vertretung des palästinensischen Volkes bezeichnet haben.

Zwar wiesen die Behörden in Doha, der Hauptstadt Katars, umgehend darauf hin, dass die Webseite der Nachrichtenagentur gehackt worden sei und der Emir diese Aussagen keinesfalls getätigt habe. (Auch wenn sie seinen Auffassungen durchaus entsprechen – das war ja der Clou.) Doch hielten Saudi-Arabien und die Emirate an ihrem Konfrontationskurs fest und warfen Doha vor, extremistische Gruppen zu unterstützen, darunter die ägyptische Muslimbruderschaft. Anfang Juni brachen Saudi-Arabien, die Emirate, Ägypten, Bahrein sowie einige andere Schwergewichte wie die Malediven ihre diplomatischen Beziehungen zu Katar ab, wiesen katarische Staatsangehörige aus und stellten alle Verkehrsverbindungen wie auch die bilateralen Handelsbeziehungen ein. Eine Normalisierung könne es erst wieder geben, wenn Katar 13 «nicht verhandelbare» Forderungen erfülle. Die wichtigsten: der de facto Abbruch der diplomatischen Beziehungen zu Teheran; Reduzierung der Wirtschaftskontakte zum Iran, bis sie sich innerhalb der von den USA oder anderen verhängten Sanktionen bewegen; Beendigung jedweder Unterstützung «terroristischer Organisationen», allen voran der Muslimbruderschaft; Schließung des Senders Al-Jazeera, der einflussreichsten arabischen Medienanstalt; Beendigung der türkischen Militärpräsenz in Katar.

Kein souveräner Staat würde sich auf ein solches Diktat einlassen. Entsprechend hat Doha die Forderungen nicht erfüllt. Katar hat statistisch das höchste Pro-Kopf-Einkommen der Welt. Ein superreiches Land wirtschaftlich in die Knie zwingen zu wollen – auf die Idee muss man erst einmal kommen. Der Boykott kostet Katar viel Geld, wird das Land aber nicht ruinieren. Offenbar hat MBS das Problem erkannt und sucht es auf seine Weise zu lösen – mit einer an Irrsinn grenzenden Provokation. Wie im April 2018 bekannt wurde, planen die Saudis, einen Kilometer von der Grenze entfernt einen 60 Kilometer langen, 200 Meter breiten und bis zu

20 Meter tiefen Kanal auszuheben, der Katar zu einer Insel machen würde. Entlang des Kanals soll zweierlei entstehen: ein Militärstützpunkt und das Endlager für die radioaktiven Abfälle des saudischen Atomprogramms. Auch die Vereinigten Arabischen Emirate wollen ein solches Endlager errichten, ebenfalls «so nahe wie möglich an der Grenze zu Katar».[22]

Bis 2030 sollen in Saudi-Arabien 16 Atomkraftwerke entstehen. In den Vereinigten Arabischen Emiraten ging 2018 das erste arabische Atomkraftwerk in der Golfregion ans Netz, drei weitere sollen 2020 folgen. Da beide Länder zu den «Guten» rechnen, hatten sie, anders als der Iran, auch keinen politischen Gegenwind aus Washington oder Tel Aviv zu befürchten. Ganz im Gegenteil: Um mögliche Wettbewerbsnachteile für Westinghouse Electric Co. und andere US-Unternehmen aus dem Weg zu räumen, gegenüber Anbietern vor allem aus Frankreich und China, erwägt die Regierung Trump, Saudi-Arabien die Urananreicherung zu gestatten. Unter Obama war ein Gesetz verabschiedet worden, das US-Firmen diese Anreicherung untersagt (jedenfalls in Ländern, die als problematisch gelten).[23]

Gegenüber dem US-Sender NBC erklärte MBS: «Saudi-Arabien will keine Atombombe besitzen. Aber im Zweifel, wenn der Iran eine baut, werden wir so schnell wie möglich nachziehen.»[24] Was mit Hilfe der entsprechenden Urananreicherung ohne weiteres möglich wäre. Auch verfügt Riad über ballistische Raketen, die in dem Fall mit nuklearen Sprengsätzen bestückt werden könnten. Weder die USA noch Israel scheinen sich an diesem Szenario zu stören – ein anschauliches Beispiel für den doppelten Standard im Umgang mit dem Iran und anderen Akteuren in der Region.

Von Doha zu verlangen, die wirtschaftlichen Beziehungen zum Iran einzufrieren, ist ähnlich intelligent, wie es etwa die Forderung wäre, Saudi-Arabien möge seine Erdölförderung einstellen. Katar und der Iran beuten gemeinsam das weltweit größte Erdgasfeld im Persischen Golf aus, das beider Seegrenzen überschneidet. Nach Russland ist der Iran der zweitgrößte, Katar der drittgrößte Erdgasproduzent. Es liegt auf der Hand, dass Doha wie auch Teheran auf gute bilaterale Beziehungen angewiesen sind. Als Ergebnis der saudisch-emiratischen Scharade haben sich die Beziehungen zwischen Katar und dem Iran noch intensiviert: Die saudischen oder sonstigen Firmen aus den Golfstaaten, die keinen Handel mehr mit Katar treiben dürfen, sind weitgehend von iranischen ersetzt worden. Das trifft vor allem saudische Unternehmungen hart, die im ersten Boykottjahr einen Verlust von etwa einer Milliarde US-Dollar hinnehmen mussten. Da die Saudis Qatar Airways die Überflugrechte entzogen haben, nehmen deren Flugzeuge nunmehr den Weg über iranisches Gebiet Richtung Westen. Die Türkei hat angekündigt, einen Militärstützpunkt in Katar mit 3000 Soldaten einzurichten. Kurzum, die Anti-Katar-Koalition hat mit ihren Maßnahmen den Einfluss Irans und der Türkei gestärkt, ihrer beiden erklärten Widersacher also – was sie sich ohne weiteres auch vorher hätte denken können.

Wie neurotisch die Boykotteure handeln, zeigt sich auch daran, dass öffentliche Sympathiekundgebungen für Katar in den Vereinigten Arabischen Emiraten als schwere Straftat geahndet werden: Darauf stehen bis zu 15 Jahre Gefängnis und/oder eine Geldstrafe von mindestens 136 000 US-Dollar. Offenbar frustriert über den ausbleibenden Erfolg der Boykottmaßnahmen gegenüber Katar setzen Riad und Abu Dhabi seit Frühjahr 2018 Banken und Investoren massiv unter Druck. Sie müssten sich entscheiden, mit welcher Seite sie Geschäfte machen wollten. Entweder mit ihnen oder aber mit Katar. Beides zusammen gehe nicht.[25] Im Juni 2018 trieb MBS die Eskalation weiter voran, indem er Katar mit einer «militärischen Antwort» drohte, sollte der Nachbar, wie geplant, russische S-400-Luftabwehrraketen erwerben.[26]

Wozu das alles? Es geht natürlich um Machtpolitik. Zum einen um die anti-iranische Agenda Saudi-Arabiens und der Emirate, auf die sich Katar auch in der Vergangenheit nicht einlassen mochte – obwohl beide Länder gemeinsam mit einigen Verbündeten ihre diplomatischen Beziehungen zu Katar schon 2014 für neun Monate ausgesetzt hatten. Der Oman teilt übrigens die Haltung Katars, zu allen Ländern der Region gute Beziehungen unterhalten zu wollen – gerät aber, anders als Katar, weniger unter Druck, weil er wirtschaftlich bei weitem nicht dieselbe Rolle spielt. Kuweit wiederum sieht sich als Vermittler in der Krise. Trump zeigte sich von den Boykottmaßnahmen gegenüber Katar hocherfreut und twitterte: «Ist so gut zu sehen, dass sich der Besuch in Saudi-Arabien mit dem König und fünfzig weiteren Ländern bereits rechnet. Sie haben gesagt, dass sie die Finanzierung des Extremismus bekämpfen werden ... Und alles deutet auf Katar. Vielleicht wird das der Anfang vom Ende des terroristischen Horrors!»[27]

Zum anderen unterstützt Katar die Muslimbruderschaft, als Gegengewicht zum Wahhabismus. Sie wurde 1928 in Ägypten gegründet und ist heute in fast allen Ländern der arabischen Welt verbreitet, wenngleich vielfach im Untergrund und mit anderem Namen. Die tunesische Regierungspartei Ennahda etwa ist ebenso aus ihr hervorgegangen wie die palästinensische Hamas. Die Muslimbruderschaft gilt als die erste länderübergreifende islamistische Bewegung. Aus Sicht saudischer Wahhabiten ist sie folglich ein ideologischer Konkurrent und Machtrivale, den es kleinzuhalten gilt. Im Zuge der arabischen Revolte 2011 kamen die Muslimbrüder in den ersten freien Wahlen der ägyptischen Geschichte im Folgejahr an die Macht, wie auch in Tunesien. Katar und die Türkei haben diese Entwicklung unterstützt, während in Saudi-Arabien die Alarmglocken schrillten: eine gesellschaftliche Entwicklung in Richtung Demokratie? Die Muslimbrüder im Aufwind? Nicht mit uns.

Entsprechend gab Riad «Generalfeldmarschall» Abd al-Fattah as-Sisi grünes Licht, als der sich 2013 in Kairo an die Macht putschte und die Muslimbruderschaft zur Terrororganisation erklärte. Auch Washington, Brüssel und Tel Aviv äußerten keine Bedenken. Heute sind die Verhältnisse in Ägypten repressiver als sie es in den Jahrzehnten der Herrschaft Mubaraks je waren – im Gegenzug erhält das bankrotte Nilland saudische Hilfszahlungen und Investitionen in Milliardenhöhe. Da die saudische Führung den Sender Al-Jazeera als Sprachrohr der arabischen Revolte ansieht, verlangte sie folgerichtig, ihn zu schließen. In dem Zusammenhang sei auch erwähnt, dass saudische Panzer 2011 die Demokratiebewegung in Bahrein beendeten – dort herrscht eine sunnitische Dynastie über eine zu 70 Prozent aus Schiiten bestehende Bevölkerungsmehrheit, die brutal unterdrückt wird. Selbstverständlich haben das saudische wie auch das bahreinische Königshaus klargestellt, der Militäreinsatz diene ausschließlich der Bekämpfung iranischer Subversion. Westliche Einwände gegen diesen Einmarsch gab es jenseits mahnender Worte nicht, ebenso wenig sind die anhaltenden Menschenrechtsverletzungen in Bahrein jemals mit Nachdruck kritisiert worden – geschweige denn, dass die «Wertegemeinschaft» Sanktionen verhängt hätte.

Goldfinger und die Fußball-WM

Der saudische Vorwurf, Katar unterstütze Terroristen, bezieht sich wesentlich auf die Muslimbruderschaft. Pro forma hat Riad auch noch andere *bad guys* benannt, darunter die

Hisbollah und Al-Qaida, aber das ist vor allem Staffage. Umso mehr, als der Terrorvorwurf aus berufenem saudischen Mund ans Absurde grenzt, siehe 9/11. Aber auch im syrischen Stellvertreterkrieg und in Libyen haben Saudi-Arabien und Katar unterschiedliche dschihadistische Milizen bewaffnet und finanziert. Da Katar die Hamas unterstützt, mittlerweile allerdings nur noch sehr verhalten, hat namentlich die Foundation for Defence of Democracies, Sheldon Adelsons Sprachrohr, schon lange vor dem Showdown eine Medienkampagne gegen das Golfemirat in Washington lanciert: Es fördere und finanziere palästinensischen Terror.[28]

Und wo die FDD ist, ist der Botschafter der Emirate al-Otaiba nicht weit, wie wir gesehen haben. Er sollte seine E-Mails besser schützen, da sie aus gutem Grund regelmäßig gehackt werden. The Intercept zufolge ergibt sich folgendes Bild: Gemeinsam mit der Banque Havilland in Luxemburg hat al-Otaiba einen Plot ausgeheckt, der eines Dr. No, eines Goldfinger oder LeChiffre würdig wäre. Banque Havilland? Sie entstand aus den Überresten der isländischen Kaupthing Bank, die im Zuge der Finanzkrise 2009 Insolvenz anmelden musste. Ihr Eigentümer ist ein weiterer Finanzjongleur der Oberliga, der Brite David Rowland, ein enger Vertrauter des vormaligen Premiers David Cameron und Freund von Prinz Andrew. Außerdem ist er der größte Einzelspender der britischen Konservativen. Nach der Veröffentlichung mehrerer kritischer Artikel, die ihm den Ruf eines Steuerflüchtlings einbrachten, konnte er den Posten als deren Schatzmeister 2010 nicht antreten.

Rowland unterhält seit längerem gute Kontakte zum Herrscherhaus der Vereinigten Arabischen Emirate, zum dortigen Kronprinzen. Unter der Überschrift «Kontrolliere die Ertragskurve, entscheide die Zukunft» entwarf die Bank einen Schlachtplan für die wirtschaftliche Kriegsführung gegen Katar. Er sah vor, den Wert katarischer Staatsanleihen sowie der Landeswährung durch Börsen- und Devisenmanipulationen in den Keller zu treiben und das Land wirtschaftlich auszubluten. Ob der aus Sicht von Finanzexperten abenteuerliche und mit heißer Nadel gestrickte Plan tatsächlich das gewünschte Ergebnis erzielt hätte, ist eher fraglich. Zur Anwendung kam er jedenfalls nicht. Doch über Monate, bis September 2017, gab es in dieser Angelegenheit einen regen E-Mailverkehr zwischen al-Otaiba und der Banque Havilland. Katar finanziell in die Knie zu zwingen war den Verschwörern allerdings nicht genug: Wenn Doha kein Geld mehr hätte für Großinvestitionen – dann ließe sich auch über die Fußballweltmeisterschaft 2022 in Katar neu verhandeln, so die Überlegung. Mit dem Ziel, sie nicht allein dort auszutragen, sondern auch in den übrigen Golfstaaten.[29]

Wie erwähnt begann das Komplott gegen Katar mit einem angeblichen Interview des Emirs. Tatsächlich war die katarische Nachrichtenagentur gehackt worden, wie von Doha dargelegt, und das Interview *fake news*. Wer also war dafür verantwortlich? Unter Bezug auf «US-Ermittler» verwiesen die allermeisten amerikanischen und auch deutschen Medien umgehend auf den üblichen Verdächtigen: Russland.[30] Moskau sei somit für die Krise am Golf verantwortlich. Der naheliegende Gedanke, dass «Putin» kaum ein Land destabilisieren würde, das mit Russlands Verbündetem Iran gute Beziehungen unterhält, ist den Verantwortlichen offenbar nicht gekommen.

Schließlich stellte die Washington Post die Dinge klar, unter Berufung auf gleich mehrere US-Geheimdienste. Demzufolge haben Vertreter der emiratischen Regierung, also des Königshauses, am 23. Mai 2017 den Plan ausgeheckt und tags darauf bereits umgesetzt – unmittelbar nach der Abreise Trumps aus Riad. Aus dem Beitrag geht auch hervor, dass offenbar eine pro-katarische Organisation,

GlobalLeaks, für die wiederholten Hackerangriffe auf die Emailkonten al-Otaibas verantwortlich sei. Der Botschafter versuche seit Jahren, Entscheidungsträger in Washington gegen Katar in Stellung zu bringen.[31]

Washington, wir haben da ein Problem

Man muss dem katarischen Herrscherhaus bescheinigen, dass es seine Rache nicht im Affekt, sondern überlegt und kaltblütig vollzogen hat. Die Schachzüge Dohas könnten Jared Kushner ins Gefängnis bringen und legen nahe, dass man dort Wesen und Wirken amerikanischer Innenpolitik verstanden hat. Die Bombe zündete am 12. März 2018 mit einem Bericht auf NBC News. Offiziell arbeitet Katar nicht mit Sonderermittler Mueller zusammen, faktisch aber wohl doch. Jedenfalls ergibt sich auf Grundlage der offenbar von katarischen Stellen übermittelten Informationen das folgende Bild: Vertreter der Vereinigten Arabischen Emirate haben sich seit Dezember 2016 wiederholt mit Großspendern und Vertrauten Trumps getroffen, darunter auch Kushner, um Einfluss auf die Politik des Weißen Hauses zu nehmen.

Katarischer Darstellung zufolge war der bereits zitierte, begeisterte Tweet Trumps beim Boykott Katars («… Vielleicht der Anfang vom Ende des terroristischen Horrors!») eine unmittelbare Reaktion auf weitere gescheiterte Verhandlungen Kushners mit katarischen Investoren im Zusammenhang mit seiner Luxusimmobilie 666 Fifth Avenue. Wenn es Doha gelingt, dafür den Beweis zu erbringen, etwa auf der Grundlage gehackter Informationen, ist Kushner geliefert und Trump als Präsident angezählt. Das würde an Landesverrat grenzen – ein Showdown am Golf, weil der Pleitier Kushner dringend Geld benötigt, es aber nicht bekommt, und sein Schwiegervater zu ihm hält? Bis 2019 müssen die Kushner Companies

1,4 Milliarden US-Dollar an Verbindlichkeiten im Zusammenhang mit ihrer Fehlinvestition begleichen – ansonsten drohen Firma und Familie der finanzielle Ruin.

Für die katarische Darstellung spricht, dass Jared Kushner und sein Vater Charles noch in der letzten Aprilwoche 2017 mit dem katarischen Finanzminister Ali Sharif al-Emadi im St. Regis Hotel in New York über eine dringend benötigte Finanzspritze verhandelt haben. Dieses und ein Folgetreffen blieben jedoch ohne Ergebnis. Und einen Monat später – siehe oben.

Darüber hinaus, so die Untersuchungen Muellers, hat Kushner auch Gespräche mit Vertretern der Türkei, Russlands, der Emirate und Chinas geführt, zwecks Refinanzierung, ebenfalls ohne Erfolg. Das Luxusanwesen scheint eine wahre Schrottimmobilie zu sein. (Sofern die potentiellen Investoren nicht auf eine Zwangsversteigerung spekulieren.) Regierungsbeamte der Emirate, Chinas, Israels und Mexikos sollen sich informell darüber ausgetauscht haben, wie sich Kushners geschäftliche Interessen und seine politische Unbedarftheit am besten instrumentalisieren ließen.[32]

Im Mai 2018 nahm die Kushner-Saga eine erneute Wendung – sicher nicht die letzte. Offenbar übernimmt die Firma Brookfield Property Partners einen Großteil der Eigentumsrechte an Kushners Luxusimmobilie. Brookfield ist ein weltweit operierender, milliardenschwerer Investor, der unter anderem den exklusiven Canary Wharf Bürogebäudekomplex in London mehrheitlich besitzt, im ehemaligen Hafenviertel. Die Pointe dabei: Der größte Einzelinvestor der «Property Partners» ist der Staatsfonds Qatar Investment Authority, also die Regierung Katars.[33] Süffisant kommentierte die US-Zeitschrift Vanity Fair: «Man fragt sich, ob die Trump-Administration die Blockade Katars auch weiterhin unterstützen wird – oder ob sie nunmehr ihren Kurs ändert, nachdem die Qatar Investment Authority über den Umweg Brookfield ihr Portemonnaie geöffnet hat.»[34]

Seit 2015, seit Mohammed Bin Salmans Machtantritt, haben sich die Beziehungen zwischen Israel und Saudi-Arabien stetig verbessert. Sie eint der gemeinsame Feind Iran. Begegnungen zwischen israelischen und saudischen Politikern und Militärs sind in Washington oder Genf, dort im Rahmen der Vereinten Nationen, mittlerweile Routine, auch auf internationalen Konferenzen zeigen sie keinerlei Berührungsängste. Im November 2017 gab der israelische Generalstabschef Gadi Eisenkot erstmals einer saudischen Zeitung ein Interview. Seine Botschaft: Wir sind bereit, mit Riad Geheimdienstinformationen über den Iran auszutauschen.[35] Insoweit passt auch das Plädoyer von Stephen Greenberg ins Bild. Der Präsident der Conference of Presidents of Major American Jewish Organizations warb auf der Jahrestagung von AIPAC im März 2018 dafür, die Emirate und Saudi-Arabien zu unterstützen. Beide stünden für «Toleranz» und «Entschlossenheit im Kampf gegen den Terror».[36]

Das alles weiß man natürlich auch in Katar. Und kaufte bewusst die Dienste Nick Muzins ein, eines führenden jüdisch-republikanischen Wahlkampfmanagers.[37] Dessen Beratungsfirma habe daraufhin ihrerseits «amerikanisch-jüdisches Führungspersonal eingekauft und nach Katar geschickt, so wie sie es auch mit Kongressabgeordneten und Senatoren in Richtung Israel macht, um die Loyalität der politischen Klasse Amerikas zu gewährleisten», in den Worten des auf Enthüllungsthemen spezialisierten Bloggers Richard Silverstein. Zu diesem «Führungspersonal» gehörte etwa Alan Dershowitz, einer der bekanntesten Strafverteidiger in den USA. Die Absicht liege auf der Hand: der «brüderlichen Liebe zwischen Israel und Saudi-Arabien», die gewöhnlich einhergehe mit der Verurteilung Katars, «neue

Stimmen entgegenzusetzen, die einen anderen Standpunkt einnehmen».[38] Umgekehrt bedient sich der saudische Kronprinz der «Unterstützer Israels» in Washington, um seine Beziehungen zum Weißen Haus zu festigen.[39] Vor diesem Hintergrund ist auch das Interview einzuordnen, dass der Kronprinz im April 2018 mit der amerikanischen Zeitschrift The Atlantic führte. Darin erklärte er, das jüdische Volk habe ein Anrecht auf «sein eigenes Land».[40] Das kommt einer diplomatischen Anerkennung Israels sehr nahe. Gleichzeitig giftete er erneut gegen den Iran und verglich Revolutionsführer Khamenei einmal mehr mit Hitler. MBS verstieg sich gar zu der Behauptung, Hitler habe lediglich Europa unterwerfen wollen, Khamenei dagegen strebe nach Weltherrschaft.

MBS pokert um die Zukunft des Libanon

Bevor wir uns dem traurigen Höhepunkt nähern, dem verbrecherischen Krieg Saudi-Arabiens im Jemen, geführt mit aktiver Unterstützung der USA und Großbritanniens, hier noch der Blick auf eine weitere Fehlleistung. Man sollte annehmen, dass der gerissene und skrupellose, politisch aber unerfahrene Mohammed Bin Salman in der Lage wäre, aus einmal gemachten Fehlern zu lernen. Denn was hat der Boykott Katars Riad und seinen Golf-Verbündeten eingebracht? Null Komma nichts. Und welche Lehren zieht er daraus? Er setzt auf weitere Eskalation.

Am 3. November 2017 reiste der libanesische Premierminister Saad al-Hariri zu einem Staatsbesuch nach Riad. Tags darauf erklärte er am Vormittag live im saudischen Fernsehen von seiner dortigen Villa aus den Rücktritt vom Amt des Premierministers. Damit hatte niemand gerechnet, am allerwenigsten wohl al-Hariri selbst. Auch die Libanesen traf die Mitteilung wie ein Schlag. Da ihm die Saudis fast drei Wochen die Ausreise nicht gestatteten, liegt die Vermutung nahe, dass andere für ihn entschieden haben. Saad al-Hariri besitzt auch die saudische Staatsangehörigkeit. Sein Vater Rafik war seit den 1970er Jahren in Saudi-Arabien als Bauunternehmer sehr erfolgreich, wurde Multimilliardär und später Premier im Libanon – bis er 2005 einem Attentat zum Opfer fiel.

Die saudischen Intrigen um Saad al-Hariri hatten gleichermaßen wirtschaftliche und politische Motive, die kaum voneinander zu trennen sind. So unterhielt der Hariri-Clan sehr gute Beziehungen zu König Salmans Vorgänger Abdallah, der von 2005 bis 2015 regierte. Entsprechend erhielt die Hariri-Baufirma Saudi Oger Aufträge in Milliardenhöhe. Scheckbuchdiplomatie: Auf diese Weise konnte Abdallah auf die im Libanon überaus einflussreiche Hariri-Dynastie einwirken. Vor allem in der Absicht, dergestalt die Hisbollah in Schach zu halten, den bei weitem stärksten Machtfaktor im Zedernstaat. Unter MBS jedoch wurde die Abdallah-Linie entmachtet und im Ritz Carlton geschröpft, einer umgebracht, wie erwähnt. Auch Saudi Oger wurde seit längerem schon unter Druck gesetzt, und somit der libanesische Premierminister. Zum einen beglichen die Saudis Rechnungen der Firma über erbrachte Leistungen nicht, mutmaßlich in Milliardenhöhe. Zum anderen erhielt sie keine Aufträge mehr. Parallel suchte Saad al-Hariri so viel Geld wie nur möglich aus dem Land abzuziehen – er hatte wohl erkannt, was die Stunde geschlagen hatte. Im Ergebnis meldete Saudi Oger im Juli 2017 Konkurs an.

Anstatt die Scheckbuchdiplomatie fortzusetzen, hatte sich MBS offenbar für die brutalere Methode entschieden: blanke Erpressung. Wahrscheinlich auch, damit al-Hariri, wie seine «Kollegen» einige Straßenzüge weiter im Luxushotel, ein paar Milliarden für die saudische Staatskasse lockermacht. In erster Linie aber ging es MBS wohl darum, al-Hariri auf einen Konfrontationskurs mit der Hisbollah einzuschwören. Seit der im Dezember 2016 zum zweiten Mal Premierminister geworden war, hatte er sich diesem saudischen Ansinnen stets verweigert. Alles andere wäre auch unklug gewesen – in Beirut überträgt sich der religiöse Proporz zwischen Maroniten, also den libanesischen Christen, Sunniten, Schiiten und Drusen in ein kompliziertes System politischer Gewaltenteilung, in dem jeweils Oligarchen-Clane die wichtigen Entscheidungen treffen. Im Falle einer Konfrontation mit der Hisbollah hätten die Schiiten dem Sunniten al-Hariri ihre Unterstützung entzogen. Das Ergebnis wäre sein Rücktritt gewesen. Das wollte er nicht, entsprechend suchte ihm MBS offenbar eine Lektion zu erteilen. Mehr noch, er suchte mit Hilfe dessen erzwungenen Rücktritts eine innerlibanesische Krise zu provozieren, idealerweise eine (bewaffnete) Konfrontation zwischen den verschiedenen Konfessionsgruppen. Der Libanon sollte ebenso zum Schauplatz eines unterschwelligen Stellvertreterkrieges gegen den Iran werden wie zuvor schon Katar.

Und wieder musste der Kronprinz erleben, dass alles anders kam als gedacht: Die Libanesen erklärten sich quer durch alle politischen Lager mit ihrem Premierminister solidarisch und verlangten dessen sofortige Rückkehr. Die saudische Führung, also MBS, nannte daraufhin drei Bedingungen, ähnlich durchdacht wie die 13 zuvor an Katar gerichteten: Die Hisbollah müsse alle ihre Kämpfer aus Syrien, dem Irak und Jemen abziehen. Beirut müsse sich zu außenpolitischer Neutralität verpflichten (im Zweifel der saudischen Linie folgen, so der Subtext). Und: Alle Minister der Hisbollah müssten zurücktreten.

Keine der Bedingungen wurde erfüllt, was nicht wirklich verwundert. Da Washington keinen Anlass sah, in der Krise zu vermitteln – das sei «eine innere Angelegenheit, zu der wir keine Meinung haben», so eine Sprecherin des State Departments[41] – erwirkte schließlich Paris al-Hariris Befreiung aus seiner De-facto-Geiselhaft. Frankreich sieht sich seit kolonialen Zeiten als Schutzmacht Libanons, vor allem der Maroniten. Nach einer Stippvisite bei Präsident Macron kehrte al-Hariri nach Beirut zurück, wo er seinen Rücktritt vom Rücktritt erklärte und somit als Premierminister im Amt blieb. Gegenüber Vertrauten erklärte er, dass er sich niemals öffentlich über die Umstände seines Aufenthaltes in Riad äußern werde.[42] Bei den Parlamentswahlen im Mai 2018 wurde die Hisbollah erneut stärkste politische Kraft im Libanon – durchaus eine Ohrfeige für MBS.

Hungerspiele im Jemen: Das nächste Land wird zerstört
Showtime bei den Vereinten Nationen

Der Bundesnachrichtendienst warnte bereits im Dezember 2015 vor einer destabilisierenden Rolle Saudi-Arabiens in der Region: «Die bisherige vorsichtige diplomatische Haltung der älteren Führungsmitglieder der Königsfamilie wird durch eine impulsive Interventionspolitik ersetzt», heißt es in einer Analyse, die vermutlich nicht zufällig ihren Weg in die Öffentlichkeit fand. Auch die Rolle des Kronprinzen sah der BND beizeiten kritisch: Sein Verhalten «birgt latent die Gefahr, dass er bei dem Versuch, sich zu Lebzeiten seines Vaters in der Thronfolge zu etablieren, überreizt». Mit dem von MBS in seiner Eigenschaft als Verteidigungsminister angeheizten Krieg im Jemen wolle Riad beweisen, dass es beispiellose «militärische, finanzielle und politische Risiken einzugehen» bereit sei, «um regionalpolitisch nicht ins Hintertreffen zu geraten».[1]

Der Jemen ist das Armenhaus der arabischen Halbinsel. Das überwältigend naturschöne Land mit seiner einzigartigen Lehmhaus-Architektur zeigt durchweg noch archaische soziale und gesellschaftliche Strukturen. Der Zentralstaat ist traditionell schwach, lokale Stämme bestimmen die Agenda. Die Politik des langjährigen Herrschers Ali Abdallah Salih, seit 1978 an der Macht, bestand wesentlich darin, mit den knappen Ressourcen des Landes politische Loyalitäten zu erkaufen und rivalisierende Machtzentren gegeneinander auszuspielen. Im Zuge der arabischen Revolte kam es auch im Jemen 2011 zu anhaltenden, teils blutigen Unruhen, die Salih im Jahr darauf zum Rücktritt veranlassten. Sein Nachfolger wurde der von Saudi-Arabien unterstützte bisherige Vizepräsident Abd Rabbu Mansur Hadi, der allerdings weder im Allgemeinen Volkskongress, der Regierungspartei, noch in der Armee über den nötigen Rückhalt verfügte. Ein Machtvakuum entstand, das umgehend von regionalen Akteuren gefüllt wurde, allen voran den Huthi-Rebellen.

Die Huthis, benannt nach ihrem Begründer Hussein al-Huthi, verstehen sich als der bewaffnete Arm der nordjemenitischen Zaiditen. Die Zaiditen sind, wie dargelegt, «Fünferschiiten», stehen aber in religiöser Hinsicht den Sunniten näher als den «Zwölferschiiten» im Iran. Sie stellen rund ein Drittel der jemenitischen Bevölkerung. Ihre Heimat liegt im Norden, in den Grenzgebieten zu Saudi-Arabien. Aus ihren Reihen kamen vom neunten Jahrhundert bis 1962, also über 1000 Jahre, die Herrscher des Landes, die Imame. Die neuen republikanischen Machthaber in Sanaa, der Hauptstadt, sahen in den Zaiditen gefährliche Konkurrenten. Jahrzehntelang führten sie Krieg gegen den Norden, auch Ali Abdallah Salih, obwohl der selbst Zaidit war. Die Welle der Gewalt erreichte zwischen 2004 und 2010 ihren Höhepunkt, als die jemenitische Luftwaffe erfolglos versuchte, die Widersacher Sanaas in die Kapitulation zu bomben. Um die Macht der traditionellen Clane zu brechen, hatte Saudi-Arabien seit den 1960er Jahren ein Großaufgebot an wahhabitischen Missionaren in die Grenzgebiete entsandt, was wiederholt zu Zusammenstößen mit zaiditischen Stammesvertretern führte. Als Reaktion auf die politische und wirtschaftliche Marginalisierung der Zaiditen entstand in den frühen 2000er Jahren die Huthi-Bewegung, die sich selbst «Ansar Allah» nennt, «Gefährten Gottes».

Während der neue Präsident Hadi versuchte, seine Übergangsregierung am Leben zu erhalten, schufen die

Huthis Fakten und griffen 2014 nach der Macht. Nachdem sie weite Teile des Nordens unter ihre Kontrolle gebracht hatten, marschierten sie im September in der Hauptstadt ein. Hadi floh nach Aden, der Wirtschaftsmetropole im Süden. Salih und seine Getreuen in der Republikanischen Garde, der Elitetruppe, verbündeten sich daraufhin mit den Huthis, die nunmehr über 20 000 hochmotivierte, kampferprobte Guerillakämpfer und Elitesoldaten verfügten. Solche abrupten Seitenwechsel sind charakteristisch für Stammesgesellschaften, weswegen die im Westen beliebte Zuordnung von Kriegsakteuren in der Region in «Gut» und «Böse» so realitätsfern ist. Die Huthis stießen nach Aden vor und nahmen die Stadt im März 2015 ein. Hadi floh nach Saudi-Arabien, wo er lange Zeit mehr oder weniger unter Hausarrest stand.

Hoffnung wiederherstellen

Die saudische Führung hat in den Huthis nie etwas anderes gesehen als eine zweite Hisbollah, vom Iran gelenkt und gesteuert, um Saudi-Arabien zu destabilisieren. Das sind sie mitnichten – die Huthis sind aus der einheimischen Bevölkerung hervorgegangen, wie auch die Hisbollah, und orientieren sich politisch, anders als die Hisbollah, nicht an Teheran. Auch die von Riad und Abu Dhabi aufgestellte und im Westen nachhallende Behauptung, der Iran verfolge dort eine Strategie aggressiver Expansion, ist eher Ideologie oder Paranoia geschuldet als nüchterner Analyse. Geostrategisch ist das Land für Teheran nur von untergeordneter Bedeutung, anders als der Irak, Syrien und der Libanon. Allerdings hat die iranische Führung frühzeitig erkannt, dass der saudische Kriegseintritt ein großer strategischer Fehler Mohammed Bin Salmans war. Aufgrund der Topographie des Landes ist es keiner Interventionsmacht gegeben, einen Krieg im Jemen zu gewinnen, auch Saudi-Arabien nicht. Wenn aber Teheran dazu beitragen kann, Riad dort sein Vietnam zu bereiten – was spräche aus iranischer Sicht dagegen? Im Zweifel profitieren «die Mullahs» ein weiteres Mal von den Fehlern anderer.

Zwei Gründe haben MBS bewogen, im März 2015 militärisch im Jemen einzugreifen, gemeinsam mit dem emiratischen Kronprinzen, offiziell als Teil einer Militäraktion aller Golfstaaten mit Ausnahme Omans (und Katars, das aber erst seit dem Boykott) sowie einiger Hauptempfänger saudischer Gelder, darunter Ägypten, Pakistan und vor allem der bettelarme Sudan. Zum einen der Vormarsch der Huthis, zum anderen das sich abzeichnende Atomabkommen mit dem Iran. In Kombination kam das aus saudischer Sicht einer Apokalypse gleich, dem ultimativen GAU: Iran, Superstar. Es musste also etwas geschehen, und Obama erteilte Riad grünes Licht für dessen Intervention. Wenn man so will als Trostpreis für das Atomabkommen. Nach außen hin verfolgt sie das Ziel, die Übergangsregierung unter Hadi wieder einzusetzen. Dieser saudischen Linie haben sich alle westlichen Staaten, auch Deutschland, angeschlossen. Eine Fiktion angesichts der Gefechtslage und des Untergangs des jemenitischen Zentralstaates, den es auf absehbare Zeit nicht mehr geben wird, ebenso wenig wie etwa in Libyen.

Auch wenn sich die Frontlinien laufend ändern, lassen sich die hauptsächlichen Akteure doch benennen. Allen voran die Huthis, die weite Teile der Nordhälfte Jemens kontrollieren, einschließlich der Hauptstadt. Ihr Einflussbereich entspricht in etwa dem des früheren zaiditischen Imamats. Obwohl sie die stärkste politische und militärische Kraft im Land darstellen, gelten sie im Westen als Parias, auch aufgrund ihrer anti-amerikanischen und anti-israelischen Agenda. Die allerdings ist weniger Ausdruck einer unverrückbaren Ideologie als vielmehr der fragwürdige Versuch, jenseits der alles dominierenden Stammesidentitäten auch jenen eine politische Heimat anzubieten, die keine Huthis oder Zaiditen sind.

Vor allem in den östlichen und südöstlichen Landesteilen Nordjemens spielt die Islah-(Reform-)Partei eine wichtige politische und militärische Rolle. Sie entstand in den 1990er Jahren vor allem aus Gegnerschaft verschiedener Stämme und Regionen zu Ali Abdallah Salih und seiner Partei, dem Allgemeinen Volkskongress. Finanziert werden die «Reformer» überwiegend von Saudi-Arabien. Ihre Anhänger sind Sunniten, keine Zaiditen. Da sie die Huthis bekämpfen, floh der überwiegende Teil der Parteiführung nach deren Einnahme Sanaas 2014 nach Riad, eine Minderheit nach Katar. Die ideologischen Wurzeln der Islah-Partei gehen auf die Muslimbruderschaft zurück, was deren Führung in Riad allerdings vehement bestreitet – aus nachvollziehbaren Gründen. Kämpfer der Islah kontrollieren weite Teile der Provinz Marib und strategisch wichtige Gebiete um die Stadt Ta'iz, der Grenzregion zum südlichen Jemen.

Die Stämme und Regionen im deutlich weniger gebirgigen Südjemen haben sich über die Jahrhunderte ihre weitgehende Autonomie gegenüber den zaiditischen Imamen bewahrt. Mehr als zweihundert Jahre herrschten die Briten in der Hafenstadt Aden. Nach deren Abzug 1967 entstand im Südjemen der einzige nominell marxistische Staat der arabischen Welt, die «Demokratische Volksrepublik Jemen». Deren Hauptstadt war Aden. Mit dem Untergang der Sowjetunion und dem Ausbleiben der Alimentierung aus Moskau endete auch die Unabhängigkeit des bankrotten Landes, das sich 1990 mit Nordjemen vereinigte. Die Einheit allerdings blieb brüchig und führte 1994, nach der Entdeckung von Erdölvorkommen im Süden, zu einem kurzen und blutigen Krieg, den Ali Abdallah Salih militärisch für den Norden entschied, auf Kosten der abtrünnigen Südjemeniten.

Zwar gelang es den Huthis, bis nach Aden vorzustoßen, doch wurden sie von dort im Juli 2015 wieder vertrieben. Zum einen sind die Südjemeniten Sunniten, keine Zaiditen, weswegen die Huthis dort keinen Rückhalt in der Bevölkerung fanden. Und zum anderen erfolgte eine militärische Intervention der Vereinigten Arabischen Emirate, die, in Absprache mit Riad, sukzessive fast den gesamten Südjemen unter ihre Kontrolle gebracht haben, mit Ausnahme kleinerer, von «Al-Qaida auf der Arabischen Halbinsel» (AQAP) dominierter Gebiete. Abu Dhabi ist mit eigenen Soldaten und Söldnern vor Ort präsent, setzt vor allem aber auf die zahlreichen, vom Staatszerfall begünstigten regionalen salafistischen Milizen. Die konnten nur deswegen zu entscheidenden Machtfaktoren im Süden werden, weil Abu Dhabi sie maßgeblich finanziert und mit Waffen beliefert – auch wenn deren Selbstwahrnehmung eine andere sein mag. So nennt sich die größte Ansammlung dortiger Landsknechte (die veraltete Bezeichnung ist hier zutreffend) «Streitkräfte der südlichen Giganten».

Diese salafistischen Milizen, die selten klar von AQAP oder dem «Islamischen Staat» abzugrenzen sind, bekämpfen sich auch untereinander, vor allem in und um Aden. Seit der von den Huthis gestürzte Präsident Hadi im Juni 2018 wieder dorthin zurückgekehrt ist, versucht er allen Ernstes, von Aden aus das Land wieder zu vereinen. Mission impossible – obwohl er die, wie sie im Jemen bezeichnet wird, «Legitimität» vertritt, die international anerkannte Regierung des Landes. Sein «Staatsapparat» besteht im Wesentlichen aus ihm und einigen Handlangern. Hadi hat keinerlei Hausmacht – keine Partei, keine gesellschaftliche Gruppe im Süden unterstützt ihn, im Norden genießt er außerhalb seiner Heimatregion ebenfalls kaum Rückhalt. Immerhin hat er Zugriff auf die jemenitische Zentralbank, über ihre Filiale in Aden. Sein (politisches) Überleben verdankt er allein den Emiratis, denen er aus guten Gründen misstraut. Doch solange er als Strohmann von Nutzen ist, der Riads und Abu Dhabis Interessen vor allem gegenüber dem Westen Ausdruck verleiht, hat er wohl eine Zukunft.

Der Vollständigkeit halber sei auch Tariq Salih erwähnt, der Neffe Ali Abdallah Salihs. Er führt eine von Saudi-Arabien ausgerüstete Miliz, «Nationaler Widerstand», die eine Schlüsselrolle spielt bei der Schlacht um die strategisch wichtige Hafenstadt Hodeidah am Roten Meer, an der Westküste Nordjemens, die im Juni 2018 entbrannte. Doch ungeachtet der militärischen Allianz aus Saudis und Emiratis, Salafisten und Islah-Milizen und der bisher härtesten Kämpfe im Jemenkrieg konnten die Huthis, obwohl in der Unterzahl, die Stadt bis zur Drucklegung dieses Buches verteidigen – ein Hinweis darauf, wie unerschrocken und kampferprobt sie sind.

Die Frage, wie stark «Al-Qaida auf der Arabischen Halbinsel» sei, beschäftigt westliche Analysten mit Nachdruck. Sie ist im Grunde nicht zu beantworten. Der Jemen ist vor allem im Süden mit Donald Trump gesprochen ein «shithole country», ein «Scheißhaus-Land». (Dass seine Politik maßgeblich dazu beigetragen hat, es dazu werden zu lassen, dürfte ihn kaum interessieren.) Es gibt dort keine funktionierenden staatlichen Strukturen mehr, keine Arbeit, keine Zukunft, kaum Lebensmittel. Wer Geld hat, kann unter solchen Bedingungen mühelos Loyalitäten kaufen. Das gilt für die Saudis, die Emiratis, aber auch für AQAP oder den «Islamischen Staat». Wer sich welcher Gruppe anschließt, ist meist dem Zufall geschuldet und selten Ausdruck innerer Überzeugung. Ein Kämpfer, ein Stamm, kann heute dieser Gruppe folgen und morgen jener. Wer das beste Angebot macht, bekommt den Zuschlag. Das mag man für Opportunismus halten, in erster Linie aber geht es ums Überleben.

Hungerspiele im Jemen

Seit Obama glauben die Amerikaner, dieses auf den Faktor Terror verkürzte Problem mit Hilfe allgegenwärtiger Drohnenangriffe lösen zu können. Drohnen kreisen ständig insbesondere über dem Süden und haben bislang Hunderte getötet.[2] Alle Kenner des Jemen sind sich einig, dass diese Drohnenangriffe das beste Rekrutierungsinstrument radikaler Islamisten sind – in den allermeisten Fällen kosten sie unschuldige und ahnungslose Dorfbewohner das Leben. Verwandte und Überlebende schließen sich danach oft genug aus Rache den Radikalen an. Würden die Amerikaner, die Saudis oder die Emiratis auch nur ein Prozent der Milliardenbeträge, die sie in Krieg und Zerstörung des Jemen investieren, für den Aufbau ziviler Strukturen und die Schaffung von Jobs einsetzen, wäre das die beste nur denkbare Maßnahme, um Frieden und Sicherheit wiederherzustellen. Doch in solchen Kategorien denken auch die Cäsaren von heute nicht.

Abu Dhabi ist arbeitsteilig für die Kriegsführung im Süden zuständig, Riad für die im Norden. Doch nicht einmal MBS wäre vermessen genug, saudische Bodentruppen in den Nordjemen zu entsenden. Er hat sich für eine andere, viel perfidere Form der Kriegsführung entschieden, zunächst unter dem Namen Operation Decisive Storm, Entscheidender Sturm, später Restoring Hope, Hoffnung Wiederherstellen. Sie hat zwei Bestandteile: Luftangriffe auf militärische und zivile Ziele im Norden Jemens sowie eine umfassende Luft-, See- und Landblockade des gesamten Landes. Offiziell, um damit die Huthis von jedem militärischen Nachschub abzuschneiden. Tatsächlich aber geht es in erster Linie darum, den Nachbarn auszuhungern und in die Kapitulation zu zwingen. Die Blockade hat zur Folge, dass auf regulärem Weg kaum noch Lebensmittel, medizinischer Bedarf und Benzin in den Jemen gelangen. Das Land ist aber zu 85 Prozent auf Lebensmittelimporte angewiesen. Auch MBS wird sich darüber im Klaren gewesen sein, was zwangsläufig folgen musste – nichts weniger als ein Menschheitsverbrechen.

«Die schlimmste humanitäre Katastrophe weltweit»

Mitte 2017 stellte sich die Lage wie folgt dar. Bei einer Gesamteinwohnerzahl von knapp 27 Millionen gelten laut UN Office for the Coordination of Humanitarian Affairs (OCHA) 17 Millionen als «food insecure», sie haben also keinen gesicherten Zugang zu Lebensmitteln. Von denen wiederum sind sieben Millionen akut von Hungersnot bedroht. 15 Millionen müssen ohne medizinische Hilfe auskommen – wegen fehlender Medikamente, vor allem aber, weil die saudischen und emiratischen Bombardements die meisten Krankenhäuser und Nothilfestationen zerstört haben. 14,4 Millionen fehlt der Zugang zu sanitären Einrichtungen und sauberem Trinkwasser. Zwei Millionen Jemeniten sind Binnenkriegsflüchtlinge.[3] Im Februar 2018 war die Zahl der Hungernden bereits von 17 auf 22,2 Millionen angestiegen.[4] Mindestens zwei Millionen Kinder haben keine Möglichkeit, eine Schule zu besuchen.

Das vielerorts von Fäkalien verunreinigte Trinkwasser ist verantwortlich für die im Land grassierende Cholera sowie rund zehn Prozent der bislang etwa 30 000 Toten. Eine Million Jemeniten sind an Cholera erkrankt oder gelten als Verdachtsfälle, viele von ihnen Kinder. Vertreter von UNICEF, der Weltgesundheitsorganisation und des World Food Programme bezeichneten die Lage im Jemen im Juli 2017 als «die schlimmste humanitäre Katastrophe weltweit».[5] Wie ausweglos viele Jemeniten ihre Lage sehen, zeigt sich auch daran, dass Zehntausende die Flucht über den Seeweg angetreten haben – über das Rote Meer oder den Golf von Aden ausgerechnet nach Somalia. Wie viele dabei ertrunken sind, weiß niemand. Wen würde es auch interessieren?

Es stellt sich die Frage, warum diese Tragödie im Gegensatz zu der syrischen zu keiner oder nur geringer Empörung auf Seiten westlicher Politiker und Meinungsmacher bis hinauf zum UN-Generalsekretär führt. Die Antwort ist offenkundig: Nach westlicher Lesart ist Russland hauptverantwortlich für das Leid in Syrien, gleichrangig mit oder noch vor dem Iran und dem Assad-Regime. Die moralische Anklage ist folglich «politisch korrekt». Für das Desaster im Jemen aber sind neben den beiden Kronprinzen in Riad und Abu Dhabi vor allem die USA und Großbritannien mitverantwortlich – und die rechnen bekanntlich zu den «Guten». Entsprechend zurückhaltend fällt die Kritik aus, zumal Kriegsflüchtlinge aus dem Jemen Europa nicht erreichen, somit die hiesige Innenpolitik nicht berührt ist.

Um eigene Soldaten nicht zu gefährden, erfolgen die saudischen Angriffe im Jemen ausschließlich aus der Luft. Die Kriegsführung Riads nimmt bewusst und vorsätzlich nichtmilitärische Ziele ins Visier, eines von drei Bombardements richtet sich gegen zivile Infrastruktur, darunter Schulen und Krankenhäuser, Märkte und Kraftwerke.[6] Systematisch haben saudische und emiratische Kampfflugzeuge in allen Provinzen Jemens alles, was mit Landwirtschaft, Lebensmittel- und Wasserversorgung zu tun hat, zu zerstören versucht, sogar einzelne Kühe beschossen und Fahrzeuge, die Lebensmittel transportieren, auch Anbauflächen in Brand gesetzt. Nur drei Prozent der Böden Jemens sind für Landwirtschaft geeignet, so dass die Ziele bewusst ausgewählt werden müssen – um «Kollateralschäden» handelt es sich wohlweislich nicht.[7]

Da die saudische Luftwaffe nicht über ausreichend erprobte Militärs verfügt, ist sie angewiesen auf Hilfe von außen. Britische Offiziere sitzen in der Leitzentrale der saudischen Luftwaffe und koordinieren die Angriffe im Jemen, mit Hilfe amerikanischer Aufklärung. Riads Wertschätzung für diese Hilfsbereitschaft ist auch daran abzulesen, dass die Rüstungsexporte Londons 2015 innerhalb von nur drei Monaten um 11 000 Prozent gestiegen sind, von neun Millionen Pfund auf eine Milliarde.[8] Großbritannien rückte damit innerhalb kürzester Zeit zum zweitgrößten Waffenlieferanten Saudi-Arabiens auf. Seit Kriegsbeginn im März 2015 bis zum Jahresanfang 2018 haben britische Rüstungsfirmen Kriegsgerät im Wert von insgesamt 8,5 Milliarden US-Dollar nach Saudi-Arabien geliefert.[9]

Damit nicht genug: 2017 haben die USA Riad und Abu Dhabi Waffen im Wert von 650 Millionen US-Dollar verkauft, ausschließlich für den Krieg im Jemen – zusätzlich zu deren sonstigen Bestellungen.[10] Während die Regierung Obama Saudi-Arabien nur begrenzt Präzisionsbomben lieferte, sind unter Trump alle diesbezüglichen Beschränkungen aufgehoben worden: *you get what you pay for*, auch international geächtete Streubomben. Washington stellt neben der Luftaufklärung vor allem sicher, dass Saudi-Arabien und den Emiraten das Kerosin für die Kampfflugzeuge nicht ausgeht. Die entsprechenden Lieferungen sind 2017 im Vergleich zum Vorjahr um 140 Prozent angestiegen.[11]

Keine Ahnung von nichts

Angesichts der Unmenschlichkeit der saudischen Kriegsführung haben amerikanische Senatoren und Kongressabgeordnete wiederholt gefordert, die Waffenlieferungen zu reduzieren oder einzustellen – ohne Erfolg. Offiziell geben sich die Verantwortlichen ahnungslos, bestenfalls mahnen sie Riad in höflichen Worten zur Mäßigung, darunter auch

Trump. Entsprechend der Auftritt von General Joseph Votel bei einer Anhörung vor dem Armed Services Committee (Verteidigungsausschuss) des Senats. Votel ist der Oberbefehlshaber des U. S. Central Command (CENTCOM) und somit federführend verantwortlich für alle Militäreinsätze im Nahen Osten und Zentralasien. Die Senatorin Elisabeth Warren, Demokratin aus Massachusetts, fragte ihn im März 2018: «Erkundigt sich das CENTCOM nach dem Warum, wenn ein Flugzeug betankt wird? Welches Ziel es angreift und was für Folgen die betreffende Mission hatte?»

Die Antwort Votels: «Nein, Senator, das tun wir nicht.»

Die Senatorin hakte nach. Ob ihm klar gewesen sei, dass die Saudis bei einem Luftangriff im nördlichen Jemen, in der Huthi-Hochburg Saada, im Februar 2018 fünf Zivilisten getötet hätten? Und dass die medizinischen Helfer, die sich anschließend zum Ort des Angriffs begeben hätten, daraufhin ebenfalls getötet worden seien? (In der Militärsprache «double tap» genannt, «Doppelschlag» – eindeutig ein Kriegsverbrechen.) Wisse CENTCOM, ob dabei amerikanische Waffen oder Flugbenzin zum Einsatz gekommen seien?

Votel: «Nein, Senator, ich glaube nicht, dass wir darüber Kenntnis haben.»[12]

Passend zum Besuch von MBS in Washington im März 2018 schmetterte der Senat einen Antrag zur Beendigung der Kerosinlieferungen und der geheimdienstlichen Kooperation mit der saudisch geführten Koalition im Jemenkrieg mit 55 Stimmen gegen 44 ab. Vor allem wohl aus humanitären Erwägungen, denn, so Verteidigungsminister James Mattis: Gerade die Betankung in der Luft, im Verlauf der Einsätze, «verringert das Risiko ziviler Opfer».[13]

Wie die New York Times enthüllte, sind seit Ende 2017 Green Berets in der saudisch-jemenitischen Grenzregion im Einsatz. Die Grünen Barette sind eine Eliteeinheit, spezialisiert unter anderem auf Kommandooperationen, Fernaufklärung und die Ausbildung von Guerillakämpfern in Feindesland. Bis zum Mai 2018 soll es sich lediglich um ein Team aus zwölf Soldaten gehandelt haben. Ihre Aufgabe: Raketenstellungen der Huthis ausfindig machen und ausschalten. Trotz ihrer geringen Zahl war die Aufregung in Washington beträchtlich. Zum einen hatte das Pentagon stets bestritten, dass US-Soldaten als Kämpfer am Boden eingesetzt werden. *Boots on the ground* – darauf reagiert das politische Establishment meist sensibel. Zum anderen liegt auf der Hand, dass diesem ersten Schritt jederzeit weitere folgen könnten.[14]

Ungeachtet solcher Schützenhilfe erweist sich der Krieg für Riad zunehmend als Bumerang. Nicht allein wegen der Kosten von schätzungsweise fünf bis sechs Milliarden US-Dollar *im Monat*.[15] Auch deswegen, weil die Sandalenkrieger der Huthis den hochgezüchteten, aber meist unfähigen saudischen Soldaten und Sicherheitskräften im Guerillakampf deutlich überlegen sind. Entsprechend hoch ist die Zahl der saudischen Gefallenen: Seit Kriegsbeginn sollen mehr als 1000 Soldaten getötet worden seien, die meisten von ihnen bei Grenzgefechten.[16]

Zaiditen leben diesseits und jenseits der saudisch-jemenitischen Grenze. Entsprechend konnten sie Bombenanschläge auf Polizei- und Militärstationen im Süden Saudi-Arabiens durchführen, mehrfach haben sie auch Raketen entlang der Grenze abgefeuert. Nicht zuletzt besteht die Gefahr, dass sich die von Riad schon immer vernachlässigten Grenzregionen früher oder später dem Aufstand der Huthis anschließen oder von ihnen unabhängig gegen den Zentralstaat rebellieren.

Diese Angst vor «innenpolitischer Subversion» im Windschatten des Jemenkrieges dürfte auch die Hinrichtung des populären saudisch-schiitischen Geistlichen Nimr an-Nimr im Januar 2016 erklären. Im Zuge der arabischen Revolte hatte er sich 2011 für die Loslösung zweier mehrheitlich schiitischer Provinzen im Osten Saudi-Arabiens (in denen sich auch das meiste Erdöl befindet) ausgesprochen. Viele Schiiten schlossen sich seiner Forderung an, es kam zu friedlichen Protesten. Daraufhin wurde an-Nimr im Folgejahr festgenommen und in einem Schauprozess zum Tode verurteilt. Nach seiner Hinrichtung stürmten aufgebrachte Demonstranten in Teheran die saudische Botschaft und verwüsteten sie teilweise, was zum Abbruch der diplomatischen Beziehungen führte. An-Nimr wäre mit Sicherheit nicht ohne die ausdrückliche Billigung von MBS hingerichtet worden – ein zusätzliches Indiz, dass seine vermeintliche Liberalisierungspolitik nur Fassade ist.

Nach anhaltenden Protesten gegen die Diskriminierung der Schiiten in Saudi-Arabien und der Hinrichtung an-Nimrs schlossen die Sicherheitskräfte im Mai 2017 einen Ring um die schiitische Hafenstadt al-Awamiya am Persischen Golf. Die rund 30 000 Einwohner wurden eingekesselt. Nach drei Monaten Belagerung wurde die Stadt mit Luftangriffen und Artilleriebeschuss in weiten Teilen zerstört – von der saudischen Armee, die ohne jeden Zweifel auf Befehl des Kronprinzen gehandelt haben muss. Eine dermaßen weitreichende Entscheidung kann nur er treffen. Wie viele Menschen bei der Operation ums Leben kamen, ist nicht bekannt. Sie starben nicht allein bei den Bombardements, sondern auch durch den Einsatz von Heckenschützen.[17] Dieses Vorgehen erinnert an das Assads in Syrien, auch die Bilder der Zerstörung ähneln einander. Der entscheidende Unterschied ist allerdings, dass kein einziger Politiker, kein einziger maßgeblicher Leitartikler im Westen das Vorgehen von MBS verurteilt hätte. Er ist pro-westlich, entsprechend hat er freie Hand. Erst recht in seinem eigenen Land.

Dass sich der Krieg im Jemen als ein weiterer strategischer Fehlschlag erweisen dürfte, hat der Kronprinz mittlerweile wohl selbst begriffen. Eine Expertengruppe des

UN-Sicherheitsrats formulierte es im August 2017 so: «Die Kampagne gezielter Luftangriffe seitens der von Saudi-Arabien angeführten Koalition hat wenig taktische und militärstrategische Vorteile erbracht und vor allem dazu beigetragen, den Widerstandswillen der Zivilbevölkerung zu kräftigen.»[18]

Um die Huthis zu schwächen, haben die Saudis insgeheim Kontakt mit Ali Abdallah Salih aufgenommen, dessen Rücktritt sie 2012 mit herbeigeführt hatten. Im Dezember 2017 wechselte der erneut die Seiten und sagte sich von den Huthis los. Doch die Saudis sollten sich nur zwei Tage an ihrem Coup erfreuen – bis dessen Autokonvoi an einer Straßensperre der Huthis in Sanaa von Kugeln durchsiebt wurde. Alle Insassen starben, auch der Langzeitherrscher. Im Januar 2018 begannen Geheimgespräche zwischen saudischen Vertretern und Huthi-Rebellen im Oman.[19] Für MBS stellt sich vor allem wohl die Frage, wie er sein verbrecherisches Abenteuer möglichst gesichtswahrend beenden kann.

Der Elefant und die Maus

Vielleicht mit Hilfe seines Freundes Trump? Das Weiße Haus erklärte nach dem Tod Salihs, dafür seien die iranischen Revolutionsgarden verantwortlich, «deren Waffen, Logistik und Zielführung die Gewalttaten der Huthis» überhaupt erst ermöglicht hätten. Die Gewalt werde nicht enden, «solange der Jemen nicht von dem bösartigen Einfluss iranischer Milizen befreit ist».[20]

Eine wie üblich allzu schlichte Sichtweise. Mehrere US-Diplomaten, darunter vormalige amerikanische Botschafter in Riad und Sanaa, haben die Lage bereits 2016 ganz anders beurteilt. Ohne die saudische «Obsession, den Huthis einen vernichtenden Schlag versetzen zu wollen», hätte es diesen

Krieg gar nicht erst gegeben, so Nabeel Khoury, stellvertretender US-Gesandter in Sanaa von 2004 bis 2007. In den Worten von Chas Freeman, US-Botschafter in Riad von 1989 bis 1992: «Die Huthis waren nicht im iranischen Lager, bis sie aufgrund der Umstände dort gelandet sind. Als sie von den Saudis angegriffen wurden ... brauchten sie von irgendwoher Unterstützung, und die bekamen sie von Teheran. Der saudische Versuch, die Iraner für das Atomabkommen zu bestrafen, indem die Saudis dafür die Huthis ins Visier nehmen, hat stattdessen die Beziehungen zwischen den Huthis und dem Iran zementiert, was ansonsten kaum der Fall gewesen wäre.» Stephen Seche, US-Botschafter in Sanaa von 2007 bis 2010, sieht es so: «Die iranischen Revolutionsgarden haben ihren Einsatz im Jemen in vielerlei Hinsicht erhöht – und zwar als unmittelbare Reaktion auf die von Saudi-Arabien angeführte Invasion. Als sie erkannten, dass die Saudis eingreifen würden, war das wie eine Einladung, ihrerseits Präsenz zu zeigen und Partei zu ergreifen.»[21]

2009 kabelte US-Botschafter Seche aus Sanaa: «Der iranische Einfluss im Jemen ist bislang beschränkt auf informelle religiöse Bande zwischen jemenitischen und iranischen Gelehrten sowie zu vernachlässigende iranische Investitionen in den Bereichen Energie und Entwicklungshilfe ... Die einzige sichtbare iranische Einflussnahme besteht in dem Stellvertreterkampf, den sich iranische Medien mit saudischen und jemenitischen über die Unterstützung der Huthis liefern.»[22]

Es waren die US-Republikaner, die den Jemen 2014 auf ihre machtpolitische Agenda setzten. Den Sturz Hadis sahen sie als Beleg für Obamas gescheiterten Kampf gegen den Terror. Gleichzeitig spannen sie ein Narrativ, demzufolge Obamas Versagen im Jemen den Weg geebnet hätte für eine weitere, unverzeihliche Schwäche seiner Amtszeit – das aus republikanischer Sicht viel zu nachgiebig verhandelte Atomabkommen mit dem Iran. Sogar bei der Bekämpfung sunnitischer Aufständischer im Irak sei der Präsident auf Teheran angewiesen.[23] Unglücklicherweise bestätigten iranische Hardliner dieses Narrativ. Insbesondere ein Zitat des Parlamentsabgeordneten Ali Reza Zakani machte die Runde quer durch die Leitmedien im Westen, am Golf und in Israel. Die Machtübernahme der Huthis in Sanaa bedeute seinen Worten zufolge, dass die Iraner nunmehr vier regionale Hauptstädte kontrollierten, nämlich Sanaa, Damaskus, Beirut und Bagdad. Das war Wasser auf die Mühlen der Saudi-Connection.[24]

In Wirklichkeit war die iranische Haltung viel nüchterner. Teheran hat die Huthis ausdrücklich vor dem Einmarsch und der Machtübernahme in Sanaa im September 2014 gewarnt.[25] Als die Huthis im März 2016 mit Riad einen Waffenstillstand entlang der saudischen Grenze aushandelten, der bis zum Scheitern der von den Vereinten Nationen unterstützten jemenitischen Friedensverhandlungen in Kuweit im August 2016 hielt, hatte Teheran keine Einwände.[26] Wären die Huthis eine fünfte Kolonne, hätten sie eine solche Vereinbarung kaum oder gar nicht treffen können. Umgekehrt warfen sie den Iranern vor, ihre Vertreibung aus Aden im Juli 2015 nicht verhindert zu haben.[27]

Wie aber sieht die militärische Unterstützung Irans für die Huthis konkret aus? In welcher Größenordnung kämpfen schiitische Milizen auf Seiten der Zaiditen? Der jemenitische Journalist Mohammed Aysh gilt als einer der besten Kenner der Huthis. Er hat eines der sehr wenigen Interviews führen können, die deren Anführer, Abd al-Malik al-Huthi, je geben mochte. Ayshs Antwort ist verblüffend. Einige Dutzend Militärberater, achtzig bis neunzig, auf jeden Fall deutlich unter hundert, seien auf Seiten der Huthis im Einsatz. Etwa zur Hälfte Iraner, zur Hälfte Angehörige der libanesischen Hisbollah. Ausschließlich Militärberater, keine aktiven Kämpfer, keine Milizen. Diese Aussage ist keineswegs seine Privatmeinung, sondern Konsens unter jemenitischen Analysten.[28]

Und worin genau besteht die Beratung? «Raketentechnologie», so Mohammed Aysh. «Anders als im Westen oder von Saudi-Arabien behauptet, liefert der Iran keine Raketen oder Raketenteile an die Huthis. Das wäre auch unklug – würden sie abgefangen, hätte Washington einen rauchenden Colt und würde den mit Sicherheit gegen Teheran verwenden.»

Woher haben die Huthis dann die Raketen, die sie in Richtung Saudi-Arabien abfeuern? «Aus jemenitischen Armeebeständen. Dreißig Jahre lang haben vor allem die Amerikaner Ali Abdallah Salih und sein Regime mit Raketen und neuesten Waffen beliefert», erklärt Mohammed Aysh. «Auch für den Kampf gegen Al-Qaida. Diese Armeebestände kontrollieren nunmehr größtenteils die Huthis. Die iranischen und libanesischen Militärberater vermitteln ihnen das Knowhow, mit den Raketen umzugehen, sie falls erforderlich technisch aufzurüsten und zielgenau in Stellung zu bringen. Darin besteht deren Aufgabe.»[29]

Zu dieser Einordnung passt ein UN-Bericht vom Dezember 2017. Demzufolge haben ein amerikanisches und ein australisches Kriegsschiff eine hölzerne Dau, ein kleineres Segelschiff, aus dem Oman aufgebracht und 900 Sturmgewehre sowie 100 Panzerfäuste sichergestellt, angeblich aus iranischer Produktion.[30] Nicht gerade ein kriegsentscheidendes Volumen. Doch wie auch immer man das Engagement Teherans auf Seiten der Huthis beurteilt – verglichen mit der militärischen Unterstützung Riads durch die USA und Großbritannien bewegt es sich im unterschwelligen Bereich. Plakativ gesagt ist diese Allianz der Elefant, die Gegenseite eher die Maus. Auf keinen Fall aber legitimiert die iranische Militärpräsenz, die eine Reaktion auf das saudische Vorgehen ist, nicht ihre Ursache, den mörderischen

Vernichtungskrieg gegen die Jemeniten, ihre Lebensgrundlagen, ihre Kultur, Geschichte und Gesellschaft.

Am 4. November 2017 feuerte das Bündnis aus Huthis und den Anhängern Ali Abdallah Salihs eine Mittelstreckenrakete in Richtung Riad, die dort angeblich unweit des internationalen Flughafens abgefangen wurde. MBS sprach von einer «iranischen Kriegserklärung», ähnlich äußerte sich die US-Botschafterin bei den Vereinten Nationen, Nikki Haley. Während eines theatralischen Auftritts vor der Vollversammlung im Dezember präsentierte sie einzelne Raketenteile, auf Paletten ausgebreitet, und behauptete, die Rakete sei «eindeutig» eine iranische. Diesem Urteil mochte sich eine UN-Expertengruppe, die deren Bauart und Beschaffenheit untersucht hatte, allerdings nicht anschließen. Aus gutem Grund nicht, wie wir gesehen haben. Ohnehin ist die zugrundeliegende Heuchelei beim besten Willen nicht zu übersehen. Selbst wenn es eine iranische Rakete wäre – warum sollte ihr Einsatz verwerflicher sein als etwa der amerikanischer Präzisions- oder Streubomben? (Die formale Antwort lautet: weil die UN auf britische und amerikanische Initiative seit 2015 mehrfach erweiterte Waffenembargos gegen den Jemen verhängt haben, was für Washington und London allerdings ohne Bedeutung ist: Sie liefern ihre Waffen ja nach Saudi-Arabien.)

Selbstverständlich ging es bei dieser Showeinlage nicht um Fakten, sondern um eine politische Ansage. Ohne in ihrer Rede auch nur mit einem Wort auf die katastrophalen Verhältnisse im Jemen einzugehen, stellte Haley fest, das «iranische Verhalten» habe sich seit Abschluss des Atomabkommens 2015 «eindeutig verschlechtert», das sei eine «unbestreitbare Tatsache». Und: «Der Kampf gegen iranische Aggression betrifft die ganze Welt.»[31] Daraus wäre dann welcher Schluss zu ziehen? Richtig – weg mit dem Atomabkommen.

Hungerspiele im Jemen

Die International Crisis Group in Brüssel, eine von westlichen Regierungen, Stiftungen und Großunternehmen finanzierte Denkfabrik, steht nicht im Verdacht, pro-iranisch zu sein. Sie hält fest, dass der Raketenbeschuss Riads mit dem Konflikt zwischen Saudi-Arabien und dem Iran nichts zu tun habe. Generell sei das Raketenprogramm der Huthis «die beste Methode, um Vergeltung für die Luftangriffe der saudisch geführten Koalition zu üben, die Teile Nordjemens verwüstet haben. Außerdem sind sie ein Faustpfand für künftige Verhandlungen. Bezeichnenderweise erfolgte der Abschuss der Rakete unmittelbar nach zwei saudischen Luftangriffen in der Heimatprovinz der Huthis, Saada, denen wohl 38 Menschen zum Opfer gefallen sind, darunter acht Kinder.»[32]

Feindbilder festigen

Diese Raketenepisode ist ein erhellendes Fallbeispiel, wie Geopolitik inszeniert wird. Das Schicksal von Millionen Menschen – unbedeutend. Die Faktenlage – eine Frage der Präsentation. (Wobei diese Form der offenkundigen Unwahrheit, der zufolge der Iran an allem schuld sei, bezeichnenderweise nicht als *fake news* gilt.) Die Rechtslage – ohne weiteres hinzubiegen. (Wiederholte UN-Resolutionen gegen Waffenexporte in den Jemen, weil Washington und London genau wissen, dass allein iranische, über den Iran bezogene oder sonstige Luftabwehrraketen ihre dortige Lufthoheit beeinträchtigen können.) Die Zukunft – im Zweifel Krieg gegen den Iran. Warum nicht als Weltkrieg? Immerhin leidet die gesamte Menschheit unter iranischer Aggression – mit Ausnahme vielleicht der Afghanen, Iraker, Syrer, Libanesen, Palästinenser, Libyer, Jemeniten, um nur einige zu nennen, die möglicherweise auch Erfahrungen haben mit anderen Aggressoren. Am bittersten ist wohl die Einsicht, dass solche Inszenierungen keinerlei Folgen haben für ihre Urheber. Die Medien könnten dergleichen Machenschaften entlarven, ziehen es aber meist vor, die offizielle Sicht wiederzugeben. Unterm Strich setzt sich in der westlichen Öffentlichkeit nach einem Auftritt wie dem von Haley einmal mehr der Eindruck fest: irgendwie gefährlich und böse, diese fanatischen Mullahs. Wer einen Krieg zu führen gedenkt, tut gut daran, als Erstes das Feindbild in den Köpfen zu festigen.

Mohammed Bin Salman hat fragwürdige, politisch nicht durchdachte Manöver gegen Katar und den Libanon eingefädelt, teils in Kooperation mit Abu Dhabi, und ist damit gescheitert. Er ist verantwortlich für die Hungerblockade und mitverantwortlich für die Zerstörung Jemens, ohne Aussicht auf einen politischen Gewinn. Die langfristigen Folgen seines Aktionismus sind noch gar nicht abzusehen. Die Golfstaaten hat er gespalten, die sunnitischen ebenso, seine Allianzen sind brüchig. Vor allem Trump wird ihm beistehen, solange er als Geschäftspartner interessant bleibt, weiterhin amerikanische Waffen kauft und auf Konfrontation mit dem Iran setzt. Aber nicht einmal der Unterstützung durch die Vereinigten Arabischen Emirate kann sich MBS auf Dauer gewiss sein. Zur Bruchlinie könnte der Jemen werden. So unterstützt Abu Dhabi seit Ende 2017 offenbar jemenitische Milizen, die den Süden vom Norden abspalten wollen.[33] Damit unterlaufen die Emirate die offizielle und somit die saudische Linie, die gestürzte Regierung Hadis wieder einsetzen zu wollen. Der emiratische Kronprinz plant, so scheint es, bereits für die Zeit nach dem Krieg und will dort seinen eigenen Einflussbereich sichern. Möglicherweise gehen die Überlegungen aber längst viel weiter. Ahmad al-Sayyad, dem jemenitischen Botschafter bei der UNESCO, zufolge, überlegt man in Riad und Abu Dhabi, den Jemen untereinander aufzuteilen.[34]

Hungerspiele im Jemen

Wie sehr sich die beiden Verbündeten gleichzeitig als Konkurrenten um Macht und Einfluss gegenüberstehen, zeigt auch die Besetzung der zu Jemen gehörenden Insel Sokotra im nordwestlichen Indischen Ozean, 300 Kilometer vom jemenitischen Festland entfernt. Im Mai 2018 fielen emiratische Truppen auf dem strategisch wichtigen Eiland ein – nur um wenige Tage später auf saudischen Druck hin wieder abziehen zu müssen. Das ging dann doch zu weit, und seither besetzen die Saudis Sokotra.[35] Beider Präsenz war und ist völkerrechtswidrig – aber wen interessiert es? Westlichen Medien war dieses Ereignis nicht einmal eine Meldung wert. Man stelle sich einen Augenblick vor, nicht Abu Dhabi oder Riad, sondern Teheran hätte sich der Insel bemächtigt. Wäre die Annahme falsch oder übertrieben, dass «Sokotra» in dem Fall ganz oben auf der weltpolitischen Agenda stünde und mit großer Wahrscheinlichkeit massive militärische Reaktionen zur Folge hätte? Auch der gemeinsame Militärstützpunkt Washingtons und Riads in agh-Ghaida, Hauptstadt der östlichsten Provinz Jemens, al-Mahra, an der Grenze zum Oman, ist ohne Absprache mit jemenitischen Behörden errichtet worden (abgesehen von dem als korrupt bekannten Gouverneur) und nicht minder völkerrechtswidrig. Was würde wohl geschehen, wenn der Iran seinerseits im Jemen einen Militärstützpunkt errichtete?

Die Causa Jemen ist ein Paradebeispiel dafür, wie ein hegemoniales Narrativ entsteht, wie in der westlichen Politik und den Medien ein Bild von «Gut» und «Böse» gezeichnet wird – in der Absicht, die öffentliche Wahrnehmung in eine bestimmte Richtung zu lenken. Der seit 2011, seit der arabischen Revolte, andauernde Staatszerfall im Jemen ist mit Kriegseintritt Saudi-Arabiens und dessen Blockade des Landes seit 2015 zu einer humanitären Katastrophe angewachsen. Die Tragödie selbst wird weitgehend ausgeblendet, anders als etwa in Syrien. Die amerikanisch-britische Unterstützung Riads und Abu Dhabis sowie deren maßgebliche Mitverantwortung für die Zerstörung Jemens mittels ihrer Waffenlieferungen spielt im hiesigen Narrativ so gut wie keine Rolle. Bestenfalls ist die Rede von einem «Stellvertreterkrieg» zwischen Saudi-Arabien und dem Iran auch im Jemen, der auf den vermeintlichen Gegensatz zwischen Sunniten und Schiiten zurückgeführt wird. Demzufolge wäre – unausgesprochen zwar, aber deutlich genug – der im Islam selbst verortete Fanatismus verantwortlich für das Elend im Land. Washington und London sind somit «exkulpiert», von jeder Schuld freigesprochen.

Gleichzeitig wird dergestalt eine Gleichwertigkeit der Kräfteverhältnisse unterstellt, die der Wirklichkeit im Jemen nicht ansatzweise entspricht: Die eine Seite, Saudi-Arabien, die Vereinigten Arabischen Emirate, Washington und London, verkörpert den Elefanten, die andere, der Iran, eher die Maus, wie erwähnt. Die in den Medien in diesem Zusammenhang zu vernehmende Aussage: «Die vom Iran unterstützten Huthi-Rebellen ....» ist in der Sache nicht falsch, aber gelinde gesagt unvollständig. Doch geht es nicht um Ausgewogenheit oder Vollständigkeit, und hier nun schließt sich der Kreis, sondern um die Beibehaltung einer Schwarz-Weiß-Perspektive, die den längst ausgemachten Feind unterschwellig, gleichwohl unmissverständlich benennt. Ein solches Narrativ ist von (Kriegs-)Propaganda kaum noch zu unterscheiden.

Der Jemen ist nicht genug

Niemand unterschätze Clan- und Stammesmentalitäten. Katar hat längst begonnen, seine Rache zu vollziehen, andere werden folgen. Der Jemen bleibt auf Jahrzehnte instabil und ein ideales Rückzugsgebiet für Dschihadisten aller Art, allen voran Al-Qaida. Die Instabilität wird an der saudischen Grenze nicht haltmachen.

Gegen die amerikanische Anerkennung Jerusalems als Hauptstadt Israels hatte MBS keine Einwände. Das kann für ihn gefährlich werden, denn der saudische König, der er sein wird, ist immer auch selbsternannter «Hüter der beiden Heiligen Stätten», von Mekka und Medina nämlich. Wenn er aber zu Jerusalem schweigt, der drittheiligsten Stadt im Islam, macht er sich als «Hüter» unglaubwürdig und liefert seinen zahlreichen Widersachern Munition. Seine übergroße Nähe zu Israel könnte ihm ebenfalls auf die Füße fallen, vor allem in Verbindung mit den vermeintlichen Friedensbemühungen des Weißen Hauses in Sachen Israel/Palästina. So undurchsichtig diese auch sind, erst recht im Zuge der schleichenden Entmachtung Jared Kushners, ergibt sich doch folgendes Bild: Der Showdown mit dem Iran bleibt die absolute Priorität Washingtons in der Region. Gleichzeitig soll aber auch irgendwie das lästige «Palästinenserproblem» gelöst werden. Am besten wohl, indem MBS den Palästinensern klarmacht, dass sie keine Wahl haben und idealerweise das tun, was Saudi-Arabien von ihnen verlangt, stellvertretend für Washington und Tel Aviv.[36]

Nach mehreren Begegnungen des saudischen Kronprinzen 2017 mit Kushner geht es, darauf deuten die Indizien, um Folgendes: Die Palästinenser erhalten lediglich ein paar territoriale Flecken im Westjordanland. Da Israel Jerusalem für sich beansprucht, dürfen die Palästinenser die kleine Ortschaft Abu Dis ihre «Hauptstadt» nennen, 11 000 Einwohner, ein Vorort von Ost-Jerusalem. Grundsätzlich werden sie sich an den Gedanken ihrer Umsiedlung gewöhnen müssen. «Palästina» soll offenbar neu entstehen, und zwar im Nordsinai, als Verlängerung des Gazastreifens. Diese Idee ist nicht neu, sie wird schon seit längerem hinter den

Hungerspiele im Jemen

Kulissen erwogen.[37] Das klingt absurd, ist aber bitterer Ernst. Nunmehr ist erstmals eine politische Konstellation gegeben, Trump, MBS und dem Ägypter as-Sisi sei Dank, die «alternative Fakten» tatsächlich umzusetzen und neue Wirklichkeiten zu erschaffen imstande wäre. Kann ein solcher Bevölkerungstransfer und die geschichtliche Entsorgung Palästinas in eine Art Indianerreservat gelingen? In Friedenszeiten ganz sicher nicht.

Fest steht, dass der saudische Kronprinz den Präsidenten der Palästinensischen Autonomiebehörde, Mahmud Abbas, am 6. November 2017 nach Riad einbestellt hat. Zu einem Zeitpunkt also, da Abbas wissen musste, dass der libanesische Premier al-Hariri unter Arrest steht, ebenso zahlreiche Granden im Ritz Carlton. Ein Setting also, das eine klare Botschaft vermittelt. Entsprechend habe MBS Abbas ultimativ aufgefordert, den amerikanischen Vorschlägen zuzustimmen und Abu Dis als Hauptstadt hinzunehmen. Darüber hinaus sei eine Annäherung der Autonomiebehörde in Ramallah an die Hamas im Gazastreifen nicht erwünscht, die sei ein pro-iranischer Feind. Sollte er diesem Ansinnen nicht entsprechen, werde er als Präsident ersetzt durch Mohammed Dahlan, ehemals Geheimdienstchef der PLO und bestens vernetzt in Riad und Abu Dhabi.[38] Als Ergebnis dieser Ranküne haben sich die Beziehungen Saudi-Arabiens zu Jordanien deutlich abgekühlt. Der jordanische König könnte einer solchen «Lösung» niemals zustimmen, mehr als die Hälfte seiner Bevölkerung besteht aus Palästinensern. Es würde Aufstände geben. Kurzum, der saudische Kronprinz ist maßgeblich verantwortlich für einen geopolitischen Scherbenhaufen. Er hält sich für einen nahöstlichen Machiavelli, ist aber wenig mehr als ein Brandstifter, der ungehemmt mit der Fackel posiert. Das alles wäre nicht weiter tragisch, würden nicht Millionen Menschen den Preis dafür bezahlen.

Damaskus am Pranger: Wer schießt eigentlich auf wen?
Über den Wahnsinn als politische Methode

Alle Weichen, die unter Trump und Kushner seit dem historischen Wendejahr 2017 im Nahen und Mittleren Osten gestellt worden sind, weisen in Richtung eines Showdowns mit dem Iran. Gezielt und vorsätzlich haben die USA und ihre Verbündeten den Weg in Richtung Krieg eingeschlagen. Die Frage ist weniger, ob er stattfinden wird, sondern wann, wo, wie und unter welchem Vorwand. Vieles spricht für einen Stellvertreterkrieg, wenig für einen direkten Angriff auf den Iran – Gewissheiten gibt es allerdings keine. Vor allem Israel, aber auch Saudi-Arabien und die Vereinigten Arabischen Emirate verfügen über erheblichen politischen Einfluss in Washington. Ihre Haltung in Sachen Iran ist eindeutig, ebenso die der Hardliner aus dem Umfeld des US-Präsidenten: Armageddon. Gleichzeitig verfügt Teheran über keinerlei Fürsprecher in den USA, dort gilt der Iran als das ultimativ Böse, noch vor Russland. Es geht darum, den letzten relevanten Widersacher westlicher Hegemonie in der Region auszuschalten oder so zu verheeren, dass er aus Sicht des anti-schiitischen Dreiecks Washington, Tel Aviv und Riad (oder Vierecks, mit Abu Dhabi) keine Gefahr mehr darstellt – konkret den eigenen Machtansprüchen nichts mehr entgegenzusetzen hat.

Seit der Islamischen Revolution gilt der Iran als Stachel im Fleisch. Nach vielem Hin und Her und wiederholten Beinahe-Konfrontationen hat das Atomabkommen 2015 die Lage erst einmal befriedet, so schien es. Doch unter Trump fühlen sich die Regimewechsel-Ideologen erneut im Aufwind. Die bedrohlichen Folgen, die eine weitere Gewaltexplosion für die Region und die Welt haben könnte, ignorieren die Scharfmacher oder halten sie für kontrollierbar. Darin genau liegt ihr Irrtum. Der Iran mag im Westen unbeliebt sein. Er hat aber mit Russland und China mächtige Verbündete.

Es gibt viele gute Gründe, iranische Politik zu kritisieren, gerade auch mit Blick auf die Missachtung von Menschenrechten. Der beliebte Vorwurf aber, Teheran betreibe Revolutionsexport, greift deutlich zu kurz. Noch einmal zur Erinnerung: Washington hat nach 9/11 die Taliban in Kabul gestürzt, sunnitische Extremisten und Widersacher des schiitischen Iran. 2003 bewirkte die amerikanisch-britische Invasion des Iraks das Ende der sunnitischen Herrschaft Saddam Husseins. Da die meisten Iraker Schiiten sind, etablierte sich daraufhin eine schiitische Machtelite, die eng mit Teheran kooperiert. Aus iranischer Sicht ein bemerkenswerter Service der Regierung George W. Bush, gleich in zwei Fällen. Im Syrienkrieg schließlich haben Teheran und Moskau den vom Westen betriebenen Regimewechsel ebenso vereitelt wie jene rund 50 Prozent der Bevölkerung, die nach wie vor hinter Assad stehen. Die libanesische Hisbollah schließlich ist wesentlich eine Quittung für die israelische Libanon-Invasion 1982. In allen genannten Fällen hat Teheran das getan, was Geopolitik, also eine an größeren geographischen Zusammenhängen orientierte Machtpolitik, grundsätzlich auszeichnet: Jeder Fehler der Gegenseite wird sofort für eigene Interessen genutzt, kein Machtvakuum geduldet.

Um es klar und deutlich zu benennen: der im Westen und Israel als Expansion wahrgenommene geopolitische Machtzuwachs Irans verdankt sich in erster Linie den Fehlern amerikanischer und israelischer Politik. Teheran verstand zu ernten, was andere zuvor gesät hatten. Den Iran für seine Unterstützung Assads im Syrien-Krieg zur Rechenschaft ziehen zu wollen (einer der Gründe für die Aufkündigung des Atomabkommens), lässt auf eine krude Mischung aus Trotzhaltung und Realitätsverleugnung schließen. Teheran hat ebenso wie Moskau die Verhältnisse in Syrien nüchterner eingeschätzt als die Regimewechselideologen in Washington und anderswo.

Aus Sicht Teherans sind schiitische Milizen im Irak, in Syrien und im Libanon eine Art Vorwärtsverteidigung. Der Iran verfügt über keine nennenswerte Luftwaffe, also ist er auf Raketen zur Abwehr feindlicher Flugzeuge angewiesen. Der irakische Überfall auf den Iran 1980 und die Unterstützung, die Saddam Hussein seitens der USA und Saudi-Arabiens erfuhr, waren Teheran eine Lehre. Seither sichert die Islamische Republik ihr Hinterland mit Hilfe schiitischer Milizen. Zunutze kommt ihr dabei, dass die Schiiten angesichts ihrer Minderheitenrolle und der saudisch-sunnitischen Frontstellung ohnehin den Schulterschluss suchen. Die Unterstützung der Hisbollah, aus israelischer Perspektive eine Bedrohung, ist für Teheran ein strategisches Faustpfand. Sollten Israel und/oder die USA den Iran angreifen, werden Abertausende Raketen aus dem Libanon in Richtung Israel abgefeuert werden. Wir erinnern uns: Das unter Khatami 2003 unterbreitete Angebot, die Hisbollah zu entwaffnen, als Gegenleistung für eine Deeskalation gegenüber dem Iran, haben die USA und Israel abgelehnt. Vor diesem Hintergrund ist die westliche Forderung, der Iran möge über seine Raketen verhandeln oder sich aus Syrien zurückziehen, vollkommen unrealistisch. Ohne Gegenleistung wird keine iranische Führung in dieser Frage Kompromisse eingehen – umso weniger, als das Land jederzeit mit einem Angriff rechnen muss. Die Forderungen der USA und Israels laufen darauf hinaus, der Regionalmacht Iran jedwede Legitimation abzusprechen – deren Sicherheitsbedürfnissen ebenso wie deren geopolitischen Interessen.

Unabhängig davon grenzt die Leichtfertigkeit, mit der die Ultranationalisten in Israel einen Waffengang gegen den Iran forcieren, an Hybris. Ist es eine gute Idee, wenn die politische Führung von rund 6,5 Millionen jüdischen Israelis einem Krieg gegen mehr als 100 Millionen Schiiten weltweit das Wort redet? So und nicht anders würde die überwältigende Mehrheit der Schiiten einen Angriff auf den Iran bewerten. Verlieren würde Israel eine militärische Auseinandersetzung nicht, wegen der eigenen Atombomben und des Schulterschlusses mit Washington. Aber was wird geschehen, sobald der Staub sich gelegt hat? Es verheißt nichts Gutes, dass die Knesset, das israelische Parlament, Premier Netanjahu im April 2018 autorisiert hat, unter «extremen Bedingungen» quasi im Alleingang einem anderen Land den Krieg zu erklären oder eine «größere militärische Operation» anzuordnen – ohne vorherige Rücksprache mit dem Kabinett. Allein mit Verteidigungsminister Lieberman wäre Netanjahu verpflichtet sich abzustimmen, mit einem gleichgesinnten Scharfmacher also. Welche Absicht die Autorisierung verfolgt, ist offenkundig.[1]

Westliche Machtpolitik tarnt sich gerne als Einsatz für Freiheit, Demokratie und Menschenrechte. Wie dieser Einsatz dann konkret aussieht, haben die vorherigen Kapitel umfassend dokumentiert. Was den eigenen Interessen, denen westlicher Machtpolitik, zuwiderläuft, wird nach Kräften dämonisiert. Ein sinnfälliges Beispiel dafür ist nicht zuletzt die Berichterstattung über Russland, die sich oft genug vor allem auf Vermutungen und Verdächtigungen stützt, begleitet von moralisierender Anklage. Aber auch in Sachen Iran ist der Rahmen klar gesetzt: ein «Schurkenstaat» wie aus dem Bilderbuch. Doch beinahe jeder, der den Iran bereist hat, ist von Land und Leuten überaus angetan und kehrt mit ganz anderen Eindrücken zurück als es das vorgegebene Image des *bad guy* erwarten ließe. Kriegsapologeten behaupten gerne, dass auch sie den Iran lieben und ihn gerade deswegen aus der Tyrannei erretten wollten. Heuchelei, mehr nicht. Welches Land hätte je nach einer westlichen Militärintervention einer besseren Zukunft entgegengesehen?

Über Macht, Moral und die Gewalt in Syrien

Jedem Krieg, jeder militärischen Eskalation geht die Verteufelung des Gegners voraus, das war nie anders. Entsprechend fehlt die Bereitschaft, auch einmal die Perspektive der Gegenseite einzunehmen. Verloren geht dabei die Friedensfähigkeit. Iranische Machtpolitik, russische, chinesische, westliche, folgt in erster Linie dem Eigeninteresse. Nichts anderes ist das Wesen von Machtpolitik. Wer die Machtpolitik der einen Seite für «moralischer» hält als die der anderen, ist entweder naiv oder ein Propagandist. Wer glaubt, allein die Machtansprüche des Westens seien legitim, die aller anderen Akteure hingegen Ausdruck von «Bösartigkeit», endet als Kriegstreiber. Gewollt oder ungewollt gehören dazu auch jene, die subjektiv davon überzeugt sind, der Westen betreibe tatsächlich keine selbstbezogene Machtpolitik, sondern folge weltweit in erster Linie humanitären Motiven.

Wieso also den Iran ins Visier nehmen, mit unabsehbaren Folgen? Weil Chaos auch Programm sein kann, eine Variante des altbewährten «teile und herrsche». Den Iran direkt anzugreifen wäre unklug, was aber nicht bedeutet, dass es keine entsprechenden Überlegungen gäbe. Vieles spricht für eine «Salamitaktik»: verschärfte Wirtschaftssanktionen im Umfeld eines mit Nachdruck betriebenen Regimewechsels. Indem etwa fragwürdige «Oppositionsgruppen» verstärkt Waffen und Geld erhalten. Ebenso unzufriedene oder benachteiligte Minderheiten, um sie zu Aufständen gegen Teheran zu ermutigen. Der Menschenrechtsdiskurs dürfte erneut forciert werden: Der freie Westen darf seine Werte nicht verraten! Er muss den Iranern beistehen, damit sie endlich in Freiheit leben können! Parallel sind Scharmützel zwischen Israel und dem Iran zu erwarten, bis hin zum offen geführten Krieg auf syrischem Boden oder im Libanon, unter Einbeziehung der Hisbollah. In dem Fall könnten auch die dort beteiligten Großmächte im Hintergrund, die USA und Russland, sehr schnell aneinandergeraten.

Die entscheidende Bruchlinie ist dabei der Krieg in Syrien. Er begann 2011, ebenfalls im Zuge der arabischen Revolte. Die zunächst friedlichen Demonstrationen in verschiedenen Städten, vor allem gegen Korruption und fehlende wirtschaftliche Perspektiven, wurden von Assads Sicherheitskräften brutal niedergeschlagen. Daraufhin radikalisierten sich die Proteste – gleichzeitig wurden sie zunehmend von Dschihadisten maßgeblich aus dem Irak, der Heimat des «Islamischen Staats», «gekapert». In einem freigegebenen Dokument der DIA, des amerikanischen Militärgeheimdienstes, vom 12. August 2012 heißt es unmissverständlich, dass inzwischen verschiedene islamistische Gruppen, darunter der «Islamische Staat», «die treibenden Kräfte des Aufstands in Syrien» seien. Der «Islamische Staat» habe «die syrische Opposition von Anfang an unterstützt, sowohl ideologisch als auch durch die Medien». Weiter heißt es, «westliche Länder, die Golfstaaten und die Türkei» unterstützten die Bemühungen der Aufständischen. Da sich das Regime aus den östlichen Landesteilen und der Grenzregion zum Irak zurückziehe, könne dort ein «salafistisches Herrschaftsgebiet» entstehen, und das sei genau das, «was

Damaskus am Pranger

die die Opposition unterstützenden Mächte wollen, um das syrische Regime zu isolieren, das als strategische Tiefe des schiitischen Einflussgebiets (Irak und Iran) gesehen wird».[2]

Dieser Zusammenhang ist von grundlegender Bedeutung, widerspricht er doch dem westlichen Narrativ, der von Politik und Medien als richtig empfundenen Erzählung über den Syrienkrieg. Demzufolge hat sich das syrische Volk in einem verzweifelten Freiheitskampf gegen seine Unterdrücker erhoben, verkörpert vom Assad-Regime. Westliche Politik, grundsätzlich werteorientiert, konnte sich diesem Aufschrei nicht verschließen und hatte die moralische Pflicht, die Syrer aktiv in diesem ihren Freiheitskampf zu unterstützen (also einen Regimewechsel herbeizuführen). Mit Hilfe von Wirtschaftssanktionen, aber auch Waffenlieferungen an die «Rebellen» und der Unterstützung syrischer Oppositionsgruppen im Ausland. Hätten nicht die «Bösen», also Assads Verbündete Russland und der Iran, das Regime massiv unterstützt, vor allem militärisch, wäre Syrien längst befreit und die demokratische Morgenröte vollzogen, und zwar mit Hilfe der vielbeschworenen «Zivilgesellschaft».

Eben jenes Zauberwort, von dem kaum jemand weiß, was es eigentlich konkret bezeichnet, ist das maßgebliche Mantra auf Seiten sogenannter «liberaler Interventionisten». Rhetorisch bedienen die sich, etwa Hillary Clinton, einer gemäßigteren Sprache als hartgesottene *Neocons*. In der Sache aber inszenieren oder befürworten diese vermeintlichen Gutmenschen nicht weniger bewaffnete Interventionen, wenngleich vordergründig im Namen der Menschenrechte. Die ursächlichen Motive eines Krieges wie dem in Syrien wollen oder können sie nicht erkennen. Ganz im Gegenteil: Aus ihrer Sicht war es ein Fehler, dass der Westen die «Rebellen» nicht mit noch mehr Waffen und Geld unterstützt, nicht entschieden genug den Sturz Assads betrieben hat.

Nicht alle Syrer sind gegen Assad

Mit der Wirklichkeit hat besagtes Narrativ allerdings wenig zu tun.[3] Zunächst einmal ist Syrien, wie alle anderen arabischen Staaten auch, ein nur teilweise modernisiertes Land, in dem ländlich-feudale und von der Industrialisierung beeinflusste Lebensweisen nebeneinander bestehen. Das bedeutet, dass traditionelle gesellschaftliche Organisationsformen – Clan, Stamm, religiöse und ethnische Zugehörigkeit – noch immer prägend sind, anders als etwa in Westeuropa. Die meisten Syrer sind Sunniten, rund 60 Prozent, die Macht aber liegt maßgeblich in Händen des Assad-Clans und der religiösen Minderheit der Alawiten, der er angehört. Anders als es die westliche Erzählung behauptet, hat sich keineswegs die gesamte Bevölkerung am Aufstand gegen Assad beteiligt. Von kleineren Gruppen abgesehen haben sich ihm weder die religiösen Minderheiten, darunter Christen und Drusen, noch die einflussreiche sunnitische Händler- und Kaufmannsschicht in Damaskus und der Wirtschaftsmetropole Aleppo angeschlossen. Die militärisch relevanten Gegner des Assad-Regimes waren schon nach kurzer Zeit maßgeblich aus dem Irak stammende Dschihadisten, die in Syrien große Resonanz vor allem unter verarmten Sunniten fanden. Vielfach aus ganz profanen Gründen: dem Mangel an besseren Job-Alternativen. Unter Geldmangel haben die Dschihadisten nie gelitten: Die Golfstaaten, allen voran Saudi-Arabien, die Vereinigten Arabischen Emirate und Katar, haben nach Kräften ihre jeweiligen Stellvertreter alimentiert, ebenso die USA, die Türkei und andere. Der Waffennachschub erfolgte maßgeblich über die türkische Grenze, die Lieferungen selbst stammten vor allem aus den genannten Ländern.

Auch wenn sich die Größenordnung der Anhängerschaft

von Assad schwer beziffern lässt, stehen ungeachtet seiner brutalen Herrschaft immer noch beträchtliche Teile der Bevölkerung hinter seinem Regime, vermutlich mindestens die Hälfte. Nicht aus Liebe zu dem Diktator, sondern aus Angst vor dem, was ihm folgen könnte. Es würden ja eben nicht Vertreter der «Zivilgesellschaft» an die Macht kommen, sondern sunnitische Extremisten. Unter den Bedingungen von Krieg und Zerstörung ist es eine durchaus rationale Entscheidung, die Pest der Assad-Herrschaft seit 1970, erst der Vater Hafis, dann, seit dessen Tod 2000, der Sohn Baschar, die man kennt und glaubt berechnen zu können, einer unberechenbaren Cholera vorzuziehen. Am meisten fürchten gerade die Minderheiten Massaker von Dschihadisten an den «Ungläubigen». Also unterstützen sie Assad zumindest passiv, auch wenn sie ihn und sein Regime innerlich hassen oder verabscheuen mögen. Das gilt besonders für die Alawiten, die am meisten einen Massenmord zu fürchten hätten.

Übrigens sind rund 90 Prozent der etwa 800 000 syrischen Flüchtlinge in Deutschland Sunniten, meist aus ärmeren Schichten. Daraus folgt, dass sich offenbar nicht alle gesellschaftlichen Gruppen von Assad abgewendet haben. Syrien zählt rund 23 Millionen Einwohner, die Hälfte sind mittlerweile Flüchtlinge. 5,6 Millionen haben nach Angaben des UN-Flüchtlingshilfswerks UNHCR das Land verlassen, doch 6,6 Millionen sind Binnenflüchtlinge.[4] Die meisten von ihnen haben sich aus Gebieten unter Kontrolle der syrischen «Opposition» in solche unter Kontrolle des Assad-Regimes geflüchtet. Hätten sie das in dieser Größenordnung getan, wenn sie damit rechnen müssten, dort an die Wand gestellt zu werden? Im politischen Berlin werden solche Überlegungen offenbar gar nicht erst angestellt – sonst würde sich die Sinnfrage stellen: Bis Anfang 2016 sind nahezu alle syrischen Flüchtlinge kollektiv als politisch verfolgt eingestuft worden, ohne Einzelfallprüfung. Das heißt, mindestens eine halbe Million Syrer, die vor Krieg und Gewalt geflohen sind, selten aufgrund von Regimekritik, genießen einen besonderen Schutzstatus und können de facto nicht mehr abgeschoben werden, auch nicht nach Kriegsende. Es gab überhaupt keinen Grund, sie als politisch verfolgt einzustufen – abgesehen davon, dass die Entscheidungsträger offenbar ihrem eigenen Narrativ aufgesessen sind.

Nicht unerwähnt bleiben soll, dass Syrer, die vor 2011 politisches Asyl in Deutschland beantragt hatten, nur selten als verfolgt anerkannt wurden. Damals war Assad in Berlin gut beleumundet und galt als Reformer. Syrien war ein Schwerpunktland deutscher Entwicklungshilfe. Anstatt den eigenen Einfluss konstruktiv zu nutzen, nämlich Damaskus gegenüber als Vermittler in der Krise aufzutreten, vollzog die Bundesregierung eine radikale Kehrtwende, maßgeblich auf Druck aus Washington und Paris, und schloss sich der Linie Assad-muss-weg an. Einmal mehr setzte sich der Herdentrieb gegenüber der nüchternen Analyse und Interessensabwägung durch. Das Ergebnis dieser Fehlleistung wird die deutsche Politik noch auf lange, auf sehr lange Zeit verfolgen und den Populismus stärken – auf Kosten der liberalen Demokratie.

Seit 2016 erhalten syrische Flüchtlinge nur noch «subsidiären Schutz». Das bedeutet, dass sie, ähnlich wie die Kriegsflüchtlinge aus Jugoslawien, damit rechnen müssen, nach Kriegsende in ihre Heimat «zurückgeführt» zu werden. Auch ist ihr Recht auf Familienzusammenführung eingeschränkt.

Der Krieg in Syrien war und ist gleichermaßen Bürgerkrieg und Stellvertreterkrieg. Der Staatszerfall in weiten Teilen des Landes während der ersten Kriegsjahre beförderte die Herrschaft von Milizen. Hunderte sind entstanden, doch nur einige wenige konnten dauerhaft Territorium besetzen und Damaskus militärisch herausfordern, was ihnen ohne die Unterstützung von außen niemals gelungen wäre. Die wichtigsten Milizen rekrutierten sich vornehmlich aus dem Umfeld des «Islamischen Staates» oder von Al-Qaida. Diese nicht ganz unerhebliche Tatsache hat im westlichen Narrativ nur eine sehr untergeordnete Rolle gespielt, wenn überhaupt. Sie passte nicht ins Bild.

Eine gewisse Verunsicherung über die syrischen Freiheitskämpfer schlug sich in der westlichen Berichterstattung immerhin insoweit nieder, als deren Bezeichnung stets unklar blieb. Mal war die Rede von der «Opposition», dann wieder von «Rebellen» oder «Aufständischen». Im medialen Zusammenhang beliebt sind die vielzitierten «Aktivisten», denen die Aufgabe einer «kritischen Gegenöffentlichkeit» zufällt. Immer wieder werden sie als Quelle für Berichte über Gräueltaten des Assad-Regimes benannt. Eine besondere Rolle spielen hierbei die «Weißhelme», Träger des Alternativen Friedensnobelpreises 2016. Finanziert werden sie maßgeblich aus Washington, London, Paris und Brüssel. Als medizinische Helfer sind sie allerdings ausschließlich in «Rebellengebieten» tätig, zeigen eine deutliche Nähe zu Dschihadisten und treten regelmäßig als Kronzeugen für tatsächliche oder vermeintliche Giftgasangriffe des Assad-Regimes auf. Eine gesunde Portion Misstrauen ihnen gegenüber ist sicher angebracht.[5]

Die friedliche Opposition aber und die wenigen zehntausend Vertreter der «Zivilgesellschaft» haben spätestens 2012 ihre Rolle im Syrienkonflikt eingebüßt. Seither verliefen die Fronten zwischen dem Assad-Regime hier und radikalen Dschihadisten dort.

Killing fields

Gleichzeitig internationalisierte sich der Konflikt, entwickelte sich die von außen befeuerte innersyrische Auseinandersetzung zu einem Stellvertreterkrieg, in dem sich, vereinfacht gesagt, zwei Lager gegenüberstanden. Hier die USA, die EU, die Türkei und die Golfstaaten, die sämtlich den Sturz Assads herbeizuführen suchten. Dort der Iran, Russland und China, die nicht die Absicht hatten, Syrien ihren Widersachern zu überlassen. Die offizielle westliche Begründung für den angestrebten Regimewechsel lautete, Assad habe angesichts seiner Gräueltaten jedwede Legitimation verloren. Eine Zukunft für Syrien könne es nur ohne ihn geben.

Ohne jeden Zweifel hat das Assad-Regime seine Macht mit äußerster Brutalität und Menschenverachtung verteidigt, dabei ganze Städte in Schutt und Asche gelegt und tausende Regimegegner in seinen Gefängnissen ermordet. Dennoch ist dieser «Menschenrechtsdiskurs» nicht frei von Verlogenheit. Vor allem Washington hat nie Skrupel gezeigt, auch blutrünstigste Diktatoren zu unterstützen oder ihnen an die Macht zu verhelfen, sofern es eigenen Interessen dienlich war. Wäre Assad ein pro-westlicher Machthaber, würde er vermutlich als Vorbild im Kampf gegen den Terror jede Unterstützung erfahren. Zum Vergleich: die gravierenden Menschenrechtsverletzungen des ägyptischen Regimes werden in westlichen Hauptstädten zur Kenntnis genommen, mehr nicht.[6] Doch Assad ist ein Verbündeter Teherans und Moskaus, der einzige in der Region. Das Kalkül war ein schlichtes: Fällt sein Regime, hätten die «Bösen» eine empfindliche Niederlage erlitten. Stattdessen käme ein sunnitisches Regime an die Macht. Die Sunniten stellen ja die Mehrheit der Bevölkerung. Die neuen Machthaber würden, so die Hoffnung, die privilegierten Beziehungen zum schiitischen Iran und zu Moskau beenden. Außerdem könnte die libanesische Hisbollah in dem Fall keine iranischen Waffen mehr über Syrien beziehen. Die geopolitischen Hintergründe des Stellvertreterkrieges werden allerdings im westlichen Diskurs wohlweislich ausgeklammert.

Doch der Kampf gegen das «Böse» endete mit einer De-facto-Niederlage der «Guten». Die Wende kam mit dem massiven Eingreifen der russischen Luftwaffe auf Seiten des Assad-Regimes ab September 2015 und dem verstärkten Einsatz der mit ihm verbündeten schiitischen Milizen aus dem Iran, Irak und Libanon. Als Erstes eroberte diese Allianz die strategisch wichtigen Straßenverbindungen zwischen der türkischen und der jordanischen Grenze zurück sowie die größeren Siedlungsräume entlang dieser Strecke. Mit der Rückeroberung Ost-Aleppos aus den Händen der Nusra-Front, des syrischen Ablegers von Al-Qaida, war der Krieg in Syrien im Dezember 2016 im Grundsatz entschieden. Seither kontrolliert das Regime alle wichtigen Städte entlang der Nord-Süd-Verkehrsachse, und es ist endgültig klar: Assad wird an der Macht bleiben. Die aus dem Westen, den Golfstaaten oder der Türkei unterstützten «Rebellen», also die verschiedenen dschihadistischen Milizen, sind zu schwach, um die Assad-Allianz zu besiegen. Washington hatte unter Obama zudem den militärischen Druck nicht beliebig erhöhen wollen, um sich nicht auf ein Abenteuer ohne Ende mit fragwürdigen Verbündeten einzulassen.

Der Kampf um Ost-Aleppo wie auch die Vertreibung islamistischer Kämpfer aus der strategisch wichtigen Region Ost-Ghouta, östlich von Damaskus, die im April 2018 nach heftigen, wochenlangen Gefechten erfolgte, wurden in westlichen Medien und in der Politik von einem Aufschrei der Empörung begleitet. Im Fokus stand das Leid der Zivilbevölkerung. Die Kriegsführung des Assad-Regimes ist in der Tat schlicht und rücksichtslos. Gebiete, aus denen heraus «Rebellen» operieren, werden eingekesselt, belagert und bombardiert, von der russischen oder syrischen Luftwaffe, egal wie hoch die Verluste. Zur Heuchelei allerdings gerinnt die Kritik, wenn sie sich ausschließlich an eine Kriegspartei richtet, nämlich Assad und seine Verbündeten. Doch alle Kriegsparteien haben sich in Syrien wie auch im Irak dieser Methode bedient: Einkreisen, aushungern, Dauerbeschuss des Gegners. Dschihadistische Milizen ebenso wie die türkische Armee bei ihrem Vorstoß in die nordsyrischen Kurdengebiete.

Aber auch die US-Armee und ihre irakischen Verbündeten hielten es so, während der sich über Monate hinziehenden Rückeroberung Mossuls aus den Händen des «Islamischen Staates», die im Juli 2017 abgeschlossen war. Diese Operation war die blutigste unter den genannten, Schätzungen über die Zahl der zivilen Opfer gehen bis zu 40 000.[7] Die hierbei getöteten Zivilisten allerdings fielen eher in die Kategorie «Kollateralschaden» – moralische Anklage gegen Washington wurde jedenfalls nicht erhoben. Kritisiert wurde vielmehr die perfide Taktik der IS-Kämpfer, Zivilisten als Schutzschilde zu missbrauchen. Ein Argument, das im Falle der Islamisten von Ost-Ghouta nicht zu zählen schien. Auch die Befreiung Raqqas, der Hauptstadt des Kalifats des «Islamischen Staates», im Osten Syriens gelegen, die der US-geführten Anti-IS-Allianz im Oktober 2017 gelang, folgte demselben Muster. Man muss sich nur einmal die Bilder aus Mossul und Raqqa ansehen: Sie sind kaum zu unterscheiden von jenen aus Aleppo und Ost-Ghouta. Die Zerstörungen sind hier wie dort immens. Keinerlei Rücksicht auf Zivilisten, doch keinerlei Empörung über das Teufelswerk, nicht auf politischer Ebene, insoweit der Westen dafür Verantwortung trägt. Es blieb Amnesty International vorbehalten, die Kriegsverbrechen der US-geführten Koalition bei der Rückeroberung Raqqas anzuprangern und eine unabhängige Untersuchung zu fordern.[8] Aus Aleppo wie auch aus Ghouta haben Syrer und Russen Dschihadisten und deren Familienangehörige abziehen lassen, nachdem die sich ergeben hatten. Alle anderen Kriegsparteien haben dagegen kurzen Prozess gemacht.

Gleichwohl überschlugen sich Politik und Medien bei Ost-Ghouta mit Superlativen. Die Rede war von einer «Apokalypse», von «Kriegsverbrechen epischen Ausmaßes», dem «Massaker des 21. Jahrhunderts». Die Gewalt, so die Vereinten Nationen, sei «jenseits jeder Vorstellungskraft», es «fehlen die Worte,» es sei «der Tag des Jüngsten Gerichts». «Wissen diese Leute eigentlich, wovon sie da reden?», fragt Robert Fisk, Nahost-Korrespondent der britischen Zeitung The Independent. «Wie können wir uns beklagen, wenn wir doch selbst nicht bereit sind, die bewaffnete islamistische Opposition Assads auszuschalten? Immerhin haben wir diese Leute jahrelang bewaffnet! ... Entsprechend hohl klingt die moralische Empörung, erreicht die Heuchelei schwindelerregende Höhen ... Die Menschen in Ghouta zahlen einen furchtbaren Preis, in der Tat, geschuldet den Russen und der syrischen Regierung ... Wir sollten dennoch das rechte Augenmaß nicht verlieren. Auschwitz und der jüdische Holocaust, der Genozid in Ruanda, der Holocaust an den Armeniern und die zahlreichen Massenmorde des 20. Jahrhunderts (in diesem Zusammenhang sei auch an die russischen Verluste durch Hitlers Horden erinnert) sind ‹dem Tag des Jüngsten Gerichts› deutlich näher als Ghouta ... Dem Horror so wortgewaltig Ausdruck zu verleihen, wie das auf ‹unserer› Seite geschieht, ist vor allem eine Ersatzhandlung.»[9]

Kriegsspiele

Erneut waren es die «Weißhelme», die den Vorwurf erhoben, in Ost-Ghouta, in der letzten von «Rebellen» gehaltenen Stadt Duma, sei am 7. April 2018 Giftgas eingesetzt worden – ein Hubschrauber hätte ein Fass mit Chemikalien abgeworfen. Das Timing war bemerkenswert: Zu dem Zeitpunkt hatten Assads Truppen die Region fast vollständig zurückerobert. Warum also hätte das Regime gerade in dem Moment Giftgas einsetzen sollen, wohl wissend um die möglichen Konsequenzen? Natürlich lag die Rückeroberung Ost-Ghoutas nicht im Interesse Washingtons. Bereits im März hatte Nikki Haley, US-Botschafterin bei den Vereinten Nationen, erklärt, die USA seien «bereit zu handeln», um das Leiden der Menschen dort zu beenden. Diese Aussage hatte der russische Generalstabschef Waleri Gerassimow wie folgt kommentiert: Russland habe Informationen, denen zufolge die USA beabsichtigten, unter einem frei erfundenen Vorwand das Regierungsviertel in Damaskus zu bombardieren. Dort befänden sich aber auch russische Militärberater und Militärpolizisten. «Sollte das Leben unserer Einsatzkräfte bedroht werden, werden Russlands Streitkräfte Vergeltungsmaßnahmen gegen die Abschussorte der Raketen einleiten», so Gerassimow.[10] Sollte also beispielsweise ein amerikanisches Kriegsschiff vom Mittelmeer oder dem Persischen Golf aus Raketen in Richtung Hauptstadt abschießen, würden die Russen es angreifen.

Dessen ungeachtet drohte Washington, unterstützt von Paris und London, mit Vergeltungsmaßnahmen für diesen mutmaßlichen Giftgasangriff. Die Lage drohte gefährlich zu eskalieren, als Präsident Trump am 10. April leichtfertig twitterte: «Russland hat erklärt, alle Marschflugkörper abzuschießen, die auf Syrien abgefeuert werden. Mach dich bereit, Russland, denn die werden kommen, schön und neu und ‹smart›! Ihr solltet nicht die Partner sein von einem mit Gas mordenden Tier, das seine Leute umbringt und das genießt!»[11]

Wenige Tage später bombardierten die USA, Frankreich und Großbritannien tatsächlich drei Ziele in Syrien, ohne jedoch größere Schäden anzurichten und vermutlich in Absprache mit Moskau. Der Angriff fand wohl vor allem deswegen statt, damit Trump nicht sein Gesicht verliert. Denn hinter den Kulissen hatte es zwischenzeitlich offenbar hektische diplomatische Aktivitäten gegeben, auch von Seiten des Pentagon. Im Gegensatz zum Präsidenten war den Militärs sicherlich bewusst, dass die Russen tatsächlich zum Gegenschlag ausholen könnten. Daraus hätte dann schlimmstenfalls der Dritte Weltkrieg erwachsen können. Für einen kurzen Moment erlebte die Welt ein Krisenszenario wie seit der Kubakrise 1962 nicht mehr.

Diese Episode unterstreicht, dass der Krieg in Syrien sehr gefährlich und noch lange nicht vorbei ist. Auch deswegen nicht, weil die maßgeblichen Akteure im Westen ihre Niederlage im Stellvertreterkrieg mit Moskau und Teheran nach wie vor nicht eingestehen mögen. Und sie illustriert, dass im Kontext westlicher Machtpolitik mittlerweile der bloße Verdacht genügt, um schwerwiegende internationale Krisen auszulösen. Das war bereits im Fall Skripal so: Der ehemalige russische Geheimdienstagent Sergej Skripal, der die Seiten gewechselt hatte und nunmehr in Großbritannien lebt, wurde dort im März 2018 Opfer eines Attentats, ebenso wie seine Tochter. Laut britischen Angaben wurde dabei ein seltenes Nervengift eingesetzt, Nowitschok, das angeblich aus russischer Produktion stamme. Daraus zog die Regierung May, innenpolitisch massiv unter Druck wegen der stockenden Brexit-Verhandlungen, den Schluss, Moskau sei für den Anschlag verantwortlich. Zwar gab es dafür bis zur Drucklegung dieses Buches keinerlei Beweise,[12] und die beiden Skripals überlebten die Attacke mit dem, wie es heißt, tödlichsten Gift der Welt. Das aber hinderte weder die USA noch 18 EU-Staaten daran, umgehend fast hundert russische Diplomaten als angebliche Agenten auszuweisen. Moskau reagierte mit gleicher Münze. Die Gefahr einer unberechenbaren Eskalation liegt bei solchen Sandkastenmanövern auf der Hand.

Auch die Hintergründe des möglichen Giftgasangriffs in Duma sind bei Andruck nicht geklärt. Obwohl eine Delegation der UN-Organisation für das Verbot von Chemiewaffen (OPCW) bereits zur Aufklärung nach Damaskus abgereist war, mochte die Regierung Trump die Untersuchungsergebnisse nicht abwarten und ließ mehr als hundert Raketen auf Syrien abfeuern. Hinzu kamen britische und französische Bomben. Die Gesichtswahrung hatte Priorität, die Faktenlage nicht.

Der westliche Vergeltungsangriff, der angeblich Chemiewaffeneinrichtungen des Regimes ins Visier nahm, war «grundsätzlich unzulässig» und ein klarer Bruch des Völkerrechts, wie ein Gutachten des wissenschaftlichen Dienstes des Bundestages aufgrund einer Anfrage der Linken feststellte.[13] Das hinderte aber weder die Bundesverteidigungsministerin noch den Außenminister, ihn im Nachhinein als «erforderlich und angemessen» zu bezeichnen. Die «Guten» sind offenbar der Meinung, internationale Rechtsnormen hätten nur dann eine Bedeutung, wenn die «Bösen» sie missachten. Immerhin hat sich Berlin an dem Angriff selbst nicht beteiligt.

Bezeichnenderweise entdeckte die syrische Armee im Zuge der Rückeroberung Ost-Ghoutas ein kilometerlanges Tunnelsystem, das bis an die Innenstadt von Damaskus herangereicht haben soll: Offenbar in Vorbereitung eines Angriffs der Dschihadisten auf die Hauptstadt. Die Gänge waren mannshoch, das syrische Fernsehen zeigte Bilder umfangreicher Waffenlager und in Massen gehorteter Lebensmittel. Es gab sogar ein unterirdisches Krankenhaus. Offiziellen Angaben zufolge sind zum Bau alawitische Gefangene eingesetzt worden, von denen die meisten nicht überlebt hätten.[14]

Die Karten werden neu gemischt

Die Ersten, die begriffen hatten, dass der Westen den Stellvertreterkrieg in Syrien nicht gewinnen kann, waren die Türken. Im Sommer 2016 wechselten sie die Seiten und schlossen sich Russland und dem Iran an. Das Kalkül: Wenn es nicht gelingt, Assad zu stürzen, müssen wir unsere Interessen künftig auf Seiten der «Sieger» wahrnehmen. Und für Ankara hat oberste Priorität, eine territorial zusammenhängende kurdische Autonomiezone im Norden Syriens zu verhindern. Unter dem Vorwand, kurdischen Terror zu bekämpfen, sind türkische Truppen im Januar 2018 in den Nordwesten Syriens einmarschiert und haben zwei Monate später die Provinzhauptstadt Afrin eingenommen. Zehntausende Kurden flüchteten daraufhin in Gebiete unter Assads Kontrolle. Langfristig will Ankara den gesamten kurdischen Norden militärisch unterwerfen und syrische Flüchtlinge in der Türkei dort ansiedeln – wohlgemerkt Araber, keine Kurden («teile und herrsche»). Dabei riskiert die türkische Regierung, mit den rund 2000 in den Kurdengebieten weiter östlich stationierten US-Soldaten aneinanderzugeraten, deren Abzug Erdoğan den Amerikanern nahezulegen suchte, indem er ihnen mit einer «osmanischen Ohrfeige» drohte. Was er will, ist klar – ein freies Schussfeld.

Ende 2017 war das Kalifat des «Islamischen Staates» zerschlagen, das sich seit 2014 diesseits und jenseits der syrisch-irakischen Grenze erstreckt hatte. Militärisch war der Einsatz der Anti-IS-Allianz ein Erfolg. Nachdem die USA die Entstehung des «Islamischen Staates» im Irak überhaupt erst ermöglicht[15] und ihn in Syrien als Rammbock gegen das Assad-Regime zunächst hatten gewähren lassen, sorgten sie nunmehr federführend für dessen Zerschlagung (jedenfalls in Form des Kalifats). Faktisch war die Anti-IS-Allianz ein NATO-Einsatz. Länder wie Nigeria, Georgien oder Dschibuti, desgleichen Saudi-Arabien, Katar oder Jordanien, waren zwar ebenfalls beteiligt, doch eher aus optischen Gründen. Auch Russland und der Iran haben den «Islamischen Staat» bekämpft, als «Schmuddelkinder» durften sie der Allianz aber nicht angehören. Mit Moskau gab es informelle Absprachen über das militärische Vorgehen, mit Teheran bestenfalls indirekte, via Moskau.

Aus nachvollziehbaren Gründen beansprucht Damaskus die Kontrolle über alle vom «Islamischen Staat» befreiten Gebiete in Syrien. Dazu wird es nicht kommen: weder Washington noch Tel Aviv noch Riad sind an einem «wiedervereinten» syrischen Zentralstaat interessiert. Mit dem Ende des Kalifats, konkret seit der Befreiung Raqqas im Oktober 2017, begann somit, weitgehend unbeachtet von hiesiger Politik und den Medien, ein neues und überaus gefährliches Kapitel im Syrien-Krieg. Kriegsschauplatz sind vor allem die östlichen und südöstlichen Landesteile entlang der irakischen und jordanischen Grenze. Assads Truppen drangen hier auf das Territorium des «Islamischen Staats» vor, unterstützt von der russischen Luftwaffe. Gleichzeitig marschierten aber auch von Washington bewaffnete und finanzierte Milizen in diese Gebiete ein, unterstützt von der amerikanischen Luftwaffe. Informelle Absprachen über die Grenzen der jeweiligen Einflussbereiche entlang des Euphrats erwiesen sich als brüchig. Das Eskalationspotential liegt auf der Hand. Im Februar 2018 wurde erstmals ein russischer SU-25-Kampfjet über «Rebellengebiet» abgeschossen. Als Reaktion hat Russland seine Luftwaffenpräsenz in Syrien deutlich aufgestockt. Auf dem russischen Militärstützpunkt unweit von Latakia am Mittelmeer wurden Tarnkappen-Kampfjets ebenso stationiert wie Frühwarn- und Leitkontrollsysteme, auch die neueste Generation von Jagdbombern.[16]

Bereits im November 2017 hatten Assads Truppen die ostsyrische Stadt Deir az-Zor vom «Islamischen Staat» zurückerobert, unweit der irakischen Grenze. Im Februar 2018 rückten sie in der gleichnamigen Provinz vor, um ihre Kontrolle auf das syrische Hinterland östlich des Euphrat mit seinen zahlreichen Ölquellen auszuweiten, und verletzten damit besagte Absprachen. Dabei gerieten sie in Kämpfe mit den kurdisch dominierten «Syrischen Demokratischen Kräften» (SDF), der wichtigsten Bodentruppe Washingtons in Syrien. Daraufhin bombardierte die US-Luftwaffe deren Gegner und tötete mindestens hundert syrische Soldaten sowie mehrere Russen. Das Pentagon erklärte, es habe sich um eine «Verteidigungsmaßnahme» nach einem «unprovozierten Angriff» gehandelt.[17]

Der Countdown gegen den Iran läuft

Ein Scharmützel, das geopolitische Bruchlinien markiert: Der Kampf um die syrische Wüste entscheidet über die künftigen Einflussgebiete im strategischen Herzland der Region, im Wettstreit zwischen Washington und Tel Aviv einerseits, Moskau und Teheran andererseits. Unter dem Vorwand, die letzten Kämpfer des «Islamischen Staates» auszuschalten, wollen pro-amerikanische Milizen so viel Territorium wie nur möglich im Osten Syriens unter ihrer Kontrolle behalten. Zusätzlich zu den SDF werden seit Ende 2017 weitere

Kämpfer vor allem in der Militärbasis At-Tarif ausgebildet, auf syrischem Gebiet unweit der jordanischen Grenze. Im März 2018 sind die dortigen Ausbilder um weitere 1000 amerikanische Soldaten aufgestockt worden.[18] Um das Assad-Regime politisch und wirtschaftlich zu schwächen, soll es auf keinen Fall Zugriff auf den Großteil der Öl- und Gasvorkommen in der Grenzregion erhalten, die gegenwärtig auf den von kurdischen Kräften gehaltenen Gebieten liegen. Darüber hinaus wollen die Amerikaner den russischen und iranischen Einfluss zurückdrängen, insbesondere auch die Bewegungsfreiheit pro-iranischer Milizen diesseits und jenseits der irakisch-syrischen Grenze einschränken.

Die Trump-Administration hat klargestellt, sie werde sich «zeitlich unbegrenzt» in Syrien engagieren. (Im März 2018 hatte der Präsident erklärt, er wolle sich so schnell wie möglich von dort zurückziehen. Das Pentagon dürfte ihn daraufhin mit der Sachlage vertraut gemacht haben.) Die Kurdengebiete im Norden, entlang der türkischen Grenze, sind dabei von entscheidender militärischer Bedeutung. 2000 amerikanische Soldaten sind dort stationiert, mit ihnen verbündet 30 000 Kurden, die sich bereits im Bodenkampf gegen den «Islamischen Staat» bewährt haben. Sie gehören den SDF an, aber auch den «Volksverteidigungseinheiten» (YPG). Beide gelten allerdings aus türkischer Sicht als «Terrororganisationen», die Ankara aus Afrin vertrieben hat. Die türkische Obsession mit den Kurden steht den Planungen Washingtons somit im Weg. Entsprechend wird Erdoğan den politischen Preis für seine erforderliche Kooperation so hoch wie möglich schrauben. Sollte er allerdings auf einen Showdown mit den Kurden bestehen, egal, was die Amerikaner ihm anbieten – dann wird es spannend.

Völkerrechtlich besehen haben die USA in Syrien jenseits des Kampfes gegen den «Islamischen Staat» nichts

Damaskus am Pranger

verloren. Ihre Strategie der Destabilisierung Assads und der Zerschlagung des Zentralstaates beruht allein auf dem Recht des Stärkeren. Aber welches Imperium hätte sich je um Rechtsnormen geschert, die den eigenen Machtansprüchen zuwiderlaufen? Außenminister Tillerson benannte die amerikanischen Ziele im Januar 2018 wie folgt. Es gelte, erstens, den Kampf gegen den «Islamischen Staat» und Al-Qaida fortzuführen, damit sie «nicht erneut zur Gefahr für unser Heimatland» werden können. Zweitens: «Der Konflikt zwischen dem syrischen Volk und dem Regime muss durch einen von den Vereinten Nationen begleiteten Friedensprozess gelöst werden.» Mit dem Ziel, «ein vereintes, stabiles, unabhängiges Syrien zu schaffen, ohne Assad». Also weiterhin *regime change*, die militärischen Erfolge der Assad-Allianz sollen mit Hilfe eines entsprechenden «Friedensprozesses» rückgängig gemacht werden. Die Betonung auf «Vereinte Nationen» versteht sich als Absage an russisch initiierte Friedensverhandlungen, wie sie wiederholt in Sotschi und im kasachischen Astana stattgefunden haben. Drittens: Der Einfluss Irans in Syrien ist zu begrenzen, «dessen Träume von einem nördlichen Brückenbogen dürfen sich nicht verwirklichen». Da ist er wieder, der berühmte schiitische Halbmond von Teheran über Bagdad und Damaskus bis nach Beirut. Viertens: Die Flüchtlinge sollen wieder in ihre Heimat zurückkehren können. Ein Lippenbekenntnis, mehr nicht. Fünftens: Keine «Massenvernichtungswaffen» auf syrischem Boden. Gemeint sind wohl Chemiewaffen.[19]

Die Zeichen an der Wand hat die konservative New Yorker Zeitschrift National Review sehr wohl erkannt: «Amerikanische Truppen und ihre Verbündeten übernehmen nicht lediglich Gebiete vom ‹Islamischen Staat›. Sie behalten sie auch unter ihrer Kontrolle und verhindern deren Übernahme durch Regimekräfte. Ein Wort bezeichnet sehr genau, was hier passiert, wenn also eine fremde Macht Territorium eines unabhängigen Staates besetzt, gegen dessen Willen – dieses Wort ist ‹Invasion›. Das, was amerikanische Politik in Syrien gegenwärtig betreibt, ist eine etwas leichtfüßiger daherkommende Variante der US-Invasion im Irak 2003. Wir benutzen lokale Verbündete, aber unsere eigenen *boots* befinden sich *on the ground*. Wir verteidigen unsere Soldaten und unsere Verbündeten vor Gefahren, die von Syriens eigener Regierung ausgehen.»[20]

Jederzeit kann sich die Konfrontation ausweiten. Im Mai 2017 forderte Trump im Brüsseler NATO-Hauptquartier, die NATO möge auch formell der Anti-IS-Allianz beitreten. De facto waren ja sämtliche NATO-Staaten ohnehin daran beteiligt. Doch zu einem Zeitpunkt, als das Ende des Kalifats bereits abzusehen war, plädierte der US-Präsident für ein «NATO-Branding» im Antiterrorkampf. Selbstverständlich wurde dem Wunsch umgehend entsprochen, allen voran von der Bundesregierung.

Das bedeutet nichts anderes als die (potentielle) Einbindung der NATO in künftige militärische Auseinandersetzungen in Syrien wie auch im Irak – gegen den Iran, aber auch gegen Russland. Kaschiert als Antiterrorkampf, aber das macht die Sache nicht ungefährlicher, wie Trumps Tweet gezeigt hat («Mach dich bereit, Russland»).

Vor diesem Hintergrund ist das Bundestagsmandat zum «Einsatz bewaffneter deutscher Streitkräfte zur nachhaltigen Bekämpfung des IS-Terrors und zur umfassenden Stabilisierung Iraks» vom März 2018 alles andere als unproblematisch. Wer wollte ausschließen, dass sich die Bundeswehr unverhofft in einer größeren militärischen Konfrontation in der Region wiederfindet? Zumal sie auch in Syrien involviert ist, hier maßgeblich im Bereich der Luftaufklärung. Die bisherige Haltung der Bundesregierung, sich meist vorbehaltlos in den Dienst einer überaus fragwürdigen US-

Politik zu stellen, ob mit oder ohne NATO-Label, ist mehr als leichtfertig.

Lieben lernen

Washington jedenfalls unterscheidet nicht zwischen den Einsätzen im Irak und in Syrien. Sie legitimieren einander gegenseitig, folgt man der Logik von CENTCOM-Oberbefehlshaber Joseph Votel: «Unsere rechtliche Grundlage, in Syrien zu operieren, ergibt sich wesentlich aus der kollektiven Selbstverteidigung Iraks.» Denn Syrien sei nicht in der Lage, der Herausforderung durch den «Islamischen Staat» zu begegnen. Das wiederum bedrohe «zahlreiche Länder weltweit», darunter auch «Partner» der USA wie Jordanien, Libanon und die Türkei. Eine atemberaubende Argumentation, gerade auch mit Blick auf den Werdegang des «Islamischen Staates», der ohne die völkerrechtswidrige, US-geführte Irak-Invasion 2003 gar nicht erst entstanden wäre. Zudem befand sich zum Zeitpunkt seiner Ausführungen das größte zusammenhängende ehemalige Gebiet des «Islamischen Staates» auf syrischem Boden dort, wo die Kurden und US-Militärs das Sagen haben. Wenig später vertrieb das Assad-Regime die Dschihadisten östlich und südlich von Damaskus. Für Votel ist der «Islamische Staat» offenbar nur ein rhetorisches Versatzstück, das der Eigenlegitimation dient: der Fortführung der eindeutig völkerrechtswidrigen Militärpräsenz der USA in Syrien.

Und der CENTCOM-Chef weiß auch, wie es weitergeht. In Syrien, im Irak, letztendlich allerorten, auch im Jemen, gehe es darum, die «Drei-Säulen-Strategie» umzusetzen. Erste Säule: Eindämmung des ballistischen Raketenprogramms Irans. Zweite Säule: Sicherstellen, dass der Iran niemals die Atombombe bekommt. Dritte Säule: Den iranischen Einfluss zurückdrängen und dafür sorgen, dass der Iran nicht länger schiitische Milizen in der Region bewaffnen kann.[21]

Wohin die Reise geht, zeigen auch die folgenden Zahlen. Das Pentagon hat für das Fiskaljahr 2018/19 ein Budget von 1,8 Milliarden US-Dollar beantragt – ausschließlich für die Anschaffung von Präzisionswaffen zum Einsatz auf den Schlachtfeldern im Irak und in Syrien. Zwar sei der «Islamische Staat» erst einmal besiegt, aber es «drohen Gefahren» von «Truppen, die Baschar al-Assad loyal sind», so eine Sprecherin des Pentagon. Dieses Budget ist um 20 Prozent höher als die Kosten für sämtliche Munition in allen Kriegsgebieten des Nahen und Mittleren Ostens zusammengenommen, die das US-Militär im Fiskaljahr 2017/18 verursacht bzw. verschossen hat. Insgesamt sind im Fiskaljahr 2018/19 15,3 Milliarden US-Dollar für die «Anti-IS-Mission» im Irak und in Syrien eingeplant, das entspricht einer Erhöhung um 15 Prozent im Vergleich zum Vorjahr (13 Milliarden US-Dollar).[22] Der Krieg also kann weitergehen, ob mit oder ohne Kalifat.

Jesus und der dunkle Prinz: Syrien und das Ende des Atomabkommens
Wie die Regierung Trump zur Jagd auf die Ajatollahs bläst

In Syrien ist die Konfliktlinie zwischen den USA und Russland die eine, die potentiell den Weltfrieden bedroht, die andere verläuft zwischen Israel und dem Iran. Die von israelischer Seite erhobenen und von westlichen Regierungen meist geteilten Vorwürfe gehen in zwei Richtungen. Zum einen verweist Tel Aviv darauf, verstärkt seit Mitte 2017 (parallel also zum Niedergang des Kalifats und der Neuordnung Syriens), dass der Iran Waffenfabriken in Syrien und im Libanon unterhalte oder einrichte, in denen präzisionsgesteuerte Raketen vor allem für die Hisbollah hergestellt würden, zum Einsatz gegen Israel.[1] Zum anderen sehe man sich durch die möglicherweise dauerhafte Präsenz schiitischer Milizen in Syrien, erst recht die Einrichtung iranischer Militärbasen, bedroht. Aus diesem Grund dürfe es auch keinen «schiitischen Korridor» von Teheran über den Irak und Syrien bis zur Hisbollah geben.

Grundsätzlich haben sich die Kräfteverhältnisse in der Region ein weiteres Mal zugunsten Teherans verschoben, da das Assad-Regime an der Macht bleiben wird. Das bedeutet, dass auch die Hisbollah, die auf Seiten Assads gekämpft hat, gestärkt worden ist, ebenso wie schiitische Milizen aus dem Iran und dem Irak. Und natürlich versucht Teheran, seine strategische Position zu festigen, auch durch den Bau von Waffenfabriken in Syrien und im Libanon.

Syrien und das Ende des Atomabkommens

Diese neugeschaffenen Verhältnisse liegen nicht im Interesse Israels. Offiziell aus Sicherheitsgründen, vor allem aber, weil sie dem israelischen Anspruch zuwiderlaufen, der entscheidende regionale Spielmacher zu sein. Als einziger Staat im Nahen und Mittleren Osten besitzt Israel Atomwaffen und verfügt über die absolute Lufthoheit. Entsprechend ist derzeit kein Land in der Lage, seine Existenz ernsthaft zu bedrohen, ungeachtet einer meist gegenteiligen politischen und medialen Wahrnehmung im Westen. Dennoch sucht die Regierung Netanjahu nicht etwa den Kompromiss oder den Ausgleich, weder mit dem Iran noch mit den Palästinensern. Vielmehr soll der als Feind empfundene Gegner, der als bedrohlich wahrgenommene «Andere», in die Niederlage gezwungen werden. Erst die Unterzeichnung der Kapitulationsurkunde garantiert nach dieser Logik Frieden und Sicherheit. Eine Politik der Stärke aber, die allein die eigenen (Sicherheits-)Interessen gelten lässt, nicht auch die der Gegenseite, ist eine Garantie für Unfrieden, Terror und Krieg.

Spätestens seit der Amtseinführung Trumps weiß die iranische Regierung, dass sie erneut im Visier steht. Ganz gleich, was man von ihr hält: Das Kalkül, das Risiko für Israel im Kriegsfall zu erhöhen, nämlich mit zielgenauen Raketen auch aus Syrien und dem Libanon beschossen zu werden, ist keineswegs irrational. Dass Israel auf diese Herausforderung reagiert, versteht sich von selbst. Allerdings erfolgt die Antwort ausschließlich militärisch, ohne jedes Verhandlungsangebot.

Zum ersten Mal seit dem Oktoberkrieg 1973 wurde im Februar 2018 ein israelischer F-16 Kampfjet über syrischem Gebiet abgeschossen, schaffte aber noch eine Bruchlandung in Israel. Stunden zuvor war eine iranische Drohne über der israelisch besetzten Seite der syrischen Golanhöhen abgeschossen worden. Das bedeutet, dass israelische Flugzeuge, die in libanesischen oder syrischen Luftraum eindringen, zumindest theoretisch ihren Abschuss riskieren. Die in Washington erscheinende, auf Nahost-Themen spezialisierte Internetzeitung Al-Monitor zitiert in dem Zusammenhang eine «Quelle, die den Kämpfern der Hisbollah nahesteht». Demzufolge sei vor allem der Abschuss des Kampfjets eine Botschaft Teherans an Israel gewesen. «Die Iraner haben die Nase voll davon, dass Israel systematisch Waffenfabriken und Waffentransporte der Hisbollah angreift. Indem die Iraner nunmehr auf israelische Flugzeuge anlegen, machen sie den Israelis klar, dass sich die Spielregeln geändert haben.»[2]

Israelischen Geheimdiensten zufolge befinden sich rund 9000 schiitische Kämpfer unter iranischem Kommando in Syrien. Bis zu besagtem Abschuss haben die Israelis regelmäßig alle Örtlichkeiten bombardiert, die den Eindruck erweckten, als deren Kasernen eingerichtet zu werden. Insgesamt haben die Israelis seit 2011 hunderte Angriffe auf militärische Ziele im Libanon und in Syrien geflogen, offiziellen Angaben zufolge in erster Linie gegen die Hisbollah. Die 9000 Kämpfer «stellen nicht das geringste Problem für die israelische Armee dar», gibt Al-Monitor eine «ranghohe israelische Sicherheitsquelle» wieder, die namentlich nicht genannt werden möchte. «Vielmehr geht es ums Prinzip. Wenn die Kämpfer erst einmal da sind, könnten sie Wurzeln schlagen und sich ausweiten. Wir haben den Beschluss gefasst, dass wir Syrien nicht zu einem Vorposten im iranischen Konflikt mit Israel werden lassen.»[3]

Das Feuer an der Lunte

Nach dieser Zuspitzung im Februar 2018 hat sich Moskau hinter den Kulissen um Konfliktentschärfung bemüht. Dabei ging es offenbar vor allem darum, dass Israel informell eine begrenzte Zahl pro-iranischer Kämpfer in Syrien akzeptiert. Im Gegenzug wäre der Iran verpflichtet, alles zu unterlassen, was Israel als Provokation auffassen könnte.[4] Doch diese und andere Friedensbemühungen wie auch deutliche Signale zur Deeskalation blieben folgenlos. So haben sich iranische Milizen nicht an der Rückeroberung Ost-Ghoutas beteiligt und sich dort auch nicht festgesetzt.[5] Für die USA wie auch Israel spielt das alles keine Rolle. Im Kern geht es ihnen darum, die uneingeschränkte militärische Vorherrschaft Tel Avivs in der Region dauerhaft festzuschreiben – «qualitative military edge» genannt (QME), wie dargelegt. Ein maßgebliches, wenn nicht das entscheidende Motiv hinter dem Projekt *regime change*, zumindest inoffiziell.

Offenbar ermutigt von der Aufkündigung des Atomabkommens durch Donald Trump am 8. Mai 2018 kam es unmittelbar danach zu den «schwersten israelischen Luftangriffen auf Syrien seit Jahrzehnten». Nach israelischer Darstellung hatten die Iraner mehrere Raketen auf israelische Soldaten entlang der Demarkationslinie auf den Golanhöhen abgefeuert. Verletzt wurde dabei niemand, doch nahm Tel Aviv den Vorfall zum Anlass, in großem Maßstab iranische Militärstellungen in Syrien anzugreifen und sie angeblich in weiten Teilen zu zerstören.[6] Regelmäßig nimmt die israelische Luftwaffe auch weiterhin Ziele in Syrien ins Visier. Doch im Juli 2018 vermittelte Moskau einen Deal zwischen den Kriegsparteien, der den Konflikt vordergründig entschärfte. Demzufolge garantiert die russische Führung Tel Aviv, dass keine pro-iranischen Milizen Zugang zu den Golanhöhen und der israelischen Grenze erhalten. Im Gegenzug akzeptieren die Israelis, dass Assad an der Macht bleibt.[7]

Trumps Entscheidung hatte sich seit längerem abgezeichnet. Seine Rede vor der UN-Vollversammlung im Sep-

Syrien und das Ende des Atomabkommens

tember 2017 und vor allem seine im Folgemonat umrissene Iran-Strategie waren unmissverständlich. Die erwecke den Anschein, Trump habe eine Seite aus dem Drehbuch von Premier Netanjahu herausgerissen, kommentierte die regierungsnahe Times of Israel.[8] Der saudische Kronprinz war mit Sicherheit ebenfalls begeistert.

Die neue Strategie verfolge das Ziel, so Trump, Irans Einfluss im Nahen und Mittleren Osten einzudämmen. Entsprechend solle der Druck auf das Land verstärkt werden. Es gehe darum, sich «den feindlichen Handlungen des iranischen Regimes entgegenzustellen und sicherzustellen, dass der Iran niemals – und ich meine niemals – in den Besitz von Atomwaffen gelangt». Das Land werde von einem «fanatischen Regime» beherrscht, das die «Reichtümer einer der weltweit ältesten und dynamischsten Nationen geplündert hat und überall auf der Welt Tod, Zerstörung und Chaos verbreitet». Nicht allein die USA seien Ziel des «langen Feldzugs des Blutvergießens der iranischen Diktatur». Das Regime unterdrücke das eigene Volk, fördere «religiös motivierte Gewalt» im Irak, ferner «schreckliche Bürgerkriege im Jemen und in Syrien». Die iranischen Lieblingsparolen seien «Tod den USA» und «Tod für Israel». Und weiter: «Der Iran wird dem Geist des Atomabkommens nicht gerecht.» Daher bedürfe es einer neuen Strategie, «die sich mit dem gesamten Spektrum des zerstörerischen Handelns Irans befasst».

Daraus folgt: «Erstens werden wir mit unseren Verbündeten zusammenarbeiten, um der Destabilisierung durch das Regime und seiner Unterstützung terroristischer Stellvertreter in der Region entgegenzuwirken. Zweitens werden wir zusätzliche Sanktionen gegen das Regime verhängen, um seine Finanzierung des Terrorismus zu unterbinden. Drittens werden wir uns mit der Weiterverbreitung von Raketensystemen und Waffen befassen, die seine Nachbarn, den Welthandel und die Freiheit der Schifffahrt bedrohen. Und schließlich werden wir dem Regime alle Möglichkeiten verwehren, an Atomwaffen zu gelangen.»[9]

Es wird ernst

Wie jede Kriegserklärung beruht auch diese nicht auf Fakten, sondern auf Demagogie. Dass sich der Iran an das Atomabkommen hält, weiß auch Trump. Entsprechend wirft er Teheran vor, gegen dessen «Geist» zu verstoßen, um dergestalt besser den Bogen zum «zerstörerischen Handeln Irans» schlagen zu können. Gemeint sind der Machtzuwachs Teherans als Ergebnis einer verfehlten westlichen und israelischen Politik, wie ausgeführt, und die «Raketensysteme», mithin die einzigen Waffen, die der uneingeschränkten militärischen Dominanz der Hegemonialmächte USA und Israel durch einen regionalen Akteur entgegenstehen.

Ebenfalls im Oktober 2017 kündigte Trump an, dass er das Atomabkommen nicht mehr bestätigen wolle. Laut einem vom Kongress erlassenen Gesetz muss der US-Präsident alle drei Monate diesem gegenüber «zertifizieren», dass Teheran seine vertraglichen Verpflichtungen eingehalten habe. Seit 2015 war das wenig mehr als Routine, bis zu dieser Ankündigung. Denn die Internationale Atomenergiebehörde in Wien, IAEA, deren Aufgabe es ist, die Einhaltung des Atomabkommens vor Ort zu überprüfen, konnte keine Verstöße Teherans feststellen, wie sie bis Mai 2018 elfmal bestätigt hat. Dessen ungeachtet legte Trump im Januar 2018 noch einmal nach und teilte dem Kongress wie auch – und vor allem – den europäischen Mitunterzeichnern mit, sie hätten vier Monate Zeit, es im Sinne Washingtons nachzubessern. Russland und China, ebenfalls Mitunterzeichner, erwähnte er der Einfachheit halber gar nicht erst. Andernfalls würden die USA das Atomabkommen einseitig aufkündigen und alle Sanktionen gegen den Iran, soweit in den letzten Jahren ausgesetzt, wieder einführen.

Das Atomabkommen, offiziell Joint Comprehensive Plan of Action (JCPOA) genannt, wurde im Juli 2015 zwischen den fünf UN-Vetomächten sowie Deutschland und den jeweiligen EU-Außenbeauftragten einerseits und dem Iran andererseits geschlossen, nach fast 13-jährigen Verhandlungen. Es erlaubt dem Iran die zivile Nutzung der Atomenergie, sorgt aber mit umfassenden Überwachungsmechanismen dafür, dass Teheran keine Atomwaffen entwickeln kann. Die wichtigsten Punkte des rund hundert Seiten umfassenden Abkommens:[10] Sämtliche iranischen Atomanlagen einschließlich der Forschungs- und Produktionsstätten werden bis zu 25 Jahre von der IAEA kontrolliert. Sie ist berechtigt, landesweit Inspektionen durchzuführen – ausdrücklich auch von Militäranlagen. Dieser Punkt war besonders umstritten, fast wären die Verhandlungen daran gescheitert. Als Kompromiss zwischen den Sicherheitsinteressen des Irans, der Spionage durch die Hintertür verhindern wollte, und einer möglichst umfassenden Kontrolle seiner nuklearen Aktivitäten wurde schließlich ein mehrstufiger Mechanismus für Zweifelsfälle geschaffen, der am Ende der IAEA den Zugang zu allen Stätten ermöglicht.

Frühestens Anfang 2016 würden die ersten Sanktionen fallen. Die Finanzsanktionen sollten ebenfalls mit dem ersten positiven Bescheid der IAEA aufgehoben werden. Der Iran muss mehr als zwei Drittel seiner Zentrifugen zur Uran-Anreicherung abschalten und den Schwerwasserreaktor in Arak zerstören (was auch geschehen ist). Damit ist gewährleistet, dass der Iran kein Plutonium herstellen kann – neben der Anreicherung von Uran die zweite Möglichkeit, bombenfähiges Material herzustellen. Brennstäbe dürfen nicht wiederaufbereitet werden. Rund 95 Prozent des angereicherten Urans, über das der Iran verfügt, müssen entweder verdünnt oder ausgeführt werden. Teheran darf nicht mehr als 300 Kilogramm spaltbaren Materials besitzen, maximal auf 3,67 Prozent angereichert. Vollständig aufgehoben sollten die Sanktionen werden, sobald eine gesonderte Untersuchung zwischen Teheran und der IAEA festgestellt hat, ob der Iran vor 2003 oder womöglich auch danach ein militärisches Atomprogramm betrieben hat. Dieser entscheidende Passus erklärt die Showeinlage von Israels Premier Netanjahu, der im Mai 2018 vermeintlich vom Mossad aus dem Iran herbeigeschaffte Aktenordner auf einem Bücherregal präsentierte: Das sei der Beweis für die militärischen Atomaktivitäten Irans.

Nach dem ersten positiven Bescheid der IAEA endeten die Sanktionen im Januar 2016 tatsächlich in Teilen. Der Iran durfte nunmehr unbegrenzt und ohne Einschränkungen Erdöl exportieren – mit Ausnahme der USA, wo der Einkauf iranischen Öls weiterhin sanktioniert blieb. Ebenfalls wurden rund 30 Milliarden US-Dollar an eingefrorenen iranischen Guthaben vor allem auf europäischen Konten freigegeben. Der vertraglich zugesicherte freie Zugang Irans zum internationalen Bankenverkehr über das von den USA dominierte SWIFT-System wurde Teheran allerdings in der Praxis nicht gewährt. Washington ist hier unter Obama bereits vertragsbrüchig geworden, mit gravierenden Folgen für den Iran. Zahlungen ins Ausland oder aus dem Ausland können nur indirekt oder als Bargeschäft abgewickelt werden, für die Wirtschaft ein gravierendes Hindernis. Auch verhängte der damalige US-Präsident weitere Sanktionen gegen Firmen und Einzelpersonen, die dem Iran bei der Entwicklung von Raketentechnologie zugearbeitet oder entsprechende Bauteile geliefert haben sollen. Da sich der Kongress weigerte, die erforderlichen Gesetzesveränderungen vorzunehmen, verfügte Obama mit Hilfe präsidialer Dekrete, dass Unternehmen aus Drittstaaten, die mit dem Iran Handel treiben, juristisch nicht in den USA belangt werden können. Auch durften US-Technologie oder auch nur Bestandteile davon wieder in den Iran geliefert werden – eine vor allem für die Flugzeugbauer Boeing und Airbus entscheidende Klausel. Teheran unterschrieb mit beiden milliardenschwere Verträge zur Modernisierung der maroden iranischen Flugzeugflotte, die teilweise noch aus der Zeit des Schahs stammt. (Die übrigen Zivilflugzeuge sind meist geleast, vor allem aus der Türkei.) Auch die Modernisierung der Erdölindustrie konnte nunmehr in Angriff genommen werden.

Doch das Atomabkommen mit dem Iran ist seit Trumps historisch zu nennender Zäsur vom Mai 2018 Makulatur. Wie bereits der Ausstieg Washingtons aus dem Pariser Klimaabkommen dürfte auch diese einseitige Entscheidung der US-Regierung schwerwiegende Folgen für das Völkerrecht sowie generell für international ausgehandelte Verträge nach sich ziehen. Wenn sich ein Unterzeichner das Recht anmaßt, einmal getroffene Vereinbarungen nach Belieben aufzukündigen, wird das Recht des Stärkeren zur Rechtsnorm. Verträge mit den USA wären demzufolge das Papier nicht wert, auf dem sie geschrieben stehen.

Fanatiker an der Macht

Wie deutlich der Weg in Richtung Konfrontation vorgezeichnet ist, unterstreichen auch zwei Personalentscheidungen Trumps vom März 2018. Er entließ seinen als gemäßigt geltenden Außenminister Rex Tillerson und ersetzte ihn durch CIA-Chef Mike Pompeo. Trump hatte den notorischen Iranhasser und Russlandgegner erst im Januar 2017 an die Spitze des Geheimdienstes CIA berufen. Offenbar mit einer klaren Mission. Pompeos letzter Tweet vor seiner damaligen Nominierung lautete: «Ich freue mich, diesen katastrophalen Deal (das Atomabkommen, ML) mit dem weltgrößten Sponsor des Terrorismus abzuwickeln.»[11] Als CIA-Chef verwendete Pompeo viel Zeit und Energie darauf, eine Verbindung zwischen Al-Qaida und Teheran herzustellen – exakt das Drehbuch wie schon vor dem Irakkrieg 2003, als Washington ebenfalls alle Hebel in Bewegung setzte, um nicht vorhandene Kontakte zwischen Saddam Hussein und Osama Bin Laden nachzuweisen.

Im November 2017 stellte die CIA hunderttausende Dokumente ins Netz,[12] die beim Überfall auf Bin Ladens Versteck im pakistanischen Abbottabad 2011 sichergestellt worden seien. Das diene der Transparenz, erklärte Pompeo. Das eigentliche Motiv sei allerdings ein ganz anderes, so die US-Zeitschrift The Atlantic: «Diese Veröffentlichung ist Teil seiner fortlaufenden Kampagne, Al-Qaida und Teheran zusammenzuführen – um auf diese Weise das Atomabkommen mit dem Iran zu untergraben.» Zwar enthalten besagte Dokumente keinerlei rauchenden Colt, doch der raunende Verdacht sollte offenbar den gegenteiligen Eindruck erwecken. An dieser Stelle sei an die Kontakte zwischen dem saudischen Königshaus und Al-Qaida erinnert, die man in Washington wohlweislich ignoriert. Vor allem zugunsten von Rüstungsgeschäften. Stattdessen wurden erneut die Weichen gestellt in Richtung Konfrontation mit dem Iran, auch auf der Grundlage frei erfundener Behauptungen.

Normalerweise werden US-Geheimdienstdokumente, die freigegeben werden sollen, vorab ausgewählten etablierten Medien zur Einsicht überlassen, etwa CNN oder der Washington Post. In diesem Fall aber wählte Pompeo ein ganz anderes Forum, nämlich das Long War Journal der Foundation for Defence of Democracies unter der Regie von Sheldon Adelson, der wir nicht zum ersten Mal begegnen. Die FDD sei «der Flaschengeist all derer, die gegen das Atom-

Syrien und das Ende des Atomabkommens

abkommen sind ... Prominente Stimmen aus dem Umfeld der FDD argumentieren, es müsse mit Teheran einen ‹besseren Deal› geben, ohne zu sagen, was genau sie damit meinen. Andere wollen nichts anderes als einen Regimewechsel ... In diesen Kreisen ist man ohnehin davon überzeugt, dass es Kontakte zwischen dem Iran und Al-Qaida gibt.» So gesehen hätte Pompeo sein Medium gut ausgesucht, folgert The Atlantic.[13]

Das Weltbild dieses christlichen Fundamentalisten lässt wenig Spielraum für Interpretationen. Die größte Gefahr drohe Amerika von Russland und dem Iran, aber auch vom Islam insgesamt. Denn «Muslime verabscheuen Christen», so der Außenminister. «Sie werden Druck auf uns ausüben, solange wir nicht beten, vereint sind und kämpfen. Solange wir uns nicht vor Augen führen, dass Jesus Christus unser Erlöser ist und wahrhaftig die einzige Lösung für unsere Welt bereithält.»[14]

Chef der Iran-Operationen bei der CIA ist seit Mai 2017 Michael D'Andrea, genannt «Ajatollah Mike» oder auch «der dunkle Prinz». Er war an der Jagd auf Osama Bin Laden beteiligt und ist ein Fan des Drohnenkrieges, ebenso von verdeckten Operationen. In einer Untersuchung des Senats von 2014 wurde ihm der exzessive Einsatz von Folter vorgeworfen.[15]

Fast noch gravierender als die Ernennung Pompeos dürfte die von John Bolton sein, und zwar für den Posten des Nationalen Sicherheitsberaters. Er ist ein ausgewiesener Hardliner gegenüber allen Widersachern und Konkurrenten der USA, von Nordkorea über China und Russland bis zum Bösen schlechthin, dem Iran. Zu pro-israelischen Gruppen, allen voran AIPAC, unterhält er beste Beziehungen.[16] Als George W. Bush ihn 2005 zu seinem Botschafter bei den Vereinten Nationen machen wollte, setzte sich nicht nur AIPAC gegenüber dem Senat für Bolton ein, das sich für gewöhnlich nicht öffentlich zu Personalentscheidungen äußert, sondern auch die übrigen wichtigen jüdischen Mainstream-Organisationen. Namentlich die Conference of Presidents of Major American Jewish Organizations, das American Jewish Committee und die Anti-Defamation League, aber auch rechtskonservative Verbände wie die Zionist Organization of America. Allerdings ohne Erfolg, unter den Senatoren fand Bolton keine Mehrheit, so dass Bush ihn nur mit einem sogenannten «recess appointment» (Ernennung durch den Präsidenten während einer Sitzungspause des Senats ohne dessen Zustimmung) für eine begrenzte Zeit zu seinem Botschafter bei den Vereinten Nationen machen konnte.[17] Dort blieb er vor allem durch sein aggressives Auftreten in Erinnerung. Der ausgewiesene Falke war ein Mitarchitekt des Irakkrieges, den er bis heute für gut und richtig hält. In Sachen Iran ist seine Linie klar, ohne Abstriche: Regimewechsel. Unmittelbar vor Abschluss des Atomabkommen mit dem Iran 2015 schrieb Bolton in der New York Times in einem Meinungsartikel: «Um die iranische Bombe zu verhindern – den Iran bombardieren.»[18] Ganz ähnlich hat er sich bereits 2008 gegenüber dem Fernsehsender Fox News geäußert.

«Das ist Demokratie!»

Sowohl vor dem Sturz Saddam Husseins wie auch im Zuge des versuchten Regimewechsels in Syrien haben sich Kriegsbefürworter in Washington sowie der EU auf die jeweilige «Opposition» eingeschworen. Werden oppositionelle Kräfte (egal, wofür sie stehen, solange sie nur pro-westlich sind) im Vorfeld oder im Verlauf eines Krieges entsprechend unterstützt, dann, so der Irrglaube, habe das Land, das es für die Demokratie zu öffnen gelte, automatisch eine Macht-

Syrien und das Ende des Atomabkommens

alternative. Im Falle Iraks handelte es sich dabei weniger um eine oder mehrere wie auch immer verfasste Gruppen als vielmehr um Einzelpersonen, um ausgewiesene Gauner, Bankrotteure und Scharlatane im US-Exil, die ihren *Neocon*-Freunden jahrelang erzählt hatten, was die zu hören wünschten. Der bekannteste «Oppositionelle» aus diesem Milieu war Ahmad Tschalabi, der es nach dem Sturz Saddam Husseins kurze Zeit zum Ölminister brachte, doch mangels politischer Verwurzelung schnell in der Bedeutungslosigkeit versank – nicht ohne vorher die Staatskasse zu plündern. Im Falle Syriens setzten Washington und Brüssel jahrelang auf syrische Oppositionsgruppen im Ausland, die aber vor Ort faktisch bedeutungslos waren.

Man könnte aus diesen Fehlern lernen. John Bolton ganz sicher nicht. Die «Opposition», auf die er im Iran setzt, sind allen voran die Volksmudschahedin (Mujahedin-e Khalk, MEK). Dabei handelt es sich um eine neo-stalinistische Gruppe unter Führung von Maryam Radschawi, genannt «Sonne der Revolution», die sich einen demokratischen Anstrich gegeben hat. Ihren Sitz hat sie in Paris. In Washington firmiert sie als Nationaler Widerstandsrat im Iran (National Council of Resistance in Iran) und ist dort eine finanziell bestens aufgestellte Lobbyorganisation mit guten Kontakten in die Politik.

Die MEK hatten sich an der iranischen Revolution beteiligt, verloren aber einen Machtkampf mit dem Klerus. Sie gingen ins Exil in den Irak und kämpften, in den 1980er Jahren, im irakisch-iranischen Krieg auf Seiten Saddam Husseins. Im Iran haben sie zahlreiche Terroranschläge verübt. Sie arbeiten eng mit der CIA zusammen, zwecks Destabilisierung des Regimes. Zwischen 2010 und 2012 haben sie mindestens vier iranische Nuklearwissenschaftler ermordet, in Kooperation mit dem israelischen Geheimdienst.[19] In der iranischen Bevölkerung sind die Volksmu-

Syrien und das Ende des Atomabkommens

dschahedin quer durch alle Lager verhasst – die Vorstellung, sie könnten in Teheran jemals eine politische Rolle spielen, ist geradezu lächerlich.

Dennoch haben die üblichen Verdächtigen mit ihnen offenbar noch Großes vor. Bis 2013 standen sie auf der Terrorliste des US-Außenministeriums, von dort entfernte sie Hillary Clinton. Innerhalb der EU sorgten die Briten dafür, dass sie seit 2009 nicht mehr als Terrororganisation geführt wird. Im Juli 2017 erklärte John Bolton auf einer Versammlung der MEK in Paris: «Erklärtes Ziel der Vereinigten Staaten von Amerika sollte es sein, das Mullah-Regime in Teheran zu stürzen. Dessen Verhalten und Ziele werden sich nicht ändern, und deswegen gibt es auch keine andere Lösung als das Regime auszutauschen. Und deswegen werden wir, die wir hier versammelt sind, noch vor 2019 im Iran feiern», noch vor dem vierzigsten Jahrestag der iranischen Revolution im Januar nämlich.[20]

Anlässlich der Ernennung Boltons zum Nationalen Sicherheitsberater erklärte der ehemalige Bürgermeister New Yorks, Rudi Giuliani, inzwischen ein Mitglied des Rechtsanwaltsteams von Präsident Trump, auf einer Versammlung des Nationalen Widerstandsrats: «Glauben Sie etwa, Bolton hätte seine Ansichten geändert? Ganz im Gegenteil, er ist noch entschlossener denn je, einen Regimewechsel im Iran herbeizuführen und das Atomabkommen zu verbrennen. Sie müssen die Führung dieses Landes übernehmen, mit demokratischen Verbündeten und einer demokratischen Opposition. Das ist Demokratie!»[21]

Europa in der Falle

Noch einmal zurück zum Ultimatum Trumps vom Januar 2018: Die europäischen Mitunterzeichner hätten vier Monate Zeit, das Atomabkommen im Sinne Washingtons nachzubessern, andernfalls würde er es aufkündigen. Großbritannien, Frankreich und Deutschland zeigten sich von dem Ultimatum überrascht, waren aber hin- und hergerissen. Einerseits wollten sie an dem Atomabkommen festhalten, aus guten Gründen. Andererseits hatten sie aber auch, wie üblich, weder das Rückgrat noch das Selbstbewusstsein, dem großen Bruder klar und deutlich zu vermitteln: Nicht mit uns. Stattdessen suchten sie den Iran zu Neuverhandlungen zu bewegen. Dazu war Teheran aber nicht bereit – wozu auch. Dass es den Amerikanern nicht um konstruktive Politik ging, war längst offenkundig. Der französische Präsident Macron reiste nach Washington und schmeichelte Trump in der Hoffnung, er werde seine Haltung überdenken. Desgleichen die Bundeskanzlerin, die im Gespräch mit dem Präsidenten auf Professionalität und Sachlichkeit setzte.

Zeitverschwendung. In Washington war die Entscheidung in der Sache längst gefallen, und am 8. Mai folgte, wie erwähnt, Trumps Vertragsbruch. Damit wurden nicht allein die Weichen in Richtung Konfrontation mit dem Iran gestellt, sondern auch das transatlantische Verhältnis nachhaltig beschädigt, wenn nicht zerstört. Trump hat durch sein einseitiges Handeln klargestellt, dass er die Europäer nicht ernst nimmt und es ihm vollkommen egal ist, was die Bündnispartner wollen oder nicht. In einer gemeinsamen Erklärung haben sich Berlin, Paris und London nach dem Ausstieg Washingtons zum Fortbestand des Atomabkommens mit dem Iran bekannt.[22] Moskau und Peking folgten ebenfalls dieser Linie.

Dessen ungeachtet haben die Amerikaner ihren Konfrontationskurs noch verstärkt, indem sie, zunächst auf der Homepage des Wirtschaftsministeriums, die Handelssanktionen umrissen haben, mit deren Hilfe Teheran offenbar in die Kapitulation gezwungen werden soll.[23] Entsprechend wurden neue Sanktionen verhängt und alle 2016 aufgehobenen Sanktionsbestimmungen wieder in Kraft gesetzt, mit einer Übergangsphase («wind down period») von 90 und 180 Tagen. Das bedeutet unter anderem, dass die zwischen Teheran und den Flugzeugherstellern Boeing und Airbus geschlossenen Kaufverträge für mehr als hundert Flugzeuge ebenso hinfällig sind wie die geplante Modernisierung der iranischen Erdölförderanlagen. Wer nach dieser Übergangsphase noch iranisches Erdöl, Erdgas, Rohstoffe gleich welcher Art, und seien es Pistazien, einkauft oder iranischen Banken US-Dollar zur Verfügung stellt, generell Handel mit dem Iran betreibt, macht sich nach amerikanischem Recht strafbar.

Darin genau liegt der Sprengsatz der erneuten Sanktionen. Sie betreffen nicht allein US-Firmen, sondern in Gestalt sogenannter «sekundärer Sanktionen» alle Unternehmen, die sich künftig noch im Iran engagieren. Das bedeutet, dass etwa eine deutsche Firma, die dort Geschäfte tätigt, in den USA mit Strafverfolgung rechnen muss, sofern sie auch am dortigen Markt präsent ist – was faktisch für alle europäischen Großunternehmen gilt. Die USA sind der ungleich wichtigere Handelspartner, folglich werden sich die Europäer aus dem Iran zurückziehen, so das Kalkül. Die Iraner würde das hart treffen, da die Europäische Union, insbesondere Deutschland und Frankreich, zu den wichtigsten Handelspartnern Teherans zählt, neben China, Japan, Südkorea, Indien und Russland. In Washington dürfte man sich darüber im Klaren sein, dass Russland und China Mittel und Wege finden werden, die entsprechenden Sanktionsbestimmungen wo immer möglich zu unterlaufen. Die «sekundären Sanktionen» richten sich entsprechend vor allem gegen Europa (die USA selbst betreiben kaum Handel mit dem Iran) – ein beispielloser Affront und nach Maßgabe internationalen Rechts eindeutig illegal. Ein Land kann nicht einfach seine Gesetze auch in anderen Staaten für rechtsverbindlich erklären. Entsprechend sind auch amerikanische Rechtsvorstellungen nicht auf Dritte anzuwenden, darin liegt die juristische Anmaßung, die sich allein ein Imperium erlauben kann. Zwar hatten auch Trumps Vorgänger, angefangen mit Bill Clinton, die Möglichkeit, nichtamerikanische Firmen in den USA juristisch für ihre Iran-Deals zu belangen, geschehen ist das allerdings selten. Trump dagegen schmiedet aus den «sekundären Sanktionen» eine Waffe. Seiner Regierung ist die multipolare Welt ebenso egal wie eine Politik des Ausgleichs. Die Agenda der Weltmacht ist unmissverständlich: Wer nicht für uns ist, ist gegen uns, und wer sich unseren Vorstellungen nicht unterwirft, wird bestraft. Das Faustrecht ersetzt das Völkerrecht.

Wie also geht es weiter? Die Frage stellt sich umso mehr, als jeder Glaube, mit Argumenten auf die US-Administration einwirken zu können, an Albernheit grenzt. In seiner ersten programmatischen Rede als Außenminister verschärfte Mike Pompeo zwei Wochen nach Aufkündigung des Atomabkommens noch einmal den Tonfall gegenüber Teheran. Besser gesagt setzte er dem Iran ein Ultimatum, stellte er zwölf «nicht verhandelbare» Forderungen (MBS lässt grüßen). Das Land habe sämtliche Urananreicherung ebenso einzustellen wie sein ballistisches Raketenprogramm, alle Militärs und Milizen aus Syrien abzuziehen und jedwede Unterstützung namentlich von Hisbollah, Hamas, den Huthis und auch der Taliban einzustellen (Letztere hat Teheran nie unterstützt), so weit die Hauptforderungen. Geschehe das nicht, erwarteten Teheran «die härtesten Sanktionen der Geschichte».[24]

Gleichzeitig stellte er klar, dass es die USA sehr ernst meinten mit den «sekundären Sanktionen.»

Die US-Administration dürfte wissen, dass keine Regierung, auch die iranische nicht, eine solche Kapitulationsurkunde unterschreibt. Insoweit ist die Eskalation vorgezeichnet. Im Falle eines Krieges ist die Frage nach «sekundären Sanktionen» natürlich hinfällig. Bis dahin aber wären die Europäer gut beraten, Washington entschlossen entgegenzutreten. Es reicht nicht, dass EU-Vertreter das Atomabkommen am Leben erhalten wollen und weiterhin mit der iranischen Führung reden. Namentlich der Bundesregierung wäre zu empfehlen, deutschen Unternehmen, die mit dem Iran Geschäfte machen, öffentlich den Rücken zu stärken und sie nötigenfalls auch mit Gegenmaßnahmen vor der amerikanischen Justiz zu schützen. Tut sie das nicht, droht die deutsche Exportwirtschaft an der Ideologie des «America first» zu scheitern – nicht allein in Sachen Iran, auch wegen der von den USA verhängten Importzölle.

Dabei ist Deutschland, sind die Europäer auf die Zusammenarbeit innerhalb der EU angewiesen. Konkrete Möglichkeiten, deutsche und europäische Firmen vor amerikanischen Sanktionen zu bewahren, gäbe es durchaus. Zum einen bräuchte es dafür eine nichtprivate Bank für die Zahlungsabwicklung mit dem Iran. Diese Bank gibt es bereits, die Europäische Investitionsbank mit Sitz in Luxemburg. Des Weiteren bedürfte es einer noch zu gründenden, nicht privat verfassten europäischen Handels- und Dienstleistungsgesellschaft, über die alle Geschäfte mit dem Iran verpflichtend abgewickelt werden, zu marktüblichen Preisen. Wollten die Amerikaner gegen die Investitionsbank oder besagte Gesellschaft juristisch vorgehen, würden sie faktisch einen Handelskrieg mit der EU riskieren. Im Zweifel würde Washington davor nicht zurückschrecken, aber die Europäer müssen lernen, ihre devote Haltung abzulegen

Syrien und das Ende des Atomabkommens

und nötigenfalls Gegenmaßnahmen zu ergreifen. Die wirtschaftliche Konfrontation erfolgt ohnehin, daran ändert auch Wohlverhalten nichts.

Vor allem für die «Transatlantiker» käme ein solcher Gesinnungswandel allerdings einem kulturellen Tabubruch gleich. Wer jahrzehntelang der «Wertegemeinschaft» gehuldigt und Weltpolitik vorzugsweise gesinnungsethisch betrieben hat, nur im Bündnis mit den USA gegen Russland und China zu bestehen können glaubte, der muss sich nunmehr neu erfinden lernen. Für die in Politik, Wirtschaft und den Medien überaus präsenten «Transatlantiker» ist Trump der Offenbarungseid. Ob die Neuerfindung gelingt? Zweifel sind mehr als berechtigt. Doch die Zeit drängt. Jenseits aller Ökonomie geht es um Krieg und Frieden, vor allem, aber nicht nur im Nahen und Mittleren Osten. Die Folgen eines Waffengangs gegen den Iran würden sich beileibe nicht auf die Region beschränken und dramatisch sein.

Was tun? Ein Ausblick

US-Präsident Trump gilt allgemein als die Verkörperung eines karikaturhaften Simpels, der er in der Tat ist. Doch niemand halte ihn für einen bloßen Freak, für einen Betriebsunfall der Demokratie, der sich so nicht wiederholen werde. Vielmehr markiert er eine Zäsur, verkörpert er den Sieg des Privaten über die Polis. Die Superreichen haben sich den Staat untertan gemacht, allen voran in den USA, und sie spielen nach ihren eigenen Regeln, bei denen die Demokratie Gefahr läuft, als populistische Fassade zu enden. Die eigentlichen Entscheidungen fallen längst innerhalb eines kleinen Zirkels von Oligarchen, der neuen Herrschaftselite im Hintergrund. Das erklärt die Karriere von Trumps Schwiegersohn, das erklärt, warum sich die amerikanische Botschaft in Israel nunmehr in Jerusalem befindet, das erklärt die Konfrontation mit dem Iran, generell den Siegeszug partikularer Interessen auf Kosten des Gemeinwohls, auf Kosten auch des Weltfriedens.

Die angeführten Zitate maßgeblicher amerikanischer Politiker und Militärs machen Angst. Sie belegen eine allzu schlichte Wirklichkeitswahrnehmung, weitgehend frei von Reflexion und geschichtlichem Bewusstsein. Die Dämonisierung Irans bei gleichzeitiger Kumpanei mit Saudi-Arabien grenzt für sich genommen, allein mit Blick auf 9/11, ans Groteske. Geschichtsvergessenheit ist grundsätzlich bedenklich, weil sie dazu einlädt, begangene Fehler zu wiederholen, schlimmstenfalls wieder und wieder, unter veränderten Vorzeichen. Zur Erinnerung: Die iranische Revolution von

Was tun?

1979 war die um eine Generation zeitversetzte Antwort auf den Sturz Mossadeghs 1953. Wer nun glaubt, ein weiterer Umsturzversuch in Teheran werde dort einem pro-amerikanischen oder pro-israelischen Regime an die Macht verhelfen, ist ein Phantast. Die Folgen, die eine militärische Konfrontation mit dem Iran und seinen Verbündeten Russland und China haben könnte, sollen hier gar nicht erst ausgemalt werden.

Die Oligarchisierung amerikanischer Politik und die schwindende Rationalität ihrer maßgeblichen Akteure gehen einher mit dem Niedergang der USA als alleiniger Weltmacht. Wahrscheinlich handelt es sich dabei um die beiden Seiten derselben Medaille. Nach dem Fall der Berliner Mauer 1989 hatte Washington kaum einen Widerpart in der Weltpolitik und konnte seine hegemonialen Interessen weitgehend ungebremst durchsetzen. Man kann darüber streiten, wann diese Einbahnstraße an ihr Ende kam, ob das mit dem Irakkrieg 2003 der Fall war oder aber erst mit der Finanzkrise 2008. Gleichwohl sind seither mindestens zwei weitere Akteure auf der Weltbühne erschienen, die zunehmend selbstbewusst Washingtons Anspruch auf Alleinherrschaft herausfordern: Russland und China. Moskau sieht sich dabei deutlich mehr im Fokus westlicher Kritik, weil nicht zuletzt die Stellvertreterkriege in Syrien und der Ukraine emotional eine größere Wucht entfalten. Außerdem beträgt das Handelsvolumen zwischen den USA und Russland nur einen Bruchteil etwa des deutsch-russischen.

Der Machtkampf mit China erfolgt bislang vor allem auf wirtschaftlicher Ebene, wie die unter Trump 2018 verhängten Importzölle gegen chinesische Waren unterstreichen, die durchaus das Potential für einen Handelskrieg enthalten. Allerdings sind die Volkswirtschaften der USA und Chinas dermaßen miteinander verflochten, dass bei einer Konfrontation letztendlich beide Seiten verlieren werden.

Was tun?

Eine Weltmacht, die ihre Kräfte schwinden sieht, hat grundsätzlich zwei Möglichkeiten. Sie kann sich der Realität verweigern und sich dem eigenen Niedergang mit allen Mitteln entgegenstemmen. Militärisch, aber auch mit Hilfe von politischem Druck, etwa der öffentlichkeitswirksamen Dämonisierung ihrer Rivalen; ebenso kann sie Wirtschaftssanktionen als Waffe einsetzen. Das ist der Weg, den die USA gegenwärtig gehen, unter Zuhilfenahme von Scharfmachern wie John Bolton oder Mike Pompeo. Die Alternative zum Kurs der Konfrontation wäre Pragmatismus. Die Einsicht, dass bedingungslose Härte im Zweifel den eigenen Niedergang noch beschleunigt. Anstatt den gesamten Kuchen auch weiterhin, beinahe um jeden Preis, gegen andere zu verteidigen, bestünde eine zukunfts- und friedensfähige Politik darin, diesen Kuchen mit anderen teilen zu lernen. Miteinander zu reden, Deals zu machen, Kompromisse einzugehen.

Dazu gehört auch, sich mit den gegebenen Verhältnissen vor Ort zu befassen, in einem Land wie dem Iran etwa. Wer dort Regimewechsel propagiert, sollte wissen, dass die meisten Iraner glühende Patrioten sind. Gerät ihr Land in ernsthafte Gefahr, wird jede noch so berechtigte Kritik an den dortigen Verhältnissen erst einmal verstummen, verfestigt sich der Status quo. Das zu erkennen bedarf es wenig mehr als gesunden Menschenverstandes. Davon unabhängig wäre der Iran auf einen Waffengang vorbereitet. Teheran würde mit einem sogenannten «asymmetrischen» Krieg reagieren, mit Hilfe von Sabotage und Guerillataktik. Saudi-Arabien wäre ein leichtes Ziel für begrenzte Militärschläge. Sollte Israel den Iran angreifen, dürfte es Raketen auf Tel Aviv regnen. Was die Befürworter eines Konfrontationskurses offenbar nicht begreifen, ist die «Textur» Irans. Das Land ist nicht der Irak, nicht Syrien, nicht der Libanon. Mithin kein leichtes Ziel. Und es hat reichlich Kriegserfahrung. Die

Was tun?

Iraner werden einen furchtbaren Preis bezahlen, sollte es zu der vom saudischen Kronprinzen beschworenen «Schlacht» kommen. Das wissen sie auch, und sie haben große Angst vor dem, was noch alles geschehen könnte. Aber sollte es zum Äußersten kommen, wird das Ergebnis nicht ein westlich orientierter Iran sein, sondern Armageddon im Orient.

Ein Land, das wie der Iran quasi zum Abschuss freigegeben ist, hat im Grunde keine Handlungsmöglichkeiten. Was auch immer die dortige Führung zwecks Deeskalation anbieten oder einleiten würde, es bliebe folgenlos. Erinnert sei an Khatamis Verhandlungsangebote unter George W. Bush. Das anti-schiitische Dreieck, oder Viereck, hat zum Sturm auf den letzten noch funktionierenden Staat zwischen Israel und Indien angesetzt. Schlimmstenfalls werden erneut Millionen und Abermillionen Menschen ihr Leben oder ihre Zukunft verlieren. Wohin soll das führen? Den maßgeblichen Strategen wäre das im Zweifel egal – solange die Versorgung der Weltwirtschaft mit Erdöl und Erdgas gewährleistet bliebe. Das allerdings liefe auf die Quadratur des Kreises hinaus, denn ein Krieg am Golf hätte auf jeden Fall gravierende wirtschaftliche Folgen. Ein paar Raketen auf saudische Raffinerien, und die Öl- und Gaspreise explodieren.

Dummheit und Verblendung sind mächtige Triebkräfte menschlicher Entwicklung, und sie beherrschen die anti-iranische Agenda. Das Projekt Regimewechsel im Iran ist ohne Wenn und Aber völkerrechtswidrig. Davon unabhängig wäre jeder Angriff auf die Kulturnation Iran nichts weniger als ein Menschheitsverbrechen. Wer sich daran beteiligt, gleich unter welchem Vorwand, macht sich mitschuldig, mögen die vorgeschobenen Motive noch so edelmütig klingen.

Grundsätzlich sind die Möglichkeiten des Einzelnen, auf Entwicklungen wie diese Einfluss zu nehmen, sehr begrenzt. Wenn die Amerikaner entschlossen sind, ein Land in die Knie zu zwingen, werden sie es tun. Ganz gleich, ob etwa die Europäer mitziehen oder nicht. Es hat nicht an mahnenden Stimmen gefehlt, vor dem US-geführten Angriff auf den Irak 2003. Sie blieben ungehört. Dennoch ist es das historische Verdienst der damaligen Bundes- wie auch der französischen Regierung, sich an diesem völkerrechtswidrigen Akt nicht beteiligt zu haben. Heute ist die Ausgangslage eine ganz andere. Entschiedenes Handeln von Seiten der Europäer in Sachen Iran ist nicht zu erwarten. Unbehagen ja, Bedenken ebenso – aber wenn es hart auf hart kommt, dürften sich die Reihen doch schließen. Oder sollte sich die Bundesregierung tatsächlich verweigern, wenn die USA einen Angriff auf den Iran zum NATO-Verteidigungsfall erklären? Der Herdentrieb auf Seiten der «Wertegemeinschaft» ist mehr als ausgeprägt. Das betrifft den Umgang mit dem Iran ebenso wie etwa den mit Russland.

Allenthalben fehlen Akteure vom Schlage Willy Brandts oder Egon Bahrs, Hans-Dietrich Genschers oder Horst Teltschiks. Politiker also, die wussten, was Krieg bedeutet. Sei es, dass sie ihn selber durchlebt oder aber die Nachwirkungen als Kinder und Jugendliche erfahren mussten. Die das Vermächtnis der Überlebenden, nie wieder Krieg, verinnerlicht hatten und allein deswegen den Gesprächsfaden zur anderen Seite nie haben abreißen lassen. Heute fiele diese Haltung wohl in die Kategorie «Putin-Versteher» oder «Mullah-Freund».

Die Neue Ostpolitik war der Versuch, mit kleinen Schritten pragmatische Veränderungen zugunsten der Menschen hüben wie drüben zu erwirken. Der Kontrapunkt dazu ist «America first» unter Donald Trump, die Saloon-Variante von *The West is best*. Wir werden uns aber an den Gedanken gewöhnen müssen, dass die Welt auf beunruhigende Weise unübersichtlicher und komplexer geworden ist. Nicht allein sieht die Ära des amerikanischen Imperiums ihrem Ende oder wenigstens doch ihrer Eingrenzung entgegen, sondern generell die globale Vorherrschaft des weißen Mannes, wie sie mit der Entdeckung Amerikas 1492 ihren Anfang nahm. Eine neue Ordnung zeichnet sich ab, die heterogener sein und aus verschiedenen Machtzentren bestehen dürfte, zu denen auch transnationale Wirtschaftsgiganten wie Google oder Amazon rechnen. Wird diese neue Welt eine bessere sein? Vorsicht erscheint mehr als angebracht. Vor allem stellt sich die Frage, ob der Übergang in diese neue Zeit friedlich verlaufen wird oder aber die alte Ordnung gewaltsam den Lauf der Dinge aufzuhalten versucht.

So, wie sich die Verhältnisse gegenwärtig im Nahen und Mittleren Osten darstellen, können sie auf Dauer keinen Bestand haben. Unterentwicklung und Repression, ein saudischer Kronprinz als Mephisto, israelische Ultranationalisten, die glauben, das biblisch verheißene Land gehöre allein ihnen, religiöse Fanatiker auf allen Seiten und Stellvertreterkriege – eine tödliche Mischung. Den Preis für diese von außen geschürte Entwicklung zahlen außerhalb der Region vor allem die Europäer, kaum die Amerikaner.

Dennoch zeigt die Europäische Union bei allem Unbehagen Trump gegenüber noch zu wenig Bereitschaft, den politischen Exzessen der USA offensiv entgegenzutreten. Nicht einmal dort, wo es um ihre ureigenen Interessen geht. Explodiert die Region, kommen die Flüchtlinge zu uns, Amerika wird sie nicht aufnehmen. Es kann uns nicht egal sein, welchen Schaden die Politik Washingtons in unserer unmittelbaren Nachbarschaft anrichtet.

Leider sind kaum Politiker zu erkennen, weder in Brüssel noch auf Bundesebene, die den Eindruck erwecken, die Zeichen an der Wand erkannt zu haben. Vor allem Frankreich und Deutschland, Großbritannien sowieso, erwecken wieder und wieder den Eindruck, in Washington getroffene

Was tun?

Entscheidungen am Ende doch mitzutragen. Deutsche Mandatsträger scheinen zu glauben, den Eindruck erwecken sie vielfach, die sich ankündigenden globalen Stürme beträfen uns nicht. Stattdessen kreisen ihre Debatten meist ums Bewährte, um die vielbeschworenen «Werte.» Oder sie rühren in der Ursuppe: Gehört der Islam zu Deutschland, Heimat, Leitkultur, die Folgen der 68er usw. Es rächt sich nunmehr, dass deutsche Entscheidungsträger über zu wenig Expertise im Bereich der Außen- und Sicherheitspolitik verfügen und viel zu lange nicht etwa eigene Interessen benannt haben, sondern sich lieber als «Gute» gegen die «Bösen» in Stellung brachten, in der zutiefst verinnerlichten Rolle eines Juniorpartners der USA.

Gerade Deutschland besaß bislang das Privileg, das Elend der Welt weitgehend aus der Zuschauerperspektive verfolgen zu können. Die Flüchtlinge aus Syrien sind ein erster, umfassender «systemischer Einbruch» der Wirklichkeit in die virtuelle Welt unserer Selbstbezogenheit. Die Prognose sei gewagt: Es werden uns noch ganz andere, viel weitreichendere Heimsuchungen ereilen, auch und gerade in Sachen Iran. Die meisten von uns werden dann reflexhaft nach Antworten auf der Grundlage längst nicht mehr gegebener Gewissheiten suchen. Im Zweifel heißt die politische Devise dann wohl mehr Sicherheit, mehr Kontrolle, mehr Überwachung.

Orient und Okzident sind nicht mehr zu trennen, heißt es in Goethes «West-Östlichem Diwan». Den Romantikern galt der Orient als Sehnsuchtsort, der eine Gegenwirklichkeit verhieß zur heimischen Tristesse aus Fürstenwillkür, Kleinstaaterei und geistiger Enge. Heute ist der Orient ein Kriegsschauplatz, auf dem verschiedene Mächte und Milizen um Vorherrschaft ringen. Hier entscheidet sich auch, ob wir weiterhin in Frieden leben können oder nicht, ob sich erneut ein Weltenbrand entfacht. Insoweit sind Orient und

Was tun?

Okzident tatsächlich nicht mehr zu trennen – auch wenn es längst nicht mehr um Sehnsüchte oder Utopien geht als vielmehr darum, das Schlimmste zu verhindern.

Was also tun? Die Frage stellt sich zwingend, und sie hat zwei Ebenen. Viele, die sie stellen, verlangen lediglich nach Beruhigungspillen. Was muss geschehen, erstens, zweitens, drittens, damit anschließend alles so weitergehen kann wie bisher, wohltemperiert und möglichst bequem. Diese Zeiten allerdings nähern sich ihrem Ende, daran ändert auch die Suche nach einem Heftpflaster nichts.

Perspektivisch ist allein die zweite, die grundsätzliche Ebene von Bedeutung. Angefangen mit der Bereitschaft, vermeintliche Gewissheiten auch öffentlich infrage zu stellen. Das erscheint vor allem dort geboten, wo moralisierende Bekenntnisse das sachliche Argument ersetzen oder ein Schwarz-Weiß-Denken zur Gesinnungsethik führt: Bist du für uns oder gegen uns? Für die Freiheit oder «das Tier» Assad? Für die Mullahs oder das Existenzrecht Israels?

Lernen, weiterführende Fragen zu stellen. Den einfachen Antworten zu misstrauen. Sich selbst auch einmal aus der Vogelperspektive zu betrachten. Sich in die Haut des anderen zu versetzen. Die Welt aus dessen Augen zu sehen. Nicht weil der dann gewonnene Blick notwendigerweise besser oder richtiger wäre. Doch um der Vollständigkeit halber. Wer die eigene Weltanschauung für die einzig richtige hält, allein das eigene Lebensmodell anerkennt, sich anderen überlegen fühlt und daraus möglicherweise noch Privilegien für sich selbst ableitet, der geht den Weg der Konfrontation. Respekt, Verständnis und Augenmaß sind Voraussetzung für ein friedliches Miteinander. Wer einmal anfängt, die dünnen Bretter des Mainstreams zu durchbohren, trifft schnell auf das Wesentliche. Und oft genug auch auf Mitstreiter.

Was tun?

«Es wechseln die Zeiten, die riesigen Pläne der Mächtigen kommen am Ende zum Halt», glaubte Bertold Brecht. Zu diesen Plänen gehört die neokoloniale Ideologie des Regimewechsels, die in Nordafrika und Westasien nichts als Verwüstung angerichtet hat. Trotzdem ist dieser Schoß fruchtbar noch, nicht allein in den USA. In Deutschland intervenieren aufgeklärte Geister lieber im Namen der Menschenrechte. Das klingt besser als militärische Intervention, läuft aber im Ergebnis auf dasselbe hinaus. Und am Ende weht ganz sicher nicht die Regenbogenfahne über den Dächern von Damaskus oder Teheran.

Die Haltung solcher Apologeten erinnert an die Weisheiten jenes Offiziers, der den Soldaten Private «Joker» zur Rede stellt, weil der während einer Schlacht in Vietnam das Friedensabzeichen an seiner Uniform trägt: im Antikriegsfilm «Full Metal Jacket» von Stanley Kubrick (1987). Einigermaßen beruhigt über dessen Antwort, er wolle damit lediglich auf die Widersprüchlichkeit des Lebens hinweisen, erklärt ihm der Offizier: «Wir sind hier, um den Vietnamesen zu helfen. In jedem dieser verdammten Schlitzaugen steckt ein Amerikaner, der nur darauf wartet, endlich rauszukommen!»

Die Araber und Iraner warten aber nicht darauf, ihre Länder im Namen der Freiheit zerstört zu sehen. Gewaltenteilung, Demokratisierung und Pluralismus können dann und nur dann gedeihen, wenn der Nährboden dafür gegeben ist, wenn die gesellschaftlichen Veränderungen von innen heraus erfolgen. Die Transformation traditioneller Lebensweisen in Richtung Moderne ist unter Einsatz von Bombenterror und Gewalt niemals zu erreichen. Damit werden bestenfalls historisch überlebte Regierungsformen oder Ordnungsmodelle zementiert.

Was also tun? Letztendlich ist jeder Einzelne gefordert, die Frage für sich selbst zu beantworten. Es läuft daraus hi-

Was tun?

naus, einzugreifen, Sand ins Getriebe zu streuen. Sich zu vernetzen und zu handeln. Warum nicht, beispielsweise, die Chefredaktionen mit Leserbriefen bestürmen und nach Inhalten verlangen? Den Phrasendreschern in Politik und Publizistik den Spiegel vorhalten? Immer in dem Bewusstsein, dass es unter den Entscheidungsträgern wie auch in den Medien genügend Gleichgesinnte gibt, die nur darauf warten, dass sich etwas ändert. Weg von den Nichtigkeiten, weg vom Herdentrieb. Meist finden sie sich in der zweiten Reihe. Helfen wir ihnen doch, in die erste vorzurücken.

Ein Wort von Erich Mühsam, dem großen Spötter wider die Sozialdemokratie und humorvollen Humanisten, der 1934 im KZ Oranienburg erschlagen wurde, möge am Ende stehen: «Sich fügen heißt lügen.»

Anmerkungen

Treibsand: Unter Gläubigen
Nicht Religion trennt Sunniten und Schiiten, sondern Machtpolitik

1. So der deutsche Geodät (Landvermesser) Carsten Niebuhr, der im 18. Jahrhundert die erste wissenschaftliche Expedition in Arabien und im Jemen leitete. Zit. nach Alexei Vassiliev: The History of Saudi Arabia, London 1998, S. 76.
2. Sebastian Sons: Auf Sand gebaut. Saudi-Arabien – ein problematischer Verbündeter, Berlin 2016, S. 28 f.

Saudi-Arabien: Weinende Männer und ihre «Brüder»
Vom Schwerttanz zur Erdöl-Monarchie

1. Jean-Baptiste-Louis-Jacques Rousseau: Description du Paschalik de Bagdad, suivie d'une Notice historique sur les Wahabis, et de quelques autres relatives à l'Histoire et à la Littérature de l'Orient, Paris 1809, S. 74.
2. Vgl. Vassiliev, a. a. O., S. 104.
3. Vgl. Khair ad-Din az-Zirikli: Shibh al-Jazira fi Ahd al-Malik Abd al-Aziz (Die arabische Halbinsel im Zeitalter von König Abd al-Aziz), Beirut 1970, S. 1402.
4. Vgl. Said K. Aburish: The Rise, Corruption And Coming Fall Of The House Of Saud, New York 1995, S. 24.
5. Ebenda, S. 27.
6. H. P. R. Dickson: Kuweit and Her Neighbours, London 1956, S. 274 f.
7. Zit. nach Maurice Jr. Labelle: «The Only Thorn»: Early Saudi-American Relations and the Question of Palestine, 1945–1949, in: Diplomatic History 35 (April 2011) 2, S. 257.
8. Vgl. Vassiliev, a. a. O., S. 319. Zum Vergleich: 2016 förderte Saudi-Arabien laut Opec rund 3,8 Milliarden Barrel, http://www.opec.org/opec_web/en/about_us/169.htm.

Anmerkungen

9. Zit. nach Daniel Yergin: The Price. The Epic Quest for Oil, Money, and Power, New York 1990, S. 188.
10. Zu den Vertragsbestimmungen vgl. Vassiliev, a. a. O., S. 316 f.
11. Zu den Einzelheiten vgl. Michael Lüders: Die den Sturm ernten. Wie der Westen Syrien ins Chaos stürzte, München 2017, S. 21 ff.

Israel hofiert Khomeini: Nichts ist, wie es scheint
Über Intrigen in Zeiten, als der Iran noch kein «Schurkenstaat» war

1. Zit. nach Peyman Jafari: Der andere Iran. Geschichte und Kultur von 1900 bis zur Gegenwart, München 2010, S. 63.
2. Zit. nach Peter Frankopan: Licht aus dem Osten. Eine neue Geschichte der Welt, Reinbek b. Hamburg 2017, S. 586.
3. Zu den Einzelheiten vgl. Michael Lüders: Wer den Wind sät. Was westliche Politik im Orient anrichtet, München 2015, S. 12 ff.
4. Frankopan, a. a. O., S. 594.
5. Vgl. Trita Parsi: Treacherous Alliance. The Secret Dealings of Israel, Iran, and the United States, New Haven, London 2007, S. 75 f.
6. Vgl. Kevin Phillips: American Dynasty. Aristocracy, Fortune, and the Politics of Deceit in the House of Bush, New York 2004, S. 285 ff. Zu den Hintergründen siehe auch: Gary Sick: October Surprise: America's Hostages in Iran and the Election of Ronald Reagan, New York 1991.
7. Vgl. United Press International, 10. April 2003: Exclusive: Saddam key in early CIA plot; https://www.upi.com/Exclusive-Saddam-key-in-early-CIA-plot/65571050017416/.
8. Vgl. Parsi, a. a. O., S. 106 f.
9. Zu den Einzelheiten vgl. Lüders, Wer den Wind sät, S. 24 ff.
10. Vgl. Craig Unger: Öl, Macht und Terror. Die Bushs und die Sauds, München 2005, S. 25.
11. Vgl. Peter Scholl-Latour: Der Fluch der bösen Tat. Das Scheitern des Westens im Orient, Berlin 2014.
12. Vgl. ABC Nightline, 1. Juli 1992: The USS Vincennes: Public War, Secret War; http://homepage.ntlworld.com/jksonc/docs/ir655-nightline-19920701.html.
13. Vgl. Newsweek, 1. November 1992: Iraqgate: What Went Wrong; http://www.newsweek.com/iraqgate-what-went-wrong-196762. Siehe dazu auch FAIR, Mai 1995: Iraqgate: Confession and Cover-Up; https://fair.org/extra/iraqgate-confession-and-cover-up/.
14. Zu den Einzelheiten vgl. Lüders, Wer den Wind sät, S. 50 ff.

Anmerkungen

Saudi goes America: Waffen gegen Öl
Wie Saudi-Arabien (fast) ein Bundesstaat der USA wurde

1. Der saudisch-jordanische Schriftsteller Abdel Rahman Munif (1933–2004) hat in seinem auch auf Deutsch vorliegenden, mehrteiligen Roman «Salzstädte» diesen Wandel sehr anschaulich und mitreißend beschrieben. Das Werk ist in den 1980er Jahren entstanden und lässt deutlich erkennen, dass Gewalt am Ende der Preis ist für die kulturelle Entwurzelung ganzer Generationen, für Hybris und Heuchelei der Machtelite. Da Munif die Symbiose texanischer Glücksritter mit den Beduinen des Nadschd für einen Irrweg der Geschichte hielt, wurde ihm die saudische Staatsangehörigkeit aberkannt.
2. Vgl. Vassiliev, a. a. O., S. 443.
3. Vgl. Pete Brewton: The Mafia, the CIA, and George Bush, New York 1992, S. 223.
4. Vgl. Unger, a. a. O., S. 38.
5. Ebenda, S. 39.
6. Phillips, a. a. O., S. 2.
7. Unger, a. a. O., S. 50.
8. Ebenda, S. 147.
9. Vgl. The Sydney Morning Herald, 19. Juli 2002: Soros adds to doubts on Bush business deals; http://www.smh.com.au/articles/2002/07/19/1026898920079.html.
10. Ebenda.
11. Unger, a. a. O., S. 346.
12. Ebenda, S. 157.
13. Die ausführlichste Recherche zu diesem Thema liefert Unger, a. a. O.
14. Vgl. Reuters, 20. März 2018: Trump praises U. S. military sales to Saudi as he welcomes crown prince; https://www.reuters.com/article/us-usa-saudi/trump-praises-u-s-military-sales-to-saudi-as-he-welcomes-crown-prince-idUSKBN1GW2CA.
15. Zit. nach Phillips, a. a. O., S. 291.
16. Zit. nach ebenda, S. 292.

Im Bann des Bösen: Regimewechsel in Teheran?
Warum ein Friedensangebot Washington empörte

1. Charlotte Wiedemann: Der neue Iran. Eine Gesellschaft tritt aus dem Schatten, München 2017, S. 12 f.

Anmerkungen

2. Die erzählt überzeugend Michael Axworthy: Iran Weltreich des Geistes. Von Zoroaster bis heute, Berlin 2011.
3. Vgl. Haaretz, 6. Mai 2018: Trump ‹Committed› to Iran Regime Change, Giuliani Says Days Before Nuclear Deadline; https://www.haaretz.com/us-news/trump-committed-to-iran-regime-change-giuliani-says-1.6055510.
4. Wiedemann, a. a. O., S. 15.
5. Vgl. The Jerusalem Post, 9. Februar 2018: Rockets, Missiles and more: predicting the third Lebanon war; https://www.jpost.com/Arab-Israeli-Conflict/Rockets-missiles-and-more-Predicting-the-third-Lebanon-war-542171.
6. George H. W. Bush: National Security Directive 54. Responding to Iraqi Aggression in the Gulf, 15. Januar 1991, National Security Archive; https://nsarchive2.gwu.edu/NSAEBB/NSAEBB39/document4.pdf.
7. Vgl. John Bulloch, Harvey Morris: The Gulf War: Its Origins, History and Consequences, London 1989, S. 17.
8. Zit. nach Huffpost, 6. September 2012: Making Iran Into Enemy Number One; https://www.huffingtonpost.com/fariba-amini/iran-enemy-number-one_b_1861969.html.
9. Vgl. The Jerusalem Post, 2. März 2015: From Rabin to Netanyahu: The US, Israel and the Iranian bomb; www.jpost.com/Opinion/From-Rabin-to-Netanyahu-The-US-Israel-and-the-Iranian-bomb-392718.
10. Vgl. John J. Mearsheimer, Stephen M. Walt: Die Israel-Lobby. Wie die amerikanische Außenpolitik beeinflusst wird, Frankfurt/Main 2007, S. 396.
11. Die «Road Map» ist auf der Internetseite der Washington Post nachzulesen: https://www.washingtonpost.com/wp-srv/world/documents/us_iran_1roadmap.pdf.
12. Vgl. The Washington Post, 18. Juni 2006: In 2003, US Spurned Iran's Offer of Dialogue; http://www.washingtonpost.com/wp-dyn/content/article/2006/06/17/AR2006061700727_pf.html.
13. Mearsheimer/Walt, a. a. O., S. 395.
14. The Wall Street Journal, 4. September 2002: The war on Terror Won't End in Bagdad; https://www.wsj.com/articles/SB1031093975917263555.
15. Zit. nach Michael Lüders: Iran – Der falsche Krieg. Wie der Westen seine Zukunft verspielt, München 2012, S. 69.

Werte, Werte, Werte: Ein Blick hinter die Kulissen
Amerika hat Verständnis für saudische Terroristen, aber nicht für iranische Atome

1. Vgl. etwa General-Anzeiger, 13. Dezember 2016: Saudi-Arabien finanziert deutsche Salafisten-Szene; http://www.general-anzeiger/bonn.de/news/politik/deutschland/Saudi-Arabien-finanziert-deutsche-Salafistenszene-article3426655.html. Vgl. auch Sascha Adamek: Scharia-Kapitalismus, Berlin 2017.
2. Vgl. Mohammed Hassan Husseinbor: Chabahar and Gwadar Agreements and Rivalry among Competitors in Baluchistan Region, in: Journal For Iranian Studies, 1(Dezember 2016)1; https://rasanah-iiis.org/english/wp-content/uploads/sites/2/2017/05/Chabahar-and-Gwadar-Agreements-and-Rivalry-among-Competitors-in-Baluchistan-Region.pdf. Das Journal wird herausgegeben von dem in Riad angesiedelten Arabian Gulf Centre for Iranian Studies.
3. Zum Verhältnis von Staat, Religion und Politik in Saudi-Arabien vgl. Esther Peskes (Hg.): Wahhabism. Doctrine And Development, Berlin 2016, zwei Bände. Insbesondere Aharon Layish: ‹Ulama› and Politics in Saudi-Arabia, S. 178–205; Muhammad Al-Atawneh: Is Saudi-Arabia a Theocracy? Religion and Governance in Contemporary Saudi Arabia, S. 271–288, beide im zweiten Band.
4. Zit. nach Thomas W. Lippman: Saudi Arabia On The Edge. The Uncertain Future of an American Ally, Washington 2012, S. 179.
5. Vgl. Unger, a. a. O., S. 25 f.
6. Vgl. TIME, 31. August 2003: Confessions of a Terrorist; http://content.time.com/time/magazine/article/0,9171,480226,00.html. Dazu auch Gerald Posner: Why America Slept. The Failure To Prevent 9/11, New York 2003. Ebenso James Risen: State of War: The Secret History of the CIA and the Bush Administration, New York 2006. Darin schreibt Risen, Abu Subaida hätte bei seiner Festnahme zwei Kreditkarten mit sich geführt, eine ausgestellt auf eine kuweitische, die andere auf eine saudische Bank. Die Spuren zu diesen Banken wurden seitens amerikanischer Behörden nicht weiterverfolgt. Ob aus Inkompetenz oder weil kein Interesse bestand, die Beziehungen Al-Qaidas «zu wichtigen Personen im Nahen Osten, besonders in Saudi-Arabien» aufzuklären, sei dahingestellt, so der Autor.
7. Vgl. Andrew Cockburn: Schuld und Sühne. 9/11 und die Saudi-Connection, in: Blätter für deutsche und internationale Politik 12/2017, S. 45-59, hier S. 46.
8. Ebenda, S. 51.

Anmerkungen

9. National Commission on Terrorist Attacks Upon the United States: The 9/11 Commission Report, Washington 2004; http://govinfo.library.unt.edu/911/report/911Report.pdf.
10. Vgl. Cockburn, a. a. O., S. 53.
11. Vgl. den Text der 28 Seiten: https://intelligence.house.gov/uploadedfiles/declasspart4.pdf.
12. Vgl. The New York Times, 15. April 2016: Saudi Arabia Warns of Economic Fallout if Congress Passes 9/11 Bill; https://www.nytimes.com/2016/04/16/world/middleeast/saudi-arabia-warns-ofeconomic-fallout-if-congress-passes-9-11-bill.html.
13. Vgl. Frankfurter Allgemeine Zeitung, 26. Januar 2018: Zeitplan für Rekordbörsengang wackelt; http://www.faz.net/aktuell/finanzen/finanzmarkt/verwirrung-um-rekordboersengang-von-saudi-aramco-15417273.html.
14. Seymour Hersh: The Redirection, in: The New Yorker, 5. März 2007; https://www.newyorker.com/magazine/2007/03/05/the-redirection. Vgl. auch: The Washington Post, 17. April 2011: U. S. secretly backed Syrian opposition groups, cables released by WikiLeaks show; https://www.washingtonpost.com/world/us-secretly-backed-syrian-opposition-groups-cables-released-by-wikileaks-show/2011/04/14/AF1p9hwD_story.html.
15. Vgl. etwa Andrew Cockburn: Secret Bush «Finding» Widens War on Iran, in: Counterpunch, 2. Mai 2008; https://www.counterpunch.org/2008/05/02/secret-bush-quot-finding-quot-widens-war-on-iran/. Zu Stuxnet, dessen Entwicklung noch unter Bush in Auftrag gegeben wurde, vgl. David E. Sanger: Confront and Conceal. Obama's Secret Wars and Surprising Use of American Power, New York 2012. Konkrete Vorstellungen zur Destabilisierung Syriens entwickelte 2006 der damalige US-Geschäftsträger in Syrien, William Roebuck, wie Wikileaks enthüllte. Dazu ausführlich Lüders, Die den Sturm ernten, S. 78 ff.
16. Vgl. Norman Podhoretz, The Case for Bombing Iran, Commentary Magazine, 1. Juni 2007; https://www.commentarymagazine.com/articles/the-case-for-bombing-iran/.
17. Risen, a. a. O. Dem Buch sind auch die beiden hier geschilderten Eigentore der CIA entnommen.
18. In einem faktenreichen Artikel für die Enthüllungsplattform The Intercept beschreibt Risen, wie die US-Regierung wiederholt erfolgreich bei der New York Times intervenierte, um die Veröffentlichung seiner Recherchen zu verhindern. James Risen: The Biggest Secret. My Life as a New York Times Reporter in the Shadow of the War on Terror, in: The Intercept, 3. Januar 2018; https://

theintercept.com/2018/01/03/my-life-as-a-new-york-times-reporter-in-the-shadow-of-the-war-on-terror/.
19. Vgl. The Wikileaks Files. The World According to US Empire, London, New York, 2015.
20. Zit. nach ebenda, S. 331.
21. Vgl. Iran's Ballistic Missile Programme: Its Status And The Way Forward, SIPRI Non-Proliferation Papers N. 57, April 2017; https://www.sipri.org/sites/default/files/Irans-ballistic-missile-programme.pdf Darin wird auch Geschichte des iranischen Raketenprogramms wiedergegeben.
22. Vgl. ebenda.
23. Vgl. Reuters, 6. Oktober 2017: U.S. approves possible $15 billion sale of THAAD missiles to Saudi Arabia; https://www.reuters.com/article/us-usa-saudi-missiles/u-s-approves-possible-15-billion-sale-of-thaad-missiles-to-saudi-arabia-idUSKBN1CB2IN.
24. CNN.com, 31. Dezember 2011: U.S., UAE reach deal for missile-defense system; https://edition.cnn.com/2011/12/30/us/uae-defense-system/index.html.
25. Vgl. https://www.sipri.org/sites/default/files/SIPRIFS1602.pdf. Vgl. auch Council on Foreign Relations: US-Saudi Relations, 12. Mai 2017; https://www.cfr.org/backgrounder/us-saudi-relations.
26. Vgl. Zeit Online, 22. Februar 2018: Rüstung in Milliardenhöhe für den Jemen-Krieg; https://www.zeit.de/politik/deutschland/2018-02/waffenexporte-bundesregierung-jemen-krieg-exportstopp-gruene.
27. Alle Angaben zu den Militärhaushalten nach der SIPRI-Datenbank: https://www.sipri.org/databases/milex.
28. Die Episode ist gut dargestellt in: Peter Beinart: Die amerikanischen Juden und Israel, München 2013.
29. Vgl. The Jerusalem Post, 24. Oktober 2017: Getting the US to Fund Iron Dome Against All Odds; https://www.jpost.com/Israel-News/Senior-defense-official-tells-JPost-how-he-convinced-White-House-to-fund-Iron-Dome-508254. Vgl. auch The Times of Israel, 26. März 2018: Defense minister welcomes ‹record› $705 million US funding for missile defense; https://www.timesofisrael.com/defense-minister-welcomes-record-705-million-us-funding-for-missile-defense/.
30. Vgl. The New York Times, 16. Februar 2016: U.S. Had Cyberattack Plan if Iran Nuclear Dispute Led to Conflict; https://www.nytimes.com/2016/02/17/world/middleeast/us-had-cyberattack-planned-if-iran-nuclear-negotiations-failed.html.
31. Wikileaks veröffentlichte auch eine Depesche vom 21. Januar 2010.

Anmerkungen

Darin gibt der amerikanische Botschafter in Berlin, Philip Murphy, ein Treffen mit Volker Perthes wieder, dem Direktor der Stiftung Wissenschaft und Politik. Die Berliner SWP gilt als eine, wenn nicht die führende deutsche außenpolitische Denkfabrik und wird maßgeblich vom Bundeskanzleramt finanziert. Auf ihrer Homepage wirbt Perthes mit den Worten: «Nur unabhängige Forscherinnen und Forscher können seriös beraten.» In Sachen Iran sah diese seriöse Beratung wie folgt aus, laut Depesche. Perthes sprach sich für effektivere Sanktionen gegenüber Teheran aus, auch mit Blick auf konventionelle Waffenlieferungen. Vor allem aber empfahl er «verdeckte Sabotagemaßnahmen (unerklärliche Explosionen, Unfälle, Computer Hacking etc.)» mit Blick auf das Atomprogramm. «Das sei effektiver als ein Militärschlag, der in der Region verheerende Folgen haben könnte.» In einer vorangegangenen Depesche vom 14. Dezember 2009 zeigte sich Botschafter Murphy angetan von der großen Resonanz, die Perthes auch unter amerikanischen Entscheidungsträgern genieße, namentlich Condoleezza Rice: Dessen Meinung habe Gewicht wie kaum eine zweite. Die britische Zeitung The Guardian befragte Perthes zu seinen Ansichten. Er betonte, der Botschafter habe ihn korrekt wiedergegeben: «Mein Eindruck Anfang 2010 war – ohne über genauere Kenntnisse zu verfügen –, dass einige Länder im Begriff standen, das iranische Atomprogramm zu verlangsamen, durch Sabotageakte oder Computer Hacking.» Der unabhängige Forscher hat mithin nicht etwa, nüchtern besehen, dem Staatsterrorismus das Wort geredet, sondern lediglich festgehalten, was ohnehin quasi in der Luft lag. Vgl. The Guardian, 18. Januar 2011: WikiLeaks: US advised to sabotage Iran nuclear sites by German thinktank; https://www.theguardian.com/world/2011/jan/18/wikileaks-us-embassy-cable-iran-nuclear. Darin ist auch die Depesche vom 21. Januar 2010 enthalten.

House of Cards: Unterwegs mit Jared Kushner
Trumps Schwiegersohn verwechselt den Nahen Osten mit seiner Luxusimmobilie

1. Michael Wolff: Fire And Fury. Inside The Trump White House, New York 2018, S. 196.
2. https://www.washingtonpost.com/graphics/politics/2016-election/campaign-finance/.
3. Vgl. The Times of Israel, 14. Mai 2016: Adelson set to give over $100 million to Israel-supporting Trump; https://www.timesofis-

rael.com/adelson-set-to-give-over-100-million-to-israel-supporting-trump/.
4. The New York Times, 19. April 2017: Trump Inaugural Drew Big Dollars From Donors With Vested Interests; https://www.nytimes.com/2017/04/19/us/politics/trump-inauguration-sheldon-adelson-fundraising.html. Insgesamt spendete Adelson 82,5 Millionen US-Dollar für die Republikaner, davon 20,5 Millionen an Trumps Super-PAC «Future45». https://www.opensecrets.org/outsidespending/donor_detail.php?cycle=2016&id=U0000000310&type=I&super=S&name=Adelson%2C+Sheldon+G.+%26+Miriam+O.
5. The American Prospect, 17. Dezember 2014: The Uniquely Awful Role of Sheldon Adelson in the Israeli Election; http://prospect.org/article/uniquely-awful-role-sheldon-adelson-israeli-election.
6. The Times of Israel, 24. Oktober 2013: Sheldon Adelson calls on US to nuke Iranian desert; https://www.timesofisrael.com/sheldon-adelson-calls-on-us-to-nuke-iranian-desert/.
7. Vgl. The Jewish Telegraphic Agency, 5. November 2017: Sheldon Adelson in praising his pro-Israel group takes a shot at AIPAC; https://www.jta.org/2017/11/05/news-opinion/politics/sheldon-adelson-in-praising-his-pro-israel-group-takes-a-shot-at-aipac; The New York Times, 23. Juni 2012: What Sheldon Adelson Wants; https://www.nytimes.com/2012/06/24/opinion/sunday/what-sheldon-adelson-wants.html.
8. Vgl. The Intercept, 5. Dezember 2017: Trump's Transition Team Colluded With Israel. Why Isn't That News?; https://theintercept.com/2017/12/05/michael-flynn-jared-kushner-israel-settlements-trump/. Vgl. auch Haaretz, 22. November 2017: Report: Mueller Investigating Kushner's efforts to Combat UN Resolution Condemning Israeli Settlements; https://www.haaretz.com/us-news/report-mueller-probing-kushner-s-pro-israel-efforts-at-un-1.5467578.
9. Zit. nach Wolff, a. a. O., S. 148.
10. Ebenda, S. 190.
11. Vgl. The Intercept, 5. Dezember 2017, a. a. O.
12. Vgl. Al-Monitor, 4. Dezember 2017: Russia investigation casts shadow over Kushner's Mideast peace push; https://www.al-monitor.com/pulse/originals/2017/12/russia-investigation-jared-kushner-mideast-peace-push-saban.html.
13. Vgl. Al-Monitor, 27. Februar 2018: US ambassador to Israel lobbies in favor of settlers; https://www.al-monitor.com/pulse/originals/2018/02/israel-us-ambassador-david-friedman-trump-settlers-lobby.html. Dem Artikel zufolge setzt sich Friedman dafür ein,

Anmerkungen

den Begriff «besetzte Gebiete» in offiziellen Verlautbarungen Washingtons nicht mehr zu verwenden.

14. Zur völkerrechtlichen Bewertung vgl. u. a. die Analyse des vormaligen deutschen Botschafters Gerhard Fulda: Die Hauptstadt (Jerusalem) und das Völkerrecht, in: Infosperber, 2. Januar 2018; https://www.infosperber.ch/Artikel/Politik/Jerusalem-Hauptstadt-Israel-Palastina-Volkerrecht.
15. Vgl. LobeLog, 4. Dezember 2017: Trump's Biggest Donor Pushed For Jerusalem Embassy Move; https://lobelog.com/trumps-biggest-donor-pushed-for-jerusalem-embassy-move/.
16. Vgl. The New York Times, 23. Februar 2018: Hard-Line Supporter of Israel Offers to Pay for U.S. Embassy in Jerusalem; https://www.nytimes.com/2018/02/23/world/middleeast/trump-embassy-jerusalem-.html.
17. Wolff, a. a. O., S. 227.
18. Ebenda, S. 228.
19. Zu den Korruptionsvorwürfen gegen Ivanka Trump und ihren politischen Intrigen vgl. The Intercept, 10. März 2018: Ivanka Trump Backed Flynn And Manafort. She Discussed Firing Comey. How Has She Evaded Mueller's Investigation?; https://theintercept.com/2018/03/10/ivanka-trump-organization-russia-investigation/.
20. Vgl. The Intercept, 10. Juli 2017: Jared Kushner Tried And Failed To Get A Half-Billion-Dollar Bailout From Qatar; https://theintercept.com/2017/07/10/jared-kushner-tried-and-failed-to-get-a-half-billion-dollar-bailout-from-qatar/.
21. Vgl. The New York Times, 8. Januar 2017: Kushner's Financial Ties to Israel Deepen even with Mideast Diplomatic Role; https://www.nytimes.com/2018/01/07/business/jared-kushner-israel.html.
22. Vgl. The New York Times, 28. Februar 2018: Kushner's Family Business Received Loans After White House Meetings; https://www.nytimes.com/2018/02/28/business/jared-kushner-apollo-citigroup-loans.html.
23. Vgl. The New York Times, 18. Mai 2017: $ 110 Billion Weapons Sale to Saudis Has Jared Kushner's Personal Touch; https://www.nytimes.com/2017/05/18/world/middleeast/jared-kushner-saudi-arabia-arms-deal-lockheed.html.
24. Vgl. TIME, 21. November 2016: A Handy List of Donald Trump's Biggest Conflicts of Interest; http://time.com/4578431/donald-trump-conflicts-of-interest-list/.
25. Zit. nach The Washington Post, 20. November 2016: A scramble to assess the dangers of President-elect Donald Trump's global business empire; https://www.washingtonpost.com/business/economy/

a-scramble-to-assess-the-dangers-of-president-elects-global-business-empire/2016/11/20/1bbdc2a2-ad18-11e6-a31b-4b6397e625d0_story.html.
26. Vgl. The New York Times, 3. März 2018: Mueller's Focus on Adviser to Emirates Suggests Broader Investigation; https://www.nytimes.com/2018/03/03/us/politics/george-nader-mueller-investigation-united-arab-emirates.html. Vgl. auch Haaretz, 4. März 2018: Mueller Examining Emirati Attempts to Influence Trump, Including Meeting With Netanyahu Supporter, NYT Reports; https://www.haaretz.com/us-news/mueller-examining-emirati-bid-to-influence-trump-including-1.5868088.
27. Vgl. Politico, 29. Juni 2017: Inside Jared Kushner's circle of trust; https://www.politico.com/story/2017/06/29/jared-kushner-inner-circle-confidants-240116.
28. Vgl. The Intercept, 3. Juni 2017: Hacked Emails Show Top UAE Diplomat Coordinating With Pro-Israel Think Tank Against Iran; https://the intercept.com/2017/06/03/hacked-emails-show-top-uae-diplomat-coordinating-with-pro-israel-neocon-think-tank-against-iran/.

House of Cards, Staffel zwei: Unterwegs mit Mohammed Bin Salman
Der saudische Kronprinz und wie er die Welt sieht

1. Vgl. Frankfurter Allgemeine Zeitung, 20. Mai 2017: Amerika und Saudi-Arabien schließen Mega-Waffendeal ab; http://www.faz.net/aktuell/wirtschaft/wirtschaftspolitik/amerika-und-saudi-arabien-schliessen-mega-waffendeal-ab-15025404.html.
2. Einige Quellen stellen die genaue Höhe der Einkäufe und Absichtserklärungen infrage. Vgl. etwa brookings.edu, 5. Juni 2017: The $110 billion arms deal to Saudi Arabia is fake news; https://www.brookings.edu/blog/markaz/2017/06/05/the-110-billion-arms-deal-to-saudi-arabia-is-fake-news/.
3. Zit. nach The White House, 21. Mai 2017: President Trump's Speech to the Arab Islamic American Summit; https://www.whitehouse.gov/briefings-statements/president-trumps-speech-arab-islamic-american-summit/.
4. Zit. nach The Washington Post, 25. Mai 2017: How Saudi Arabia played Donald Trump; https://www.washingtonpost.com/opinions/global-opinions/saudi-arabia-just-played-donald-trump/2017/05/25/d0932702-4184-11e7-8c25-44d09ff5a4a8_story.html.

Anmerkungen

5. Vgl. The New York Times, 16. Juli 2015: WikiLeaks Shows a Saudi Obsession With Iran; https://www.nytimes.com/2015/07/17/world/middleeast/wikileaks-saudi-arabia-iran.html. Vgl. auch New Internationalist, 1. März 2016: What the Saudi leaks tell us: An interview with Julian Assange; https://newint.org/features/2016/03/01/what-the-saudi-leaks-tell-us.
6. Zit. nach Arab News, 3. Mai 2017: No room for dialogue with Iran: Deputy Crown Prince Mohammed bin Salman; http://www.arabnews.com/node/1093611/saudi-arabia; und: The Guardian, 2. Mai 2017: Iran is seeking ‹to control Islamic world›, says Saudi Arabian prince; https://www.theguardian.com/world/2017/may/02/iran-is-seeking-to-control-islamic-world-says-saudi-arabian-prince. Vorsichtshalber hat die in Dschidda erscheinende Zeitung Arab News den Teil mit der «Schlacht» weggelassen.
7. Zit. nach aljazeera.com, 31. März 2018: Iranian official calls MBS ‹delusional› after prince warns of war; https://www.aljazeera.com/news/2018/03/iranian-official-calls-mbs-delusional-prince-warns-war-180331091842645.html.
8. Vgl. The Middle East Institute, Washington, 29. August 2017: Iran's Intelligence Ministry Says It Has Eliminated 100 Terrorist Goups inside Country; http://www.mei.edu/content/io/iran-s-intelligence-ministry-says-it-has-eliminated-100-terrorist-groups-inside-country.
9. Vgl. Wolff, a. a. O., S. 233.
10. Vgl. The New York Times, 18. Juli 2017: Saudi King's Son Plotted Effort to Oust His Rival; https://www.nytimes.com/2017/07/18/world/middleeast/saudi-arabia-mohammed-bin-nayef-mohammed-bin-salman.html. Vgl. auch Al-Monitor, 6. Juli 2018: Why Saudi Arabia's powerful crown prince still needs his father; https://www.almonitor.com/pulse/originals/2018/07/prince-mohammad-bin-salman-saudi-arabia-father.html.
11. Vgl. The Financial Times, 24. November 2017: Saudi elite start handing over funds in corruption crackdown; https://www.ft.com/content/b798f29e-d113-11e7-b781-794ce08b24dc.
12. Vgl. Al-Quds Al-Arabi, 21. Dezember 2017: Mudir Maktab Amir ar-Riyadh as-sabiq tufi gira'a at-Ta'adhib (Der Sekretär des Büros des vorigen Emirs von Riad stirbt an Folter); https://www.alquds.co.uk/?p=848503.
13. The Washington Post, 5. November 2017: The Saudi crown prince just made a very risky power play; https://www.washingtonpost.com/opinions/global-opinions/the-saudi-crown-princes-risky-power-play/2017/11/05/4b12fcf0-c272-11e7-afe9-4f60b5a6c4a0_story.html.

Anmerkungen

14. Dazu ausführlich The Intercept, 21. März 2018: Saudi Crown Prince Boasted That Jared Kushner Was «In His Pocket»; https://theintercept.com/2018/03/21/jared-kushner-saudi-crown-prince-mohammed-bin-salman/.
15. Zit. nach The New York Times, 11. März 2018: Saudis Said to Use Coercion and Abuse to Seize Billions; https://www.nytimes.com/2018/03/11/world/middleeast/saudi-arabia-corruption-mohammed-bin-salman.html.
16. Durchaus mit Erfolg: Ein besonders abschreckendes Beispiel für unterwürfigen und kritiklosen Journalismus zeigt das Interview, das Thomas Friedman, Kolumnist der New York Times, mit MBS geführt hat. (NYT, 23. November 2017: Saudi Arabia's spring at Last; https://www.nytimes.com/2017/11/23/opinion/saudi-prince-mbs-arab-spring.html). Nicht minder willfährig das Interview mit und Porträt von MBS im renommierten Programm «60 Minutes» auf CBS, anlässlich von dessen Besuch in Washington im März 2018. (CBS, 18. März 2018: Saudi Arabia's Heir To The Throne Talks To 60 Minutes; https://www.cbsnews.com/news/saudi-crown-prince-talks-to-60-minutes/).
17. Vgl. etwa The Observer, 25. Mai 2018: Is Saudi-Arabia's 32-Year-Old Crown Prince Dead?; https://observer.com/2018/05/is-saudi-arabias-32-year-old-crown-prince-dead/.
18. Vgl. Deutsche Wirtschaftsnachrichten, 10. Juni 2017: Kapitalflucht: Währungsreserven von Saudi-Arabien schmelzen dahin; https://deutsche-wirtschafts-nachrichten.de/2017/06/10/saudi-arabiens-waehrungsreserven-brechen-unerwartet-ein/.
19. Vgl. Süddeutsche Zeitung, 10. November 2017: Die Vereinigten Arabischen Emirate – eine heimliche Großmacht; http://www.sueddeutsche.de/politik/vereinigte-arabische-emirate-stille-grossmacht-1.3742488.
20. Zit. nach The Intercept, 5. November 2017: Saudi Arabia's Government Purge – And How Washington Corruption Enabled It; https://theintercept.com/2017/11/05/what-happened-in-saudi-arabia-last-night-and-how-washington-corruption-enabled-it/.
21. Vgl. ebenda. Vgl. auch The Intercept, 30. Juli 2017: Hacked Emails Show UAE Building Close Relationship With D. C. Think Tanks That Push Its Agenda; https://theintercept.com/2017/07/30/uae-yousef-otaiba-cnas-american-progress-michele-flournoy-drone/.
22. Vgl. Bloomberg, 9. April 2018: Saudi Plans Military Base and Nuclear Dump Near Qatar; https://www.bloomberg.com/news/articles/2018-04-09/saudi-mulls-military-base-nuclear-dump-near-qatar-report-says.

Anmerkungen

23. Vgl. Bloomberg, 12. Dezember 2017: Trump Considers Easing Nuclear Rules for Saudi Project; https://www.bloomberg.com/news/articles/2017-12-12/trump-is-said-to-consider-easing-nuclear-rules-for-saudi-project.
24. Vgl. Süddeutsche Zeitung, 18. März 2018: Der Prinz und die Kernkraft; http://www.sueddeutsche.de/politik/naher-osten-der-prinz-und-die-kernkraft-1.3911172.
25. Vgl. The Wall Street Journal, 2. Mai 2018: Banks Forced Into Qatar-Saudi Feud; https://www.wsj.com/articles/banks-forced-into-qatar-saudi-feud-1525253401.
26. Vgl. etwa Middle East Eye, 2. Juni 2018: Saudi-Arabia threatens Qatar with military action over Russian missile deal: report; http://www.middleeasteye.net/news/saudi-threatens-qatar-over-russian-missile-deal-1537444355.
27. Zit. nach The New York Times, 7. Juni 2017: President Trump Picks Sides, Not Diplomacy, in the Gulf; https://www.nytimes.com/2017/06/07/opinion/trump-qatar-saudi-arabia-iran.html.
28. Vgl. Qantara.de, 7. Juni 2017: Politische Isolation Qatars. Strategie der Destabilisierung; https://de.qantara.de/inhalt/politische-isolation-qatars-strategie-der-destabilisierung.
29. Vgl. The Intercept, 9. November 2017: Leaked Documents Expose Stunning Plan To Wage Financial War On Qatar – And Steal The World Cup; https://theintercept.com/2017/11/09/uae-qatar-oitabarowland-banque-havilland-world-cup/.
30. Vgl. etwa CNN Exclusive, 7. Juni 2017: US suspects Russian hackers planted fake news behind Qatar crisis; https://edition.cnn.com/2017/06/06/politics/russian-hackers-planted-fake-news-qatar-crisis/index.html. Vgl. außerdem Süddeutsche Zeitung, 7. Juni 2017: US-Ermittler vermuten russische Hacker hinter Katar-Krise; http://www.sueddeutsche.de/news/politik/konflikte-us-ermittler-vermuten-russische-hacker-hinter-katar-krise-dpa.urn-newsml-dpa-com-20090101-170606-99-733620; sowie Spiegel Online, 7. Juni 2017: FBI vermutet russische Hacker hinter Katar-Krise; http://www.spiegel.de/politik/ausland/katar-fbi-vermutet-russische-hacker-hinter-krise-a-1150946.html.
31. Vgl. The Washington Post, 16. Juli 2017: UAE orchestrated hacking of Qatari government sites, sparking regional upheaval, according to U.S. intelligence officials; https://www.washingtonpost.com/world/national-security/uae-hacked-qatari-government-sites-sparking-regional-upheaval-according-to-us-intelligence-officials/2017/07/16/00c46e54-698f-11e7-8eb5-cbccc2e7bfbf_story.html.
32. Vgl. nbcnews.com, 12. März 2018: Qataris opted not to give info on

Kushner, secret meetings to Mueller; https://www.nbcnews.com/politics/national-security/qataris-opted-not-give-info-kushner-secret-meetings-mueller-n855326. Vgl. auch: Haaretz, 12. März 2018: Qatar Has Damaging Information on Kushner, Report says; https://www.haaretz.com/us-news/qatar-has-damaging-information-on-kushner-reports-nbc-news-1.5869124. The Intercept, 2. März 2018: Jared Kushner's Real-Estate Firm Sought Money Directly From Qatar Government Weeks Before Blockade; https://theintercept.com/2018/03/02/jared-kushner-real-estate-qatar-blockade/. The Washington Post, 27. Februar 2018: Kushner's overseas contacts raise concerns as foreign officials seek leverage; https://www.washingtonpost.com/world/national-security/kushners-overseas-contacts-raise-concerns-as-foreign-officials-seek-leverage/2018/02/27/16bbc052-18c3-11e8-942d-16a950029788_story.html.
33. Vgl. The New York Times, 17. Mai 2018: Kushners Near Deal With Qatar-Linked Company for Troubled Tower; https://www.nytimes.com/2018/05/17/nyregion/kushner-deal-qatar-666-5th.html.
34. Vanity Fair, 17. Mai 2018: The Kushners Are Finally Getting That Sweet, Sweet Qatari Cash; https://www.vanityfair.com/news/2018/05/kushner-cos-brookfield-qatar.
35. Vgl. Haaretz, 17. November 2017: Israeli Military Chief Gives Unprecedented Interview to Saudi Media: ‹Ready to Share Intel on Iran›; https://www.haaretz.com/israel-news/idf-chief-gives-unprecedented-interview-to-saudi-media-1.5466066.
36. Vgl. aljazeera.com, 6. März 2018: UAE leadership praised at AIPAC; https://www.aljazeera.com/news/2018/03/aipac-speakers-praise-saudi-arabia-uae-leadership-180305184008667.html.
37. Vgl. Politico, 19. September 2017: Muzin's work for Qatar raises eyebrows; https://www.politico.com/tipsheets/politico-influence/2017/09/19/muzins-work-for-qatar-raises-eyebrows-222366.
38. Vgl. Tikun Olam, 7. März 2018: Al Jazeera's Suppressed Israel Lobby Expose Entangled in Major Qatar-Saudi Arabia Battle; https://www.richardsilverstein.com/2018/03/07/how-al-jazeeras-suppressed-israel-lobby-expose-got-entangled-in-major-qatar-saudi-arabia-battle/.
39. Vgl. Haaretz, 25. März 2018: The Saudi Prince and Israel; https://www.haaretz.com/middle-east-news/.premium-saudi-crown-prinec-uses-israel-s-supporters-to-cement-his-u-s-ties-1.5939510. Vgl. auch Haaretz, 29. März 2018: Why the Saudi Crown Prince's First Official Meeting With Jewish Leaders Is Such a Big Deal; https://www.haaretz.com/middle-east-news/saudi-crown-prince-officially-met-jewish-leaders-for-the-first-time-1.5961422.

Anmerkungen

40. The Atlantic, 2. April 2018: Saudi Crown Prince: Iran's Supreme Leader ‹Makes Hitler Look Good›; https://www.theatlantic.com/international/archive/2018/04/mohammed-bin-salman-iran-israel/557036/.
41. Vgl. aljazeera.com, 10. November 2017: US declines comment on Hariri's status in Saudi Arabia; https://www.aljazeera.com/news/2017/11/declines-comment-hariri-status-saudi-arabia-171110062317904.html.
42. Die hier gemachten Angaben beruhen auf Eigenrecherchen des Autors vom April 2018.

Hungerspiele im Jemen: Das nächste Land wird zerstört Showtime bei den Vereinten Nationen

1. Zit. nach Zeit Online, 2. Dezember 2015: BND warnt vor Saudi-Arabien; https://www.zeit.de/politik/ausland/2015-12/saudi-arabien-bnd-aussenpolitik.
2. Die Brutalität des Drohnenkrieges, der sich im Jemen offiziell gegen Al-Qaida richtet, in Wirklichkeit aber dort wie überall sonst vor allem Zivilisten tötet, beschreibt eindrücklich Jeremy Scahill: Schmutzige Kriege. Amerikas geheime Kommandoaktionen, München 2013.
3. Vgl. http://www.unocha.org/yemen/crisis-overview.
4. Vgl. etwa AP News, 27. Februar 2018: UN humanitarian chief calls Yemen conditions ‹catastrophic›; https://www.apnews.com/41a77891bd764c04a4f8e90917559584.
5. Vgl. https://reliefweb.int/report/yemen/statement-unicef-executive-director-anthony-lake-wfp-executive-director-david-beasley.
6. Vgl. etwa The Guardian, 16. September 2016: One in three Saudi air raids on Yemen hit civilian sites, data shows; https://www.theguardian.com/world/2016/sep/16/third-of-saudi-airstrikes-on-yemen-have-hit-civilian-sites-data-shows.
7. Vgl. The Independent, 23. Oktober 2016: Saudi Arabia ‹deliberately targeting impoverished Yemen's farm and agricultaral industry›; https://www.independent.co.uk/news/world/middle-east/saudi-arabia-s-bombing-of-yemeni-farmland-is-a-disgraceful-breach-of-the-geneva-conventions-a7376576.html.
8. Vgl. The Guardian, 8. September 2016: Britain's secret wars; https://www.theguardian.com/uk-news/2016/sep/08/britains-secret-wars-oman.
9. Vgl. aljazeera.com, 10. März 2018: Yemen: Politicians, experts,

activists raise alarm after MBS trip; https://www.aljazeera.com/news/2018/03/180310204215697.html.
10. Vgl. Al-Monitor, 8. März 2018: US still pouring weapons into Yemen war; https://www.al-monitor.com/pulse/originals/2018/03/yemen-us-weapons-saudi-arabia-uae.html.
11. Vgl. Al-Monitor, 16. November 2017: US support for Saudi war in Yemen soars under Trump.
12. Vgl. The Intercept, 14. März 2018: Military Brass Tells Congress It Has No Idea What Saudi Arabia Is Doing With U.S. Bombs in Yemen; https://theintercept.com/2018/03/14/yemen-war-centcom-elizabeth-warren/.
13. Zit. nach Al-Monitor, 27. März 2018: Pentagon: US refueling cuts civilian deaths in Yemen; https://www.al-monitor.com/pulse/originals/2018/03/pentagon-mattis-defend-refueling-saudi-war-yemen.html.
14. Vgl. The New York Times, 3. Mai 2018: Army Special Forces Secretly Help Saudis Combat Threat From Yemen Rebels; https://www.nytimes.com/2018/05/03/us/politics/green-berets-saudi-yemen-border-houthi.html.
15. Vgl. The American Conservative, 6. März 2018: Saudis Find Out Hard Way: Yemen Is Another Graveyard of Empires; http://www.theamericanconservative.com/articles/saudis-find-out-hard-way-yemen-is-another-graveyard-of-empires/.
16. Vgl. aljazeera.com, 28. Mai 2018: More than 1000 Saudi troops killed in Yemen since war began; https://www.aljazeera.com/news/2018/05/1-000-saudi-troops-killed-yemen-war-began-180528174808387.html.
17. Vgl. etwa The Independent, 4. August 2017: Inside the Saudi town that's been under siege for three months by its own government; https://www.independent.co.uk/news/world/middle-east/saudi-arabia-siege-town-own-citizens-government-kingdom-military-government-awamiyah-qatif-a7877676.html. Vgl. auch Middle East Eye, 14. August 2017: Western complicity in Saudi Arabia's destruction of Awamiya; http://www.middleeasteye.net/columns/western-complicity-saudi-arabia-s-destruction-awamiyah-530330331.
18. Zit. nach Foreign Policy, 18. August 2017: Confidential U.N. Report Suggests Saudi-Led Coalition Failing in Yemen; http://foreignpolicy.com/2017/08/18/confidential-u-n-report-suggests-saudi-led-coalition-failing-in-yemen/.
19. Vgl. aljazeera.com, 15. März 2018: Saudis in secret talks with Houthis to end Yemen's war: report; https://www.aljazeera.com/

Anmerkungen

news/2018/03/saudi-secret-talks-houthis-yemen-war-report-180315192056518.html.

20. Zit. nach Reuters, 8. Dezember 2017: In push for Yemen aid, U. S. warned Saudis of threats in Congress; https://www.reuters.com/article/us-usa-yemen-saudi/in-push-for-yemen-aid-u-s-warned-saudis-of-threats-in-congress-idUSKBN1E22O2.
21. Zit. nach The Intercept, 6. Mai 2016: Former U. S. Diplomats Decry The U. S.-Backed Saudi War In Yemen; https://theintercept.com/2016/05/06/former-u-s-diplomats-decry-the-u-s-backed-saudi-war-in-yemen/.
22. https://wikileaks.org/plusd/cables/09SANAA1662_a.html.
23. Vgl. etwa The Washington Times, 23. Januar 2015: Yemen's Shiite Rebels Growing in Power; http://www.washingtontimes.com/news/2015/jan/23/yemens-shiite-rebels-growing-power/.
24. Zu Zakanis Statement vgl. The Middle East Monitor, 27. September 2014: Sanaa is the fourth Arab Capital to join the Iranian Revolution; https://www.middleeastmonitor.com/20140927-sanaa-is-the-fourth-arab-capital-to-join-the-iranian-revolution/.
25. Vgl. HuffPost, 20. April 2015: «Iran warned Houthis Against Yemen Takeover»; https://www.huffingtonpost.com/2015/04/20/iran-houthis-yemen_n_7101456.html.
26. Vgl. Adam Baron, Waleed Alhairi and Anthony Biswell: Trump and the Yemen War: Misrepresenting the Houthis as Iranian Proxies, in: Sana'a Center For Strategic Studies, 20. Dezember 2017; http://sanaacenter.org/publications/analysis/5201.
27. So der jemenitische Journalist Mohammed Aysh im Gespräch mit dem Autor am 29. Juni 2018 in Beirut.
28. Alle jemenitischen Fachleute haben sich dahingehend auf einer hochkarätig besetzten Jemen-Konferenz in Beirut im Juni 2018 geäußert, im Beisein des Autors.
29. Aysh, a. a. O.
30. Vgl. http://www.securitycouncilreport.org/atf/cf/%7B65BFCF9B-6D27-4E9C-8CD3-CF6E4FF96FF9%7D/s_2016_73.pdf.
31. Vgl. etwa Foreign Policy, 14. Dezember 2017: Haley's ‹Smoking Gun› on Iran Met With Skepticism at U. N.; http://foreignpolicy.com/2017/12/14/nikki-haley-yemen-houthi-rebels-iran-missiles-press-conference-pentagon-skepticism-united-nations-trump-nuclear-deal-diplomacy/.
32. Crisis Group, 10. November 2017: A Huthi Missile, a Saudi Purge and a Lebanese Resignation Shake the Middle East; https://www.crisisgroup.org/middle-east-north-africa/huthi-missile-saudi-purge-and-lebanese-resignation-shake-middle-east.

33. Vgl. aljazeera.com, 29. Januar 2018: Yemen's complicated war just got more complicated; https://www.aljazeera.com/news/2018/01/yemen-complicated-war-complicated-180129114613553.html.
34. Vgl. aljazeera.com, 17. Mai 2018: There is a hidden inclination to divide Yemen: Ahmad al-Sayyad; https://www.aljazeera.com/news/2018/05/veiled-vision-divide-yemen-unesco-ambassador-180517102641450.html. Vgl. auch Gulf Times, 20. Oktober 2017: UAE on the verge of splitting Yemen in two; http://m.gulf-times.com/story/568102/UAE-on-the-verge-of-splitting-yemen-in-two.
35. Vgl. Middle East Eye, 18. Mai 2018: UAE military withdraws from Yemen's Socotra under Saudi deal; http://www.middleeasteye.net/news/uae-begins-evacuating-forces-yemen-s-socotra-2088005109.
36. Vgl. Haaretz, 1. Mai 2018: Palestinians Should ‹Shut Up› or Make Peace, Saudi Crown Prince Told Jewish Leaders; https://www.haaretz.com/middle-east-news/palestinians-should-shut-up-or-make-peace-said-saudi-crown-prince-1.6036624.
37. Vgl. etwa Frankfurter Allgemeine Zeitung, 16. Dezember 2017: Jahrhundertdeal im Nahen Osten. Steht der Auszug der Palästinenser bevor?; http://www.faz.net/aktuell/politik/inland/israel-und-palaestina-was-koennte-die-loesung-des-konflikts-sein-15342741.html.
38. Vgl. Al-Monitor, 13. November 2017: Trump's Middle East peace initiative still on hold; vgl. auch Al-Monitor, 20. November 2017: Has Kushner given Riyadh carte blanche?; Daily Sabah, 24. Dezember 2017: Saudi Crown Prince Salman threatens Abbas with ouster if he does not cooperate: report; https://www.dailysabah.com/mideast/2017/12/24/saudi-crown-prince-salman-threatens-abbas-with-ouster-if-he-does-not-cooperate-report.

Damaskus am Pranger: Wer schießt eigentlich auf wen?
Über den Wahnsinn als politische Methode

1. Vgl. The Times of Israel, 1. Mai 2018: PM authorized to declare war in ‹extreme› situations without consulting cabinet; https://www.timesofisrael.com/pm-authorized-to-declare-war-in-extreme-situations-without-consulting-cabinet/.
2. http://www.judicialwatch.org/wp-content/uploads/2015/05/Pg.-291-Pgs.-287-293-JW-v-DOD-and-State-14-812-DOD-Release-2015-04-10-final-version11.pdf. Vgl. Lüders: Die den Sturm ernten, S. 82 f. Weitere Belege für dieses Kapitel sowie eine detail-

Anmerkungen

lierte Auseinandersetzung mit den Hintergründen des Krieges sind ebenfalls dem genannten Buch zu entnehmen.

3. Bezeichnenderweise gibt es in deutschen Medien kaum eine kritische Selbstbefragung mit Blick auf die eigene, fast durchweg die vorherrschende Sichtweise bedienende Berichterstattung. In den USA und Großbritannien mehren sich dagegen die Zwischenrufe, die eine andere Position erkennen lassen – oder wenigstens doch entscheidende Fakten benennen. Vgl. etwa Foreign Affairs, 30. Oktober 2017: Syria's Extremist Opposition. How Western Media Have Whitewashed the Rebels' Record; https://www.foreignaffairs.com/articles/middle-east/2017-10-30/syrias-extremist-opposition. The Guardian, 15. September 2015: West ‹ignored Russian offer in 2012 to have Syria's Assad step aside›; https://www.theguardian.com/world/2015/sep/15/west-ignored-russian-offer-in-2012-to-have-syrias-assad-step-aside. Newsweek, 8. Februar 2018: Now Mattis Admits There Was No Evidence Assad Used Poison Gas On His People: Opinion; http://www.newsweek.com/now-mattis-admits-there-was-no-evidence-assad-using-poison-gas-his-people-801542.
4. Die Flüchtlingszahlen nach: http://www.unhcr.org/syria-emergency.html.
5. Vgl. Lüders, Die den Sturm ernten, S. 10.
6. Vgl. https://www.amnesty.de/journal/2018/es-kann-jeden-treffen-leben-aegypten-unter-abdel-fattah-al-sisi.
7. Vgl. etwa The Independent, 19. Juli 2017: The massacre of Mossul: 40 000 feared dead in battle to take back city from Isis as scale of civilian casualties revealed; https://www.independent.co.uk/news/world/middle-east/mosul-massacre-battle-isis-iraq-city-civilian-casualties-killed-deaths-fighting-forces-islamic-state-a7848781.html.
8. Vgl. amnesty.org, 5. Juni 2018: Syria: Raqqa in ruins and civilians devastated after US-led ‹war of annihilation›; https://www.amnesty.org/en/latest/news/2018/06/syria-raqqa-in-ruins-and-civilians-devastated-after-us-led-war-of-annihilation/.
9. The Independent, 21. Februar 2018: Western howls of outrage over the Ghouta siege ring hollow – we aren't likely to do anything to save civilians; https://www.independent.co.uk/voices/ghouta-siege-syria-death-toll-civilians-armed-attack-rebel-aleppo-latest-a8221086.html.
10. Zit. nach Reuters, 13. März 2018: Russia says U. S. plans to strike Damascus, pledges military response; https://www.reuters.com/article/us-mideast-crisis-syria-russia-usa/russia-says-u-s-plans-to-strike-damascus-pledges-military-response-idUSKCN1GP0TY.
11. Zit. nach The Guardian, 11. April 2018: US-Russia tensions build as

Moscow hits back at Trump's Twitter threat; https://www.theguardian.com/world/2018/apr/11/kremlin-us-strike-against-syria-heighten-instability.
12. Vgl. tagessschau.de, 7. Juni 2018: Berlin wartet weiter auf Beweise; https://www.tagesschau.de/ausland/skripal-159.html.
13. Vgl. https://www.bundestag.de/blob/551344/f8055ab0bba0ced333ebcd8478e74e4e/wd-2-048-18-pdf-data.pdf.
14. Es gibt nur sehr wenige westliche Quellen, die darauf hingewiesen haben. Vgl. etwa The Independent, 17. April 2018: The search for truth in the rubble of Douma – and one doctor's doubts over the chemical attack; https://www.independent.co.uk/voices/syria-chemical-attack-gas-douma-robert-fisk-ghouta-damascus-a8307726.html. Photos der Tunnel zeigt BBC.com, 21. April 2018: Syria ‹chemical› attack: Douma's warren of war tunnels revealed. http://www.bbc.com/news/world-middle-east-43852220 Vgl. auch https://de.sputniknews.com/videoklub/20180403320175541-ost-ghuta-syrien-terroristen-tunnel/ oder http://syriatimes.sy/index.php/don-t-miss/35902-russia-to-deploy-military-police-to-syria-s-douma, auch https://twitter.com/oulosP/status/968877504676155392.
15. Vgl. Lüders, Wer den Wind sät, S. 81 ff.
16. Vgl. Al-Monitor, 26. Februar 2018: Russia, US could be headed for collision in Syria; https://www.al-monitor.com/pulse/originals/2018/02/russia-us-collision-syria-tension.html.
17. Vgl. ebenda. Vgl. auch: The New York Times, 13. Februar 2018: Dozens of Russians Are Believed Killed in U.S.-Backed Syria Attack; https://www.nytimes.com/2018/02/13/world/europe/russia-syria-dead.html; The American Conservative, 14. Februar 2018: America's Creeping Regime Change in Syria; http://www.theamericanconservative.com/articles/americas-creeping-regime-change-in-syria/. Vgl. außerdem Spiegel Online, 1. März 2018: Amerikanischer Furor; http://www.spiegel.de/politik/ausland/syrien-us-luftangriff-was-geschah-wirklich-in-deir-al-sor-a-1195901.html.
18. Eigenrecherche des Autors, April 2018. Vgl. auch Foreign Policy, 16. Juni 2017: White House Officials Push for Widening War in Syria Over Pentagon Objections; http://foreignpolicy.com/2017/06/16/white-house-officials-push-for-widening-war-in-syria-over-pentagon-objections/.
19. Zit. nach Al-Monitor, 17. Januar 2018: Tillerson says US troops to stay in Syria; US huddles with allies over Sochi.
20. National Review, 19. Juni 2017: America's War against ISIS Is Evolving into an Invasion of Syria; https://www.nationalreview.com/2017/06/syrian-conflict-isis-fight-pits-us-against-assad/.

Anmerkungen

21. Vgl. Al-Monitor, 27. Februar 2018: US commander says Iraq sovereignty provides ‹legal basis› for Syria presence; https://www.al-monitor.com/pulse/originals/2018/02/us-commander-iraq-sovereignty-provide-legal-basis-syria.html.
22. Vgl. Al-Monitor, 15. Februar 2018: Pentagon seeks massive boost in bomb budget for Iraq and Syria; https://www.al-monitor.com/pulse/originals/2018/02/pentagon-boost-bomb-budget-iraq-syria.html.

Jesus und der dunkle Prinz: Syrien und das Ende des Atomabkommens
Wie die Regierung Trump zur Jagd auf die Ajatollahs bläst

1. Vgl. etwa The New York Times, 29. August 2017: Iran Building Weapons Factories in Lebanon and Syria, Israel Says; https://www.nytimes.com/2017/08/29/world/middleeast/iran-missiles-lebanon-israel-.html.
2. Zit. nach Al-Monitor, 3. März 2018: Mideast braces for war: Israel vs. Iran-backed Hezbollah; https://www.al-monitor.com/pulse/originals/2018/03/lebanon-syria-israel-iran-war-weapons-war-achievements.html.
3. Zit. nach Al-Monitor, 4. Dezember 2017: Israel, Iran duel on Syrian soil.
4. Vgl. Al-Monitor, 22. Februar 2018: Why Iran doesn't want escalation in Syria; https://www.al-monitor.com/pulse/originals/2018/02/iran-syria-israel-escalation-f16-shot-down-russia-mediation.html.
5. Vgl. Al-Monitor, 2. April 2018: 5 reasons Iran is staying out of Eastern Ghouta; https://www.al-monitor.com/pulse/originals/2018/04/iran-eastern-ghouta-afrin-policy-russia-assad-evacuation.html.
6. Vgl. Haaretz, 10. Mai 2018: Israel Launches Most Extensive Strike in Syria in Decades After Iranian Rocket Barrage; https://www.haaretz.com/israel-news/israel-launches-extensive-syria-strike-after-iranian-rocket-barrage-1.6073938.
7. Vgl. Haaretz, 15. Juli 2017: Russia-Israel Deal is Clear: Iran Away From Border, Assad's Rule Accepted; https://www.haaretz.com/middle-east-news/.premium-russia-israel-deal-iran-away-from-border-assad-s-rule-accepted-1.6269407.
8. Vgl. The Times of Israel, 15. Oktober 2017: With new Iran strategy, Trump rips page out of Netanyahu's playbook; https://www.timesofisrael.com/with-new-iran-strategy-trump-rips-page-out-of-netanyahus-playbook/.

9. Zit. nach https://de.usembassy.gov/de/iran/strategie/.
10. Der Text selber findet sich hier: https://www.documentcloud.org/documents/2165388-iran-deal-text.html.
11. Zit. nach Huffpost, 30. November 2017: Cotton, Pompeo And Trump Are A Recipe For War With Iran; https://www.huffingtonpost.com/entry/cotton-pompeo-and-trump-are-a-recipe-for-war-with-iran_us_5a205ccfe4b03350e0b534aa.
12. Vgl. https://www.cia.gov/news-information/press-releases-statements/2017-press-releases-statements/cia-releases-additional-files-recovered-in-ubl-compound-raid.html.
13. Vgl. The Atlantic, 8. November 2017: Why Mike Pompeo Released More bin Laden Files; https://www.theatlantic.com/international/archive/2017/11/iran-mike-pompeo-bin-laden-documents-cia/545093/.
14. Zit. nach The National Interest, 13. März 2018: Are Trump's Moves a Springtime For Neoconservatism?; http://nationalinterest.org/feature/are-trumps-moves-springtime-neoconservatism-24876.
15. Vgl. The New York Times, 2. Juni 2017: C. I. A. Names the ‹Dark Prince› to Run Iran Operations, Signaling a Tougher Stance; https://www.nytimes.com/2017/06/02/world/middleeast/cia-iran-dark-prince-michael-dandrea.html.
16. Vgl. The Jewish Telegraphic Agency, 22. März 2018: Trump names John Bolton, Iran-hawk close to pro-Israel groups, as national security adviser; https://www.jta.org/2018/03/22/news-opinion/politics/trump-set-name-john-bolton-iran-hawk-pro-israel-advocate-national-security-adviser.
17. Vgl. Haaretz, 25. März 2018: 9 Reasons Why John Bolton Is Causing a Frenzy Among U. S. Jews and Across the Middle East; https://www.haaretz.com/us-news/9-reasons-why-john-bolton-is-causing-a-frenzy-among-u-s-jews-1.5938717.
18. Vgl. The New York Times, 25. März 2015: To Stop Iran's Bomb, Bomb Iran; https://www.nytimes.com/2015/03/26/opinion/to-stop-irans-bomb-bomb-iran.html.
19. Vgl. The Financial Times, 1. April 2018: John Bolton support for Iranian opposition spooks Teheran; https://www.ft.com/content/c6ace172-33f2-11e8-a3ae-fd3fd4564aa6.
20. Zit. nach: Excerpts from Amb. John Bolton's speech at the Free Iran Gathering, Paris, 1. Juli 2017, YouTube, hochgeladen von Iran Freedom; https://www.youtube.com/watch?v=hTMh24qlyQA.
21. Zit. nach: Giuliani Leads MEK «Regime Change» Chant, YouTube; https://www.youtube.com/watch?v=6ouaJ16Lyds.

Anmerkungen

22. Vgl. https://www.bundesregierung.de/Content/DE/Pressemitteilungen/BPA/2018/05/2018-05-09-gemeinsame-erklaerung-iran.html.
23. Vgl. BBC.com, 9. Mai 2018: Trump pulls US out in break with Europe allies; http://www.bbc.com/news/world-us-canada-44045957.
24. Vgl. etwa aljazeera.com, 21. Mai 2018: No Plan B: New US demands on Iran «set stage for war»; https://www.aljazeera.com/news/2018/05/plan-demands-iran-set-stage-war-180521215511727.html.

Verlag und Autor weisen ausdrücklich darauf hin, dass die angegebenen externen Links nur bis zum Zeitpunkt der Drucklegung eingesehen werden konnten. Auf mögliche nachfolgende Änderungen haben Verlag und Autor keinen Einfluss. Eine Haftung für externe Links ist ausgeschlossen.

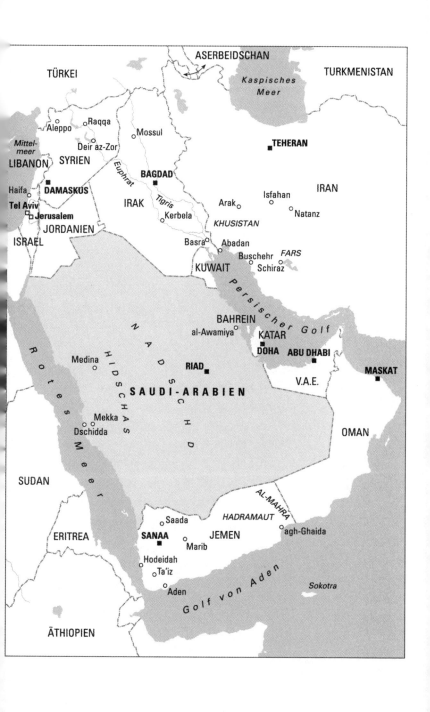

176 Seiten mit 1 Karte. Klappenbroschur
ISBN 978-3-406-67749-6

«Analytisch klarster und medial einflussreichster
Nahost-Experte Deutschlands.»
Sebastian Kiefer, Falter

«Ein Schwarzbuch der westlichen Politik im Orient, das sich
wie ein Polit-Thriller liest.»
Neues Deutschland

VERLAG C.H.BECK

176 Seiten mit 1 Karte. Klappenbroschur
ISBN 978-3-406-70780-3

«Hintergrundwissen kompakt dargestellt ... es geht dem Autor keinen Moment darum, Schuld und Versagen der regionalen Machthaber kleinzureden oder gar zu negieren. Er wendet sich gegen die schematische Wahrnehmung von Gut contra Böse, ‹westliche Werte› gegen Diktatur und Terrorismus.»
Claudia Kühner, Neue Zürcher Zeitung am Sonntag

«Lüders' informative und perfekt geschriebene Analyse ist hochbrisant.»
Aschot Manutscharjan, Das Parlament

VERLAG C.H.BECK

304 Seiten mit 5 Karten. Klappenbroschur
ISBN 978-3-406-71412-2

«Verstehen heißt versuchen, die Welt aus der Perspektive
des Anderen zu sehen. Gabriele Krone-Schmalz ist eine
Aufklärerin, die weiß, wovon sie redet.
Wir müssen ihr dafür dankbar sein.»
Jörg Baberowski

«Es lohnt sich, den Worten von Gabriele Krone-Schmalz
Gehör zu schenken: Sie betreibt einen integren
Journalismus, ohne den Transparenz und Demokratie
nicht existieren können.»
Michail Gorbatschow

VERLAG C.H.BECK